오라클 ACE와 함께 하는
# 오라클 성능 Q&A

시즌 1

## 저자소개

**조 동 욱**

저자는 현재 데이터베이스 성능 전문 업체 (주)엑셈의 기술연구담당 수석 컨설턴트로 일하고 있습니다. 주된 업무는 오라클 성능에 관한 지식과 경험을 온라인과 오프라인의 컨텐츠 형태로 체계화하고, 오라클 인터널 지식에 기반한 핵심 기술을 연구하는 것입니다. 앞으로도 더 많은, 더 수준 높은, 동시에 실용적인 지식과 기술을 소개하고자 노력할 것입니다. 고상하게 말하면 오라클 성능에 관한 르네상스 시대를 열고 싶다는 욕심을 가지고 있습니다. 저서로는 [Advanced OWI in Oracle 10g], [Advanced OWI in Oracle 10g RAC], [Optimizing Oracle Optimizer] 가 있습니다. Ask 엑셈(ask.ex-em.com)과 블로그 (ukja.tistory.com)를 통해서 온라인으로 저자를 만나실 수 있습니다.


### 오라클 ACE와 함께 하는 오라클 성능 Q&A 시즌1

Copyright ⓒ2010 by EXEM co. Ltd.
All rights reserved. Including the rights of reproduction in whole or in part in any form. Printed in KOREA.

초판 1쇄 발행 | 2010 년 11 월 18 일

지은이 | 조동욱
펴낸이 | 조종암
펴낸곳 | (주)엑셈
편집・디자인 | (주)엑셈 디자인팀
출판등록 | 제 16-3805 호
등록일자 | 2006 년 1 월 3 일
주소 | 서울시 강서구 염창동 240-21 우림 비즈니스센터 A동 1208 호
전화 | 02-6203-6300
팩스 | 02-6203-6301

ISBN | 978-89-957653-8-8  94000
       978-89-957653-6-4  94000 (SET)

값 | 25,000 원

이 책은 저작권의 보호를 받으며, 출판권자의 승인을 받지 않은 복사, 변형, 유포, 게재, 디지털 매체로의 저장 및 전송, 촬영, 녹취 등의 일체 행위는 금지됩니다.

오라클 ACE와 함께 하는
# 오라클 성능 Q&A

시즌 1

조동욱

㈜엑셈

# 추천사

"현장에서 발생한 성능관련 문제점들을 나는 이런 방법으로 해결했다" 만약 서점에서 이와 같은 내용의 오라클 서적을 발견했다면 그 책은 (주)엑셈의 조동욱 컨설턴트의 [오라클 성능 Q&A]일 것이다. 그리고 나는 그 책을 망설임 없이 집어들 것이다.

## 기출문제집이 필요한 이유

우리는 초, 중, 고를 거치면서 두 가지 종류의 책으로 공부했다. 첫 번째는 교과서와 참고서이다. 두 번째는 기출문제집이다. 교과서나 참고서만 보고 기출문제를 풀지 않으면 오답노트를 작성할 수 없고, 자신이 어떤 부분이 약한지 알 수 없고, 현장에서 어떤 문제가 발생하는지(출제경향)도 알 수 없다. 시중에 오라클 관련 참고서는 많이 있다. 하지만 이 책과 같이 현장에서 발생한 성능관련 문제점을 분석하고 해결한 기출문제집은 없다.

## 호기심 반복의 원리

대부분의 사람들은 자신의 분야에서 기본적인 지식을 배운 뒤 좀더 고급기술을 원한다. 고급 인력이 되고자 할 때 가장 필요한 것은 무엇일까? 의외로 실력 향상의 원리는 매우 간단하다. "왜 그럴까?"라고 생각하는 것이다. 바로 호기심이 이 책의 출발점이다. 많은 경우에 질문이 없다는 것은 관심이 없다는 뜻이다. 또한 관심을 품지 않는 사람은 실력이 좀처럼 늘지 않는다.

호기심이 중요하다는 것을 뒷받침하는 다른 이유가 있다. 의문을 가지지 않으면 원인을 찾을 수 없다. 다시 말해 질문을 하지 않으면 답도 없다는 뜻이다. 의문을 제기하고 원인을 찾는다면 원리를 이해하고 문제를 해결할 수 있다. 그래서 많은 수의 과학자나 연구원은 아래의 과정을 거친다.

이 책의 내용 또한 위의 과정을 반복하고 있다. 독자의 질문으로 시작하여 응답(원리의 설명 혹은 문제의 해결)으로 끝난다. 이 패턴의 반복은 바로 실력 향상을 의미하는 것이다.

## 대리인이 있다면

하지만, 많은 수의 개발자나 DBA 들은 다음과 같이 생각할 것이다. "우리는 실력향상을 원하지만 과학자처럼 연구를 할 수 없다. 왜냐하면 바쁘게 돌아가는 프로젝트의 일정 때문에 아침부터 늦은 저녁까지 쉴 틈이 없기 때문이다". 당신 또한 빠듯한 스케줄 속에서 지속적으로 호기심을 가질만한 여유가 없을 것이다. 설사 의문을 가졌다고 해도 시간을 많이 소모하는 테스트를 하고, 원인을 분석하고, 근거를 모아 원리를 검증할 시간이 부족할 것이다. 그럼 어떻게 해야 할까? 만약, 어느 전문가가 시간 없는 당신을 위해서 복잡한 연구를 대신해 준다면? 당신은 연구에 대한 결과만 보면 된다.

만약 현장에서 발생한 문제들을 고수들이 어떻게 해결하는지 보고자 한다면, 실력향상을 위해 "왜 그럴까?"라는 질문을 하고 싶다면, 시간 없는 당신을 대신하여 전문가들이 진행한 연구의 결과만 보고 싶다면, 이 책은 그대에게 필연적이며 필수적이다.

오동규 - The Logical Optimizer 의 저자

# 서문

오라클 데이터베이스를 한창 공부하던 때, 톰 카이트(Tom Kyte)가 운영하는 Ask Tom 사이트를 보고 충격을 받았던 기억이 있습니다. 오고 가는 질문과 답변 하나 하나의 수준이 예사롭지 않았고, 그런 수준 높은 토론들이 온라인에서 활발하게 이루어진다는 것이 믿기 어려웠습니다.

그 때부터 가슴 속에 막연한 꿈같은 것이 생겼습니다. 나도, 대한민국에서 저런 일을 해보고 싶다. 그리고 제가 엑셈에서 일하면서 비로소 그런 기회가 주어졌습니다. 그 결과로 나온 것이 Ask 엑셈(ask.ex-em.com) 입니다. 비록 그들의 수준에는 도달하고 있지 못하지만, 결과는 제가 기대한 이상이었습니다.

톰 카이트는 자신의 저서에서 "이 책에서 밝히는 내용들의 상당 부분은 Ask Tom 사이트에서 주고 받은 질문과 답변에서 얻은 것이다"라고 밝히고 있습니다. 그 말의 의미를 Ask 엑셈을 운영하면서 비로소 알게 되었습니다. 한 개인의 경험만으로는 접하기 힘든 많은 종류의 성능 문제를 접할 수 있는 가장 좋은 방법이 되도록 많은 사람으로부터 질문을 받고 그것에 답하는 과정에 있다는 것을 깨달은 것입니다. 이렇게 보면 Ask 엑셈에서 질문을 하고 마음에 드는 답변을 받은 분들이 얻는 혜택보다 훨씬 큰 혜택을 저와 제가 속한 회사가 얻는 셈입니다.

2009 년 5 월부터 2010 년 5 월, 1 년간의 질문과 답변을 책으로 정리하면서 여러 가지 아쉬움도 남았습니다. 좀 더 활발한 토론이 이루어졌으면, 그리고 좀더 쉽고 체계적으로 설명했더라면 좋았었겠다는 그런 아쉬움들입니다. 앞으로 개선시켜 나가야 할 부분이겠지요.

마지막으로 대한민국에서도 이런 일이 가능하도록 후원해주신 (주)엑셈의 조종암 사장님과 모든 동료 분들께 감사의 말씀을 전합니다. 앞만 보고 가야 하는 치열한 상황에서 이런 일에 투자하는 것이 쉬운 결정이 아닐 것입니다. 기대에 어긋나지 않도록 일신 우일신해야겠습니다.

앞으로도 초심을 잃지 않고, 오라클 데이터베이스에 처음 열정을 가졌던 그때처럼, 뚜벅 뚜벅 걸어나가야겠습니다.

저자 조동욱

# 티팩

이 책의 테스트 예제 중 일부는 티팩 라이브러리를 사용하고 있습니다. 티팩은 필자가 개인적으로 개발한 PL/SQL 라이브러리로, 오라클 성능 트러블슈팅에 필요한 기본적인 데이터를 수집하고 리포팅하는 기능을 제공합니다.

티팩을 사용한 이유는 테스트에 필요한 시간을 줄이기 위해서입니다. 이런 자동화된 라이브러리를 사용하면 작업 효율성이 극적으로 향상되는 것을 경험하실 수 있을 것입니다.

티팩이 아니더라도, 이 책을 읽으시는 모든 분들은 자신만의 라이브러리를 만들어 보실 것을 권해드립니다. 훌륭한 목수는 연장을 탓하지 않는다고 하지만, 좋은 연장이 있으면 당연히 효율은 좋아집니다. 그리고 궁극적으로 뛰어난 목수는 자신에게 필요한 연장을 스스로 만들어 쓰는 법입니다.

티팩에 대한 자세한 정보는 아래 사이트에서 얻을 수 있습니다.

http://sites.google.com/site/otpack/

# 테스트 스크립트

이 책에서 사용한 모든 예제들은 아래 사이트에서 다운로드 하실 수 있습니다.

http://wiki.ex-em.com/index.php/Ask_exem_1

또한 테스트 과정에서 사용하는 스크립트들은 아래 사이트에서 다운로드 하실 수 있습니다.

http://sites.google.com/site/ukja/sql-scripts-1

모든 테스트들은 Oracle 10.2.0.1 또는 Oracle 11.1.0.6 에서 이루어졌습니다. 버전의 구별이 필요한 경우에는 버전을 명시했습니다. 다른 버전에서는 다른 결과가 나올 수도 있음을 미리 알려드립니다.

# 목차

추천사　*A1*
서문　*A3*

## 1장. 실행 계획과 옵티마이저 I　　1

### 질문 1. Explain Plan과 Runtime Plan이 다른 현상이 종종 발생합니다. 그 이유가 무엇인가요?　　1
　　문제 개요 …………………………………………………………………………… 1
　　해답 ………………………………………………………………………………… 1
　　테스트 ……………………………………………………………………………… 2
　　정리 ………………………………………………………………………………… 17

### 질문 2. 동일한 SQL 문장이 여러 개의 차일드 커서를 가지는 이유는 무엇인가요?　　18
　　문제 개요 …………………………………………………………………………… 18
　　해답 ………………………………………………………………………………… 18
　　테스트 ……………………………………………………………………………… 21
　　정리 ………………………………………………………………………………… 40

### 질문 3. 인라인 뷰에 GROUP BY를 추가하면 Join 조건이 Push가 안됩니다. 그 이유는 무엇이고 어떻게 해결할 수 있을까요?　　41
　　문제 개요 …………………………………………………………………………… 41
　　해답 ………………………………………………………………………………… 41
　　테스트 ……………………………………………………………………………… 42
　　정리 ………………………………………………………………………………… 57

### 질문 4. 특정 오브젝트를 사용하는 SQL 문장을 추출할 수 있습니까? 거꾸로 특정 SQL이 참조하는 오브젝트를 모두 추출할 수 있습니까?　　59
　　문제 개요 …………………………………………………………………………… 59
　　해답 ………………………………………………………………………………… 59

테스트 ................................................................................. 60
　　　정리 ................................................................................. 66

질문 5. 특정 SQL문이 사용하는 바인드 변수의 값을 알아내는 방법에는 어떤 것이 있나요?　68
　　　문제 개요 ......................................................................... 68
　　　해답 ................................................................................. 68
　　　테스트 ............................................................................. 69
　　　정리 ................................................................................. 77

질문 6. 통계 정보가 없을 때 옵티마이저는 어떤 방법으로 예측 로우 건수(Cardinality)를 계산하나요?　78
　　　문제 개요 ......................................................................... 78
　　　해답 ................................................................................. 78
　　　테스트 ............................................................................. 79
　　　정리 ................................................................................. 91

질문 7. 파티션 테이블에 파티션을 추가한 후 실행 계획이 변경되는 현상을 막으려면 어떻게 해야 하나요?　92
　　　문제 개요 ......................................................................... 92
　　　해답 ................................................................................. 92
　　　테스트 ............................................................................. 93
　　　정리 ............................................................................... 102

질문 8. 히스토그램이 존재하는 경우에 Density가 계산되는 공식이 궁금합니다. 더불어서 이 Density를
이용해서 예상 로우 건수(Cardinality)를 구하는 방법도 궁금합니다.　103
　　　문제 개요 ....................................................................... 103
　　　해답 ............................................................................... 103
　　　테스트 ........................................................................... 105
　　　정리 ............................................................................... 115

## 2장 | 인덱스 |　119

질문 1. Unique 인덱스와 Non Unique 인덱스의 차이가 무엇인가요?　119
　　　문제 개요 ....................................................................... 119

| | |
|---|---|
| 해답 | 119 |
| 테스트 | 120 |
| 정리 | 140 |

### 질문 2. 인덱스가 여러 개의 키(컬럼)로 구성되어 있을 때 최적의 순서는 무엇인가요?  141

| | |
|---|---|
| 문제 개요 | 141 |
| 해답 | 141 |
| 테스트 | 145 |
| 정리 | 152 |

### 질문 3. 인덱스분할(Index Split)에 의한 성능문제를 해결하는 방법에는 무엇이 있나요?  153

| | |
|---|---|
| 문제 개요 | 153 |
| 해답 | 153 |
| 테스트 | 154 |
| 정리 | 163 |

### 질문 4. 비트맵 인덱스를 이용하면 IS NULL 조건을 빠른 속도로 처리할 수 있다고 합니다. 그런데 실제로 테스트를 해보면 오히려 성능이 불량합니다. 그 이유는 무엇인가요?  164

| | |
|---|---|
| 문제 개요 | 164 |
| 해답 | 164 |
| 테스트 | 165 |
| 정리 | 178 |

### 질문 5. Insert나 Delete에 비해 Update가 인덱스에 주는 부하가 가장 크다고 합니다. 왜 그런가요?  179

| | |
|---|---|
| 문제 개요 | 179 |
| 해답 | 179 |
| 테스트 | 180 |
| 정리 | 188 |

### 질문 6. 인덱스를 리빌드하면 Logical Reads가 증가하는 버그가 있다고 합니다. 언제 이런 버그가 발생하며 그 이유는 무엇인지요?  189

| | |
|---|---|
| 문제 개요 | 189 |
| 해답 | 189 |
| 테스트 | 190 |
| 정리 | 200 |

질문 7. 인덱스 재생성보다는 인덱스 리빌드가 더 효과적이라고 합니다. 그 이유는 무엇인가요? ..... 201
    문제 개요 ..... 201
    해답 ..... 201
    테스트 ..... 202
    정리 ..... 206

## 3장. | IO 와 트랜잭션 | 209

질문 1. 로우 체이닝은 언제 발생하고 어떻게 해결할 수 있나요? ..... 209
    문제 개요 ..... 209
    해답 ..... 209
    테스트 ..... 211
    정리 ..... 234

질문 2. 데이터가 한 건도 없는 테이블인데도 Logical Reas가 3 블록 발생합니다. 그 이유는 무엇인가요? ..... 235
    문제 개요 ..... 235
    해답 ..... 236
    테스트 ..... 236
    정리 ..... 249

질문 3. 정렬(Sort)을 수행할 때 오라클이 실제로 얼마의 메모리를 사용하는지 어떻게 모니터링하나요? ..... 251
    문제 개요 ..... 251
    해답 ..... 251
    테스트 ..... 253
    정리 ..... 266

질문 4. Direct Path로 INSERT를 할 때 Redo 데이터의 생성량을 최소화하려면 어떻게 해야하나요? ..... 267
    문제 개요 ..... 267
    해답 ..... 267
    테스트 ..... 269
    정리 ..... 274

질문 5. ORA-01555의 발생을 테스트하고 분석해보고 싶습니다. 좋은 방법은 무엇인가요? ... 275
    문제 개요 ... 275
    해답 ... 275
    테스트 ... 276
    정리 ... 285

질문 6. Table Full Scan을 하면 버퍼 캐시의 LRU 리스트에서 어떻게 관리되나요? ... 286
    문제 개요 ... 286
    해답 ... 286
    테스트 ... 287
    정리 ... 298

질문 7. 병렬 DML 을 모니터링하는 방법에는 어떤 것들이 있습니까? ... 299
    문제 개요 ... 299
    해답 ... 299
    테스트 ... 300
    정리 ... 312

## 4장. | 트러블슈팅 |     315

질문 1. TKPROF 리포트에서 보여지는 시간값이 부정확해보이는 경우가 많습니다. 왜 그런가요? ... 315
    문제 개요 ... 315
    해답 ... 315
    테스트 ... 316
    정리 ... 330

질문 2. Unique 인덱스를 통해 하나의 값을 단 한번 수행하는 문장에서 대량의 로우 수나 Logical Reads가 나타나는 이유는 무엇입니까? ... 331
    문제 개요 ... 331
    해답 ... 331
    테스트 ... 332
    정리 ... 336

질문 3. 특정 세션이 실행하는 SQL 문장을 추출할 수 있습니까? ................................ 337
    문제 개요 ............................................................................................................. 337
    해답 ..................................................................................................................... 337
    테스트 ................................................................................................................. 338
    정리 ..................................................................................................................... 345

질문 4. SQL 문장의 실행 시간을 측정할 수 있습니까? ........................................... 346
    문제 개요 ............................................................................................................. 346
    해답 ..................................................................................................................... 346
    테스트 ................................................................................................................. 347
    정리 ..................................................................................................................... 359

질문 5. Dynamic SQL을 사용할 때 조심할 점은 무엇입니까? ................................... 360
    문제 개요 ............................................................................................................. 360
    해답 ..................................................................................................................... 360
    테스트 ................................................................................................................. 361
    정리 ..................................................................................................................... 369

질문 6. 하드 파스 시간이 Parse 단계가 아닌 Execute 단계에 나타납니다. 그 이유는 무엇입니까? ... 370
    문제 개요 ............................................................................................................. 370
    해답 ..................................................................................................................... 370
    테스트 ................................................................................................................. 370
    정리 ..................................................................................................................... 374

질문 7. 하드 파스 경합으로 인해 발생하는 대기 이벤트는 무엇입니까? ..................... 376
    문제 개요 ............................................................................................................. 376
    해답 ..................................................................................................................... 376
    테스트 ................................................................................................................. 377
    정리 ..................................................................................................................... 384

| Index |   389

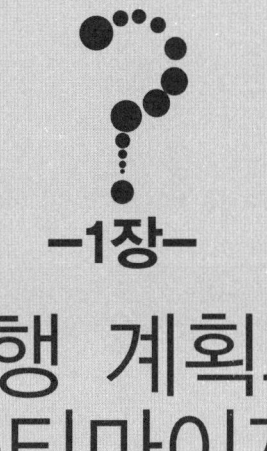

## -1장-
## 실행 계획과 옵티마이저

# 1장. | 실 행 계 획 과  옵 티 마 이 저 |

[
**질문 1. Explain Plan과 Runtime Plan이 다른 현상이 종종 발생합니다. 그 이유가 무엇인가요?**
]

## 문제 개요

동일한 쿼리에 대해 Explain Plan 을 통해 조회한 예측 실행 계획과 V$SQL_PLAN 뷰를 통해 조회한 실제 실행 계획이 다른 경우가 종종 발생합니다. 이런 현상이 발생하는 이유는 무엇이며 피할 수 있는 방법은 무엇인지요?

## 해답

실행 계획과 관련된 가장 고전적인 질문이면서도, 여전히 많은 개발자들을 당혹케 하는 질문입니다. 이 주제에 대한 심층적인 논의를 통해 머리 속에 명확한 그림을 그리기 바랍니다.

동일한 쿼리에 대해 Explain Plan 에 의한 예측 실행 계획과 V$SQL_PLAN 에 저장된 실제 실행 계획(즉 런타임에 실제로 사용되는 실행 계획)이 서로 다른 이유는 생각보다 매우 다양합니다.

- **바인드 피킹:** Explain Plan 은 바인드 피킹을 하지 않습니다. 하지만 런타임에는 바인드 피킹이 이루어집니다. 따라서 두 경우의 실행 계획의 차이가 있을 수 있습니다.

- **암묵적 형 변환:** Explain Plan 은 바인드 변수의 타입을 고려하지 않습니다. 하지만 런타임에는 바인드 변수의 타입에 따라 형변환이 이루어질 수 있습니다. 이로 인해 Predicate 의 변화가 생기고, 실행 계획의 차이를 만들 수 있습니다.

- **옵티마이저 파라미터:** Explain Plan 명령을 수행한 세션과 런타임에 실제로 쿼리를 수행한 세션이 다릅니다. 만일 각 세션간에 옵티마이저 파라미터의 차이가 존재한다면 실행 계획의 차이가 있을 수 있습니다.

- **통계 정보의 반영:** Explain Plan 은 항상 최신의 통계 정보를 반영해서 실행 계획을 수립합니다. 하지만 런타임에는 최신의 통계 정보를 항상 반영하는 것은 아닙니다. 이로 인해 실행 계획의 차이가 생길 수 있습니다.

예측 실행 계획과 실제 실행 계획이 다른 현상은 대부분의 위의 원인들에 기인합니다. 물론 오라클의 특정 버그가 위의 원인을 촉발해서 원하지 않는 실행 계획 이상 현상을 일으키는 경우도 있습니다.

간단한 테스트 사례들을 통해 예측 실행 계획과 실제 실행 계획의 차이가 어떻게 발생하며, 어떻게 해결할 수 있는지를 논의해보겠습니다.

# 테스트

## 테스트 환경

오라클 버전은 다음과 같습니다.

```
SQL> select * from v$version where rownum = 1;

BANNER
----------------------------------------------------------------
Oracle Database 10g Enterprise Edition Release 10.2.0.1.0 - Prod
```

다음과 같이 테이블 T1 을 생성합니다. 테이블 T1 은 다음과 같은 특성을 가지고 있습니다.

- 테이블 T1 의 컬럼 C1 은 "1" 의 값이 10,000 개, "1~10000" 의 값이 하나씩, 총 10,000 개의 분포를 가지고 있습니다.

- 테이블 T1 의 컬럼 C2 는 컬럼 C1 과 동일한 분포를 가집니다. 단 컬럼 C1 은 NUMBER 타입인데 반해, 컬럼 C2 는 VARCHAR2 타입입니다. 단순한 데이터 타입의 차이가 실행 계획 상의 큰 차이를 만드는 것을 보게 될 것입니다.

- 컬럼 C1, C2 에 대해서 인덱스 T1_N1, T1_N2 가 존재합니다.

```
SQL> create table t1(c1 int, c2 varchar2(10));

Table created.

SQL> insert into t1 select 1, '1' from dual connect by level <= 10000;

10000 rows created.

SQL> insert into t1 select level, level from dual connect by level <= 10000;

10000 rows created.

SQL> create index t1_n1 on t1(c1);

Index created.

SQL> create index t1_n2 on t1(c2);

Index created.
```

테이블 T1 에 대해서 통계 정보를 수집합니다. **METHOD_OPT** 파라미터에 **ALL COLUMNS SIZE 5** 의 값을 부여합니다. 즉, 히스토그램을 수집하되 버킷의 수를 5 개로 지정합니다. 컬럼 **C1** 과 **C2** 는 10,000 개의 구별되는 값을 가지고 있습니다. 따라서 버킷 수가 5 개라면 Height-Balanced 히스토그램이 생성됩니다.

```
SQL> exec dbms_stats.gather_table_stats(user, 't1', method_opt=>'for all columns size 5');

PL/SQL procedure successfully completed.
```

위의 명령에 의해 수집된 테이블 T1 의 통계 정보는 다음과 같습니다.

```
SQL> @tab_stat t1
01. table stats
TABLE_NAME                    : T1
PARTITION_NAME                :
NUM_ROWS                      : 20000
BLOCKS                        : 42
SAMPLE_SIZE                   : 20000
LAST_ANAL                     : 2010/04/08 13:21:39
-----------------

PL/SQL procedure successfully completed.

02. column stats
old   9:         s.table_name = upper(''&T_NAME'')
new   9:         s.table_name = upper(''t1'')
TABLE_NAME                    : T1
COLUMN_NAME                   : C1
NUM_DISTINCT                  : 10000
NUM_NULLS                     : 0
DENSITY                       : .00005
LOW_VALUE                     : C102
HIGH_VALUE                    : C302
HISTOGRAM                     : HEIGHT BALANCED
-----------------
TABLE_NAME                    : T1
COLUMN_NAME                   : C2
NUM_DISTINCT                  : 10000
NUM_NULLS                     : 0
DENSITY                       : .00005
LOW_VALUE                     : 31
HIGH_VALUE                    : 39393939
HISTOGRAM                     : HEIGHT BALANCED
-----------------

PL/SQL procedure successfully completed.

03. histogram stats
old   7:         table_name = upper('&T_NAME')
new   7:         table_name = upper('t1')
```

```
TABLE_NAME           COLUMN_NAME          ENDPOINT_NUMBER ENDPOINT_VALUE
-------------------- -------------------- --------------- --------------------
T1                   C1                                 2 1()
T1                   C1                                 3 2000()
T1                   C1                                 4 6000()
T1                   C1                                 5 10000()
T1                   C2                                 2 254422546068207000000
                                                          000000000000000()

T1                   C2                                 3 260734908791366000000
                                                          000000000000000()

T1                   C2                                 4 281422966587091000000
                                                          000000000000000()

T1                   C2                                 5 297121551929802000000
                                                          000000000000000()

8 rows selected.
```

## 사례 1: 바인트 피킹

바인드 피킹(Bind Peeking)에 의해 예상 실행 계획과 실제 실행 계획이 다르게 나타나는 현상을 재현해 보겠습니다. 우선 바인드 피킹을 활성화합니다. 기본값이 활성화 상태(TRUE)입니다.

```
SQL> alter session set "_optim_peek_user_binds" = true;

Session altered.
```

먼저 **예상 실행 계획**을 추출합니다. 예상 실행 계획은 다음과 같이 인덱스(Index Range Scan)를 선택합니다.

```
SQL> var b1 number;
SQL> exec :b1 := 1;
```

```
PL/SQL procedure successfully completed.

SQL> explain plan for
  2  select count(c2)
  3  from t1
  4  where c1 = :b1;

SQL> select * from table(dbms_xplan.display(null, null, 'typical'));

---------------------------------------------------------------------
| Id | Operation                    | Name  | Rows | Bytes | Cost (%CPU)|
---------------------------------------------------------------------
|  0 | SELECT STATEMENT             |       |   1  |   6   |   2   (0)|
|  1 |  SORT AGGREGATE              |       |   1  |   6   |          |
|  2 |   TABLE ACCESS BY INDEX ROWID| T1    |   2  |  12   |   2   (0)|
|* 3 |    INDEX RANGE SCAN          | T1_N1 |   2  |       |   1   (0)|
---------------------------------------------------------------------

Predicate Information (identified by operation id):
---------------------------------------------------

   3 - access("C1"=TO_NUMBER(:B1))
```

바인드 변수 B1 의 실제 값은 "1"입니다. 1 에 해당하는 실제 건수는 거의 50%에 육박하기 때문에 인덱스를 경유하는 것보다는 테이블을 전체 스캔(Table Full Scan)하는 것이 더 효과적일 것입니다. 하지만 **Explain Plan 명령은 바인드 피킹을 하지 않습니다**. 즉 예상 실행 계획을 세우는 과정에서는 바인드 변수는 미지의 값(Uknown)으로 취급하며, 실제 바인드 값이 무엇인지는 고려 대상이 아닙니다. 따라서 Explain Plan 은 "1"이라는 값에 무관하게 Distinct Count 만을 고려하게 됩니다.

Height-Balanced 히스토그램이 존재하는 경우에는 컬럼의 Distinct Count 를 이용해서 바인드 변수에 대한 예측 로우 건수를 계산합니다. 따라서 예측 로우 건수는 다음과 같이 계산됩니다.

```
예측 로우 건수 = 전체 로우 건수 / Distinct Count = 20,000/10,000 = 2
```

하지만 실제 실행 계획에서는 전혀 다른 결과가 나옵니다. 아래에 그 결과가 있습니다.

```
SQL> select /*+ gather_plan_statistics */ count(c2)
  2  from t1
  3  where c1 = :b1;

 COUNT(C2)
----------
     10001

SQL> select * from table(dbms_xplan.display_cursor(null, null, 'typical'));

--------------------------------------------------------------------------
| Id  | Operation          | Name | Rows  | Bytes | Cost (%CPU)| Time     |
--------------------------------------------------------------------------
|   0 | SELECT STATEMENT   |      |       |       |    12 (100)|          |
|   1 |  SORT AGGREGATE    |      |     1 |     6 |            |          |
|*  2 |   TABLE ACCESS FULL| T1   |  8000 | 48000 |    12   (9)| 00:00:01 |
--------------------------------------------------------------------------

Predicate Information (identified by operation id):
---------------------------------------------------

   2 - filter("C1"=:B1)
```

바인드 피킹이 활성화되어 있다는 것이 핵심입니다. **옵티마이저는 실행 계획을 수립할 시점에 바인드 변수에 해당하는 실제 바인드 값을 읽습니다(즉, 피킹합니다).** 그리고 이 바인드 값을 이용해서 실행 계획을 만듭니다. 이 예제에서는 "1"이라는 실제 값을 이용해서 실행 계획을 수립하게 됩니다. 덕분에 예측 로우 건수(Rows)가 1(Explain Plan)에서 8,000 으로 증가합니다. 예측 로우 건수가 8,000 이 되는 이유는 다음과 같습니다.

```
예측 로우 건수 = 1에 해당하는 버킷 수 * 버킷의 높이 =

= 2 * (20000/5) = 8,000
```

실제 로우 건수가 10,001 건이므로 상당히 정확한 예측이라고 할 수 있습니다.

DBMS_XPLAN.DISPLAY_CURSOR 함수를 호출할 때 **+PEEKED_BINDS** 옵션을 부여하면 해당 실행 계획을 수립하는 시점에 피킹된 바인드 값을 알 수 있습니다. 아래에 사용예가 있습니다.

```
SQL> select /*+ gather_plan_statistics */ count(c2)
  2  from t1
  3  where c1 = :b1;

 COUNT(C2)
----------
     10001

SQL> select * from table(dbms_xplan.display_cursor(null, null, 'all
+peeked_binds'));
--------------------------------------------------------------------------
| Id  | Operation          | Name | Rows  | Bytes | Cost (%CPU)| Time     |
--------------------------------------------------------------------------
|   0 | SELECT STATEMENT   |      |       |       |    12 (100)|          |
|   1 |  SORT AGGREGATE    |      |     1 |     6 |            |          |
|*  2 |   TABLE ACCESS FULL| T1   |  8000 | 48000 |    12   (9)| 00:00:01 |
--------------------------------------------------------------------------

Query Block Name / Object Alias (identified by operation id):
------------------------------------------------------------
   1 - SEL$1
   2 - SEL$1 / T1@SEL$1

Peeked Binds (identified by position):
--------------------------------------
   1 - :B1 (NUMBER): 1

Predicate Information (identified by operation id):
---------------------------------------------------
   2 - filter("C1"=:B1)

Column Projection Information (identified by operation id):
-----------------------------------------------------------
   1 - (#keys=0) COUNT("C2")[22]
   2 - "C2"[VARCHAR2,10]
```

이 놀라운 옵션의 비밀은 **V$SQL_PLAN** 뷰에 있습니다. **V$SQL_PLAN** 뷰에는 **OTHER_XML** 이라는 컬럼이 존재합니다. 컬럼 OTHER_XML 의 정의를 오라클 매뉴얼에서 발췌하면 다음과 같습니다.

Provides extra information specific to an execution step of the execution plan. The content of this column is structured using XML since multiple pieces of information can be stored there. This includes:

- Name of the schema against which the query was parsed
- Release number of the Oracle Database that produced the explain plan
- Hash value associated with the execution plan
- Name (if any) of the outline or the SQL profile used to build the execution plan
- Indication of whether or not dynamic sampling was used to produce the plan
- The outline data, a set of optimizer hints that can be used to regenerate the same plan

백문이 불여일견. 실제로 값을 조회해보겠습니다.

```
SQL> col prev_sql_id new_value prev_sql_id
SQL>
SQL> select prev_sql_id from v$session where sid = userenv('sid');

PREV_SQL_ID
-------------
bqqp887001jj8

SQL> set long 10000
SQL>
SQL> select other_xml from v$sql_plan where sql_id = '&prev_sql_id';
old   1: select other_xml from v$sql_plan where sql_id = '&prev_sql_id'
new   1: select other_xml from v$sql_plan where sql_id = 'bqqp887001jj8'

OTHER_XML
--------------------------------------------------------------------------
<other_xml><info type="db_version">10.2.0.1</info><info
type="parse_schema"><![C
DATA["UKJA"]]></info><info
type="plan_hash">3724264953</info><peeked_binds><bind
```

```
 nam=":B1" pos="1" dty="2" pre="0" scl="0"
mxl="22">c102</bind></peeked_binds><o
utline_data><hint><![CDATA[IGNORE_OPTIM_EMBEDDED_HINTS]]></hint><hint><![CDATA[O
PTIMIZER_FEATURES_ENABLE('10.2.0.1')]]></hint><hint><![CDATA[ALL_ROWS]]></hint>
<
hint><![CDATA[OUTLINE_LEAF(@"SEL$1")]]></hint><hint><![CDATA[FULL(@"SEL$1"
"T1"@
"SEL$1")]]></hint></outline_data></other_xml>
```

매뉴얼에서 언급한 내용 이외에 바인드 피킹에 사용된 값을 포함하고 있는 것을 알 수 있습니다. 물론 이 값은 바인드 피킹이 실제로 사용된 경우에만 등록됩니다.

바인드 피킹(Bind Peeking)과 혼동해서는 안되는 것이 **바인드 캡처**(Bind Capture)입니다. 바인드 캡처란 특정 SQL에서 사용된 바인드 변수의 값을 일정 시간 주기로 SGA에 캡처해서 보관하겠다는 의미입니다. 바인드 피킹이 이루어지는 시점과 최초의 바인드 캡처가 이루어지는 시점은 동일합니다. 이후 약 15분 주기로 바인드 캡처는 반복해서 발생합니다. 바인드 캡처 정보를 확인하는 간단한 예제는 다음과 같습니다.

```
SQL> col value_string format a10
SQL> col name format a10
SQL>
SQL> select name, position, value_string, was_captured, last_captured
  2  from v$sql_bind_capture
  3  where sql_id = '&prev_sql_id';
old   3: where sql_id = '&prev_sql_id'
new   3: where sql_id = 'bqqp887001jj8'

NAME         POSITION VALUE_STRI WAS LAST_CAPTURED
---------- ---------- ---------- --- -------------------
:B1                 1 1          YES 2010/04/08 13:21:40
```

간단한 예제를 통해 바인드 피킹이 예측 실행 계획과 실제 실행 계획의 차이를 만드는 주요한 원인임을 확인했습니다. 실제로는 예측 실행 계획과 실제 실행 계획이 다른 현상의 대부분이 바인드 피킹에 기인합니다. 하지만 드물게 바인드 피킹과 무관하게 이런 현상이 나타나는 경우가 있습니다. 그 대표적인 사례 두 가지를 보겠습니다.

## 사례 2: 바인트 변수 타입의 문제

우선 바인드 피킹과 무관하게 문제가 발생한다는 증명하기 위해 바인드 피킹을 비활성화 합니다.

```
SQL> alter session set "_optim_peek_user_binds" = false;

Session altered.
```

컬럼 C2 에 대해 바인드 변수를 사용하는 경우의 실행 계획의 변화를 관찰해 보겠습니다. 예측 실행 계획은 인덱스를 선택합니다.

```
SQL> var b2 number;
SQL> exec :b2 := 1;

PL/SQL procedure successfully completed.

SQL> explain plan for
  2  select count(c1)
  3  from t1
  4  where c2 = :b2;

Explained.

SQL> select * from table(dbms_xplan.display(null, null, 'typical'));
---------------------------------------------------------------------
| Id  | Operation                    | Name  | Rows | Bytes | Cost (%CPU)|
---------------------------------------------------------------------
|   0 | SELECT STATEMENT             |       |    1 |     6 |     2   (0)|
|   1 |  SORT AGGREGATE              |       |    1 |     6 |            |
|   2 |   TABLE ACCESS BY INDEX ROWID| T1    |    2 |    12 |     2   (0)|
|*  3 |    INDEX RANGE SCAN          | T1_N2 |    2 |       |     1   (0)|
---------------------------------------------------------------------

Predicate Information (identified by operation id):
---------------------------------------------------
   3 - access("C2"=:B2)
```

Explain Plan 명령은 바인드 변수의 존재 자체만을 인식할 뿐, 바인드 변수의 타입과 값은 전혀 참조하지 않습니다. 더 정확하게 말하면 **바인드 변수를 항상 VARCHAR2 타입의 미지의 값으로 인식**합니다. 따라서 위의 예에서 바인드 변수 B2 를 어떻게 정의하든 Explain Plan 은 항상 동일한 예측 실행 계획을 만듭니다.

하지만 실제 실행 계획은 Index Range Scan 이 아닌 Table Full Scan 을 선택합니다.

```
SQL> select /*+ gather_plan_statistics */ count(c1)
  2  from t1
  3  where c2 = :b2;

 COUNT(C1)
----------
     10001

SQL> select * from table
  2  (dbms_xplan.display_cursor(null,null,'allstats last'));
---------------------------------------------------------------------------
| Id  | Operation          | Name | Starts | E-Rows | A-Rows | Buffers |
---------------------------------------------------------------------------
|   1 |  SORT AGGREGATE    |      |      1 |      1 |      1 |      44 |
|*  2 |   TABLE ACCESS FULL| T1   |      1 |      2 |  10001 |      44 |
---------------------------------------------------------------------------
```

왜 이런 현상이 발생할까요? 바인드 피킹이 비활성화되어 있으므로 바인드 값의 문제는 아니라는 것은 명백합니다. 여기서 유의해서 봐야 할 것은 **컬럼 C2 는 VARCHAR2 타입이고, 바인드 변수 B2 은 NUMBER 타입이라는 것**입니다. 여기서 오라클 형 변환이 개입합니다. 오라클은 이런 경우 VARCHAR2 타입을 NUMBER 타입으로 변환합니다. 즉, NUMBER 타입이 더 우선 순위가 높습니다. 따라서 컬럼 C2 에 대한 형변환(VARCHAR2 → NUMBER) 이 발생하고 그로 인해 인덱스를 사용하지 못하게 됩니다. **Predicate Information** 을 통해 이 사실을 눈으로 확인할 수 있습니다.

```
Predicate Information (identified by operation id):
---------------------------------------------------
   2 - filter(TO_NUMBER("C2")=:B2)
```

이것이 형변환의 문제라는 것을 증명하기 위해 **VARCHAR2 타입의 바인드 변수 B3**를 이용해 동일한 테스트를 수행해보겠습니다.

```
SQL> var b3 varchar2(10);
SQL> exec :b3 := '1';
SQL> select /*+ gather_plan_statistics */ count(c1)
  2  from t1
  3  where c2 = :b3;

COUNT(C1)
----------
     10001

SQL> select * from table
  2  (dbms_xplan.display_cursor(null,null,'allstats last'));
--------------------------------------------------------------------------
| Id  | Operation                    | Name  | Starts | E-Rows | A-Rows |
--------------------------------------------------------------------------
|   1 |  SORT AGGREGATE              |       |    1   |    1   |     1  |
|   2 |   TABLE ACCESS BY INDEX ROWID| T1    |    1   |    2   | 10001  |
|*  3 |    INDEX RANGE SCAN          | T1_N2 |    1   |    2   | 10001  |
--------------------------------------------------------------------------

Predicate Information (identified by operation id):
---------------------------------------------------
   3 - access("C2"=:B3)
```

바인드 변수의 데이터 타입이 VARCHAR2 인 경우에는 형변환이 발생하지 않으며 따라서 정상적으로(Explain Plan 의 결과와 동일하게) 인덱스를 경유하는 실행 계획을 수립합니다.

위의 결과를 보면 Explain Plan 의 결과를 항상 액면 그대로 믿어서는 안된다는 것을 잘 알 수 있습니다. 사용자에게는 잘 보이지는 않는 내부적인 형변환 작업이 실행 계획의 변화를 초래하고 경우에 따라서 성능 저하라는 원하지 않는 결과를 야기합니다.

이런 이유 때문에 오라클이 암묵적으로 어떤 작업(여기서는 형변환)을 하게끔 방치하지 않고 명시적으로 필요한 작업을 정의하는 것이 더 좋은 경우가 많습니다. 다음에 볼 테스트 사례에서도 동일한 원칙이 적용됩니다.

## 사례 3: 통계 정보 갱신 시간의 문제

아래 쿼리는 예측 실행 계획과 실제 실행 계획이 일치합니다.

```
SQL> explain plan for
  2  select count(c2)
  3  from t1
  4  where c1 = 2;


--------------------------------------------------------------------------
| Id  | Operation                    | Name  | Rows  | Bytes | Cost (%CPU)|
--------------------------------------------------------------------------
|  0  | SELECT STATEMENT             |       |   1   |   6   |   2   (0) |
|  1  |  SORT AGGREGATE              |       |   1   |   6   |           |
|  2  |   TABLE ACCESS BY INDEX ROWID| T1    |   1   |   6   |   2   (0) |
|* 3  |    INDEX RANGE SCAN          | T1_N1 |   1   |       |   1   (0) |
--------------------------------------------------------------------------


SQL> select /*+ gather_plan_statistics */
  2    count(c2)
  3  from t1
  4  where c1 = 2;

SQL> select * from table
  2  (dbms_xplan.display_cursor(null,null,'allstats last'));


--------------------------------------------------------------------------
| Id  | Operation                    | Name  | Starts | E-Rows | A-Rows |
--------------------------------------------------------------------------
|  1  |  SORT AGGREGATE              |       |   1    |   1    |   1    |
|  2  |   TABLE ACCESS BY INDEX ROWID| T1    |   1    |   1    |   1    |
|* 3  |    INDEX RANGE SCAN          | T1_N1 |   1    |   1    |   1    |
--------------------------------------------------------------------------
```

테이블 T1 에 C1=2, C2='1'의 값을 20,000 개 추가하고 통계 정보를 다시 수집합니다. 단 이 때, **NO_INVALIDATE** 옵션에 NULL 값을 부여합니다. NULL 의 값은 오라클이 Invalidation 을 자동으로 처리하라는 의미입니다. **NO_INVALIDATE** 값에 따른 동작 방식은 다음과 같습니다.

- **NO_INVALIDATE=TRUE**: 통계 정보는 갱신하되, 의존성(Dependency)을 가지는 쿼리들을 Invalidation 시키지 않습니다. 하드 파스(Hard Parse)가 한꺼번에 발생하는 현상을 피하기 위해서 사용됩니다. 쿼리가 SGA 에서 Age Out 된 후 재실행될 때 비로소 갱신된 통계 정보를 이용합니다.

- **NO_INVALIDATE=FALSE**: 통계 정보를 갱신하고, 의존성을 가지는 쿼리들을 즉시 Invalidation 시킵니다.

- **NO_INVAIDATE=AUTO(NULL)**: 통계 정보를 갱신하되, 의존성을 가지는 쿼리들을 한꺼번에 Invalidation 시키지 않고, 최대 5 시간(18000 초)에 걸쳐 랜덤하게 Invalidation 시킵니다. TRUE 와 FALSE 의 중간 형태라고 할 수 있습니다. 18000 초의 값은 `_OPTIMIZER_INVALIDATION_PERIOD` 파라미터에 의해 지정됩니다.

이제 테이블 T1 에 새로운 데이터들을 입력하고 통계 정보를 새로 수집합니다. 단, `NO_INVALIDATE` 파라미터의 값을 NULL(기본값이 NULL 입니다)로 지정합니다.

```
SQL> insert into t1 select 2, '1' from dual connect by level <= 20000;

20000 rows created.

SQL> exec dbms_stats.gather_table_stats(user, 't1', -
>     method_opt=>'for columns c1 size 5', no_invalidate=>null);

PL/SQL procedure successfully completed.
```

하지만, Explain Plan 명령은 언제나 최신의 통계 정보를 사용합니다. 아래의 결과를 보면, Explain Plan 명령은 C = 2 조건에 대해 최신의 통계 정보를 이용하며 그 결과로 Table Full Scan 을 선택한 것을 확인할 수 있습니다. 예측 로우 건수가 16,102 건으로 실제 로우 건수인 20,001 건에 상당히 근접한 수치입니다. Height-Balanced 히스토그램이 존재하기 때문에 이런 정확한 예측이 가능합니다.

```
SQL> explain plan for
  2   select count(c2)
  3   from t1
  4   where c1 = 2;
```

```
---------------------------------------------------------------------------
| Id  | Operation           | Name | Rows  | Bytes | Cost (%CPU)| Time     |
---------------------------------------------------------------------------
|   0 | SELECT STATEMENT    |      |     1 |     5 |    27   (8)| 00:00:01 |
|   1 |  SORT AGGREGATE     |      |     1 |     5 |            |          |
|*  2 |   TABLE ACCESS FULL | T1   | 16102 | 80510 |    27   (8)| 00:00:01 |
---------------------------------------------------------------------------
```

하지만 실제 실행 계획은 여전히 Index Range Scan 을 선택합니다. 비록 통계 정보는 갱신되었지만 아직 해당 쿼리가 Invalidation 되지 않았기 때문입니다.

```
SQL> select /*+ gather_plan_statistics */
  2    count(c2)
  3    from t1
  4   where c1 = 2;

 COUNT(C2)
----------
     20001
```

```
-----------------------------------------------------------------------
| Id  | Operation                    | Name  | Starts | E-Rows | A-Rows |
-----------------------------------------------------------------------
|   1 |  SORT AGGREGATE              |       |      1 |      1 |      1 |
|   2 |   TABLE ACCESS BY INDEX ROWID| T1    |      1 |      1 |  20001 |
|*  3 |    INDEX RANGE SCAN          | T1_N1 |      1 |      1 |  20001 |
-----------------------------------------------------------------------
```

Explain Plan 의 결과만 보고 "실행 계획이 효율적이다"라고 판단하고 해당 쿼리를 어플리케이션에서 사용한다면 경우에 따라서 성능 저하의 결과를 가져올 수도 있습니다. 이런 경우에는 **DBMS_SHARED_POOL.PURGE** 프로시저를 사용하거나, 테이블 T1 에 대한 더미 DDL 수행, 혹은 Shared Pool Flush 를 통해 최신 실행 계획을 강제로 반영시킬 수 있습니다.

## 정리

예측 실행 계획과 실제 실행 계획이 달라지는 원인이 예상보다 다양하다는 사실에 놀랐을 것으로 믿습니다. 그 원인을 분석하고 해결하는 과정에서 때로는 상당한 깊이의 지식이 필요하다는 것도 깨닫게 되었을 것입니다.

예측 실행 계획과 실제 실행 계획은 매우 다양한 원인으로 인해 달라질 수 있습니다. 가장 보편적인 원인은 바인드 피킹이며, 그 외에도 암묵적인 형 변환, 옵티마이저 파라미터의 차이, 최신 통계 정보를 반영하는 시점 등의 원인이 있습니다.

예측 실행 계획을 100% 신뢰해서는 안됩니다. 반드시 실제로 수행해보고 그 결과를 검증해야 합니다. 이 과정에서 실행 계획 이상 현상을 정확하게 해석하려면 **DBMS_XPLAN** 패키지의 사용법과 그 출력 결과에 대한 명확한 이해가 필요합니다. 목수는 연장을 탓하지 않는다고 하지만, 연장의 차이가 실력의 차이인 경우가 꽤 많습니다.

## [ 질문 2. 동일한 SQL 문장이 여러 개의 차일드 커서를 가지는 이유는 무엇인가요? ]

### 문제 개요

특정 SQL 문장이 많은 수의 차일드 커서(Child Cursor)를 가지는 경우가 있습니다. 이 때문에 라이브러리 캐시에서의 경합이 생기고 있습니다. 동일한 SQL 문장이 여러 개의 차일드 커서를 가지는 이유는 무엇이며, 어떻게 해결할 수 있나요?

### 해답

동일한 SQL 문장이 여러 개의 차일드 커서를 가지는 문제는 오라클에서 매우 보편적으로 발생하는 문제입니다. 그 중 몇 가지 이유들은 다음과 같습니다.

- 문자열 타입(VARCHAR2) 바인드 변수의 값의 크기가 변하는 경우
- 동일한 바인드 변수에 다른 데이터 타입이 사용되는 경우
- 서로 다른 유저가 동일한 오브젝트명과 동일한 SQL 텍스트를 사용하는 경우
- 옵티마이저 파라미터가 다른 경우
- 캐릭터 셋이 다른 경우
- 기타 여러 가지 이유들

V$SQL_SHARED_CURSOR 뷰를 통해 복수 개의 차일드 커서가 생기는 이유를 추측할 수 있습니다. 동일한 SQL 문장(Parent Cursor)에 대해 새로운 차일드 커서가 생길 때마다 이 뷰에 하나의 로우가 등록되고, 차일드 커서가 생긴 이유에 해당하는 컬럼의 값이 "Y"로 지정됩니다. 즉, 그 값인 "Y"인 컬럼의 이름으로부터 차일드 커서가 생긴 이유를 알 수 있습니다.

```
SQL> desc v$sql_shared_cursor
        Name                              Null?     Type
        --------------------------------  --------  ----------------------------
   1    SQL_ID                                      VARCHAR2(13)
   2    ADDRESS                                     RAW(4)
   3    CHILD_ADDRESS                               RAW(4)
   4    CHILD_NUMBER                                NUMBER
   5    UNBOUND_CURSOR                              VARCHAR2(1)
   6    SQL_TYPE_MISMATCH                           VARCHAR2(1)
   7    OPTIMIZER_MISMATCH                          VARCHAR2(1)
   8    OUTLINE_MISMATCH                            VARCHAR2(1)
   9    STATS_ROW_MISMATCH                          VARCHAR2(1)
  10    LITERAL_MISMATCH                            VARCHAR2(1)
  11    SEC_DEPTH_MISMATCH                          VARCHAR2(1)
  12    EXPLAIN_PLAN_CURSOR                         VARCHAR2(1)
  13    BUFFERED_DML_MISMATCH                       VARCHAR2(1)
  14    PDML_ENV_MISMATCH                           VARCHAR2(1)
  15    INST_DRTLD_MISMATCH                         VARCHAR2(1)
  16    SLAVE_QC_MISMATCH                           VARCHAR2(1)
  17    TYPECHECK_MISMATCH                          VARCHAR2(1)
  18    AUTH_CHECK_MISMATCH                         VARCHAR2(1)
  19    BIND_MISMATCH                               VARCHAR2(1)
  20    DESCRIBE_MISMATCH                           VARCHAR2(1)
  21    LANGUAGE_MISMATCH                           VARCHAR2(1)
  22    TRANSLATION_MISMATCH                        VARCHAR2(1)
  23    ROW_LEVEL_SEC_MISMATCH                      VARCHAR2(1)
  24    INSUFF_PRIVS                                VARCHAR2(1)
  25    INSUFF_PRIVS_REM                            VARCHAR2(1)
  26    REMOTE_TRANS_MISMATCH                       VARCHAR2(1)
  27    LOGMINER_SESSION_MISMATCH                   VARCHAR2(1)
  28    INCOMP_LTRL_MISMATCH                        VARCHAR2(1)
  29    OVERLAP_TIME_MISMATCH                       VARCHAR2(1)
  30    SQL_REDIRECT_MISMATCH                       VARCHAR2(1)
  31    MV_QUERY_GEN_MISMATCH                       VARCHAR2(1)
  32    USER_BIND_PEEK_MISMATCH                     VARCHAR2(1)
  33    TYPCHK_DEP_MISMATCH                         VARCHAR2(1)
  34    NO_TRIGGER_MISMATCH                         VARCHAR2(1)
  35    FLASHBACK_CURSOR                            VARCHAR2(1)
  36    ANYDATA_TRANSFORMATION                      VARCHAR2(1)
  37    INCOMPLETE_CURSOR                           VARCHAR2(1)
  38    TOP_LEVEL_RPI_CURSOR                        VARCHAR2(1)
```

```
39    DIFFERENT_LONG_LENGTH              VARCHAR2(1)
40    LOGICAL_STANDBY_APPLY              VARCHAR2(1)
41    DIFF_CALL_DURN                     VARCHAR2(1)
42    BIND_UACS_DIFF                     VARCHAR2(1)
43    PLSQL_CMP_SWITCHS_DIFF             VARCHAR2(1)
44    CURSOR_PARTS_MISMATCH              VARCHAR2(1)
45    STB_OBJECT_MISMATCH                VARCHAR2(1)
46    ROW_SHIP_MISMATCH                  VARCHAR2(1)
47    PQ_SLAVE_MISMATCH                  VARCHAR2(1)
48    TOP_LEVEL_DDL_MISMATCH             VARCHAR2(1)
49    MULTI_PX_MISMATCH                  VARCHAR2(1)
50    BIND_PEEKED_PQ_MISMATCH            VARCHAR2(1)
51    MV_REWRITE_MISMATCH                VARCHAR2(1)
52    ROLL_INVALID_MISMATCH              VARCHAR2(1)
53    OPTIMIZER_MODE_MISMATCH            VARCHAR2(1)
54    PX_MISMATCH                        VARCHAR2(1)
55    MV_STALEOBJ_MISMATCH               VARCHAR2(1)
56    FLASHBACK_TABLE_MISMATCH           VARCHAR2(1)
57    LITREP_COMP_MISMATCH               VARCHAR2(1)
```

오라클 10*g* 기준으로도 무려 50 여가지의 이유로 차일드 커서가 생길 수 있다는 사실을 알 수 있습니다. 이 숫자는 오라클 11*g* 에서는 60 여개로 늘어납니다. 새로운 기능이 추가되고, 기존의 코드를 개선하면서 차일드 커서가 생기는 이유가 더욱 세련되게 분류되기 때문입니다. **V$SQLAREA** 뷰의 **VERSION_COUNT** 컬럼 값을 확인해서 지나치게 많은 수의 차일드 커서가 생긴 경우에는 반드시 **V$SQL_SHARED_CURSOR** 뷰를 이용해서 정확한 원인을 분석해야 합니다.

몇 가지의 테스트 사례를 통해 어떤 경우에 복수 개의 차일드들이 생기게 되는지 상세하게 살펴 보겠습니다.

# 테스트

## 테스트 환경

오라클 버전은 다음과 같습니다.

```
SQL> select * from v$version where rownum = 1;

BANNER
----------------------------------------------------------------
Oracle Database 10g Enterprise Edition Release 10.2.0.1.0 - Prod
```

**V$SQL_SHARED_CURSOR** 뷰의 단점은 가독성이 매우 떨어진다는 것입니다. 이러한 단점을 보완하기 위해 아래와 값이 "Y"에 해당하는 컬럼만 추출하는 간단한 PL/SQL 스크립트를 사용합니다.

```
set echo off
----------------------------------------------------------------
-- @name: shared_cursor2
-- @author: dion cho
-- @note: display v$sql_shared_cursor only when mistmatch is detected
----------------------------------------------------------------
set serveroutput on

declare
  c          number;
  col_cnt    number;
  col_rec    dbms_sql.desc_tab;
  col_value  varchar2(4000);
  ret_val    number;
begin
  c := dbms_sql.open_cursor;
  dbms_sql.parse(c,
    'select q.sql_text, s.*
     from v$sql_shared_cursor s, v$sql q
     where s.sql_id = q.sql_id
        and s.child_number = q.child_number
```

```
              and s.sql_id = ''&1''',
        dbms_sql.native);
    dbms_sql.describe_columns(c, col_cnt, col_rec);

    for idx in 1 .. col_cnt loop
        dbms_sql.define_column(c, idx, col_value, 4000);
    end loop;


    ret_val := dbms_sql.execute(c);

    while(dbms_sql.fetch_rows(c) > 0) loop
      for idx in 1 .. col_cnt loop
        dbms_sql.column_value(c, idx, col_value);
        if col_rec(idx).col_name in ('SQL_ID', 'ADDRESS', 'CHILD_ADDRESS',
                    'CHILD_NUMBER', 'SQL_TEXT') then
          dbms_output.put_line(rpad(col_rec(idx).col_name, 30) ||
                ' = ' || col_value);
        elsif col_value = 'Y' then
          dbms_output.put_line(rpad(col_rec(idx).col_name, 30) ||
                ' = ' || col_value);
        end if;

      end loop;

      dbms_output.put_line('-------------------------------------------------');

     end loop;

    dbms_sql.close_cursor(c);

 end;
 /

 set serveroutput off
 set echo on
```

이후 테스트 사례들에서는 이 PL/SQL 스크립트를 이용할 것입니다.

이제 아래와 같이 테이블 T1 을 생성합니다.

- 테이블 T1 의 컬럼 C1 은 1 의 값이 10,000 개, 1~10,000 의 값이 하나씩 총 10,000 개 존재합니다.
- 테이블 T1 의 컬럼 C1 에 대해서 인덱스 T1_N1 이 존재합니다.
- 통계 정보 수집시 METHOD_OPT 값으로 FOR ALL COLUMNS SKEWONLY 의 값을 부여합니다. 테이블 T1 의 컬럼 C1 은 값이 편향(Skew)되어 있기 때문에 히스토그램이 생성될 것입니다.

```
SQL> create table t1(c1 int, c2 varchar2(10));

Table created.

SQL> insert into t1
  2  select 1, level from dual connect by level <= 10000;

10000 rows created.

SQL> insert into t1
  2  select level, level from dual connect by level <= 10000;

10000 rows created.

SQL> create index t1_n1 on t1(c1);

Index created.

SQL> exec dbms_stats.gather_table_stats(user, 't1', -
>             method_opt=>'for columns c1 size skewonly');

PL/SQL procedure successfully completed.
```

테이블 T1 의 통계 정보를 조회해 보면 아래와 같습니다. 컬럼 C1 에 Height-Balanced 히스토그램이 생성되어 있습니다.

```
SQL> @tab_stat t1
01. table stats
old    9:       table_name = upper(''&T_NAME'')
new    9:       table_name = upper(''t1'')
TABLE_NAME                    : T1
PARTITION_NAME                :
```

```
NUM_ROWS                        : 20000
BLOCKS                          : 42
SAMPLE_SIZE                     : 20000
LAST_ANAL                       : 2010/04/12 15:33:30
-----------------

PL/SQL procedure successfully completed.

02. column stats
old   9:       s.table_name = upper(''&T_NAME'')
new   9:       s.table_name = upper(''t1'')
TABLE_NAME                      : T1
COLUMN_NAME                     : C1
NUM_DISTINCT                    : 10000
NUM_NULLS                       : 0
DENSITY                         : .00005
LOW_VALUE                       : C102
HIGH_VALUE                      : C302
HISTOGRAM                       : HEIGHT BALANCED
-----------------
TABLE_NAME                      : T1
COLUMN_NAME                     : C2
NUM_DISTINCT                    :
NUM_NULLS                       :
DENSITY                         :
LOW_VALUE                       :
HIGH_VALUE                      :
HISTOGRAM                       : NONE
-----------------

PL/SQL procedure successfully completed.

03. histogram stats
old   7:       table_name = upper('&T_NAME')
new   7:       table_name = upper('t1')

TABLE_NAME           COLUMN_NAME          ENDPOINT_NUMBER ENDPOINT_VALUE
-------------------- -------------------- --------------- --------------------
T1                   C1                               126 1()
T1                   C1                               127 33()
T1                   C1                               128 112()
```

```
 …
 T1                    C1                              254 10000()

129 rows selected.
```

## 사례 1: 바인드 변수 길이 문제

SQL 문장의 재활용성을 높이기 위해 바인드 변수를 사용함에도 불구하고 차일드 커서가 계속해서 늘어나는 경우가 있습니다. 이런 현상은 대부분 VARCHAR2 타입의 바인드 변수에서 발생합니다.

오라클은 VARCHAR2 타입의 바인드 값이 접수되는 경우 해당 정보를 라이브러리 캐시에 등록하기 위해 그 길이에 맞는 적절한 크기의 메모리를 할당합니다. SQL 에서 사용 가능한 VARCHAR2 타입의 최대 길이가 4000 바이트입니다. 오라클은 이 크기를 32, 128, 2000, 4000 으로 네 등분해서 메모리를 할당합니다. 이 값의 정확한 경계는 버전에 따라 바뀔 수 있습니다.

만일 최초의 SQL 실행 시에 100 바이트의 문자열이 접수되었다면 128 바이트의 메모리 버퍼를 할당될 것입니다. 이후 128 바이트보다 작은 모든 문자열에 대해서는 동일한 차일드 커서를 사용합니다. 하지만 128 바이트보다 큰 크기의 문자열이 접수되면 새로운 메모리 버퍼를 할당받게 됩니다. 만일 500 바이트의 문자열이 접수되었다면 2000 바이트의 메모리 버퍼를 할당합니다. 이 과정에서 새로운 차일드 커서가 등록됩니다. 이 과정에서 실행 계획이 바뀌는 현상도 생길 수 있습니다.

테스트 사례를 통해 이 현상을 설명해보겠습니다. 우선 아래와 같이 :B2 바인드 변수의 길이를 VARCHAR2(10)으로 등록합니다. 그리고 쿼리를 수행합니다. 테이블 T1 에 대해 Table Full Scan 이 선택됩니다.

```
SQL> var b1 number;
SQL> exec :b1 := 1;

PL/SQL procedure successfully completed.

SQL> var b2 varchar2(10);
```

```
SQL> exec :b2 := '1';

PL/SQL procedure successfully completed.

SQL> select /*+ gather_plan_statistics */
  2    count(*) from t1
  3  where c1 = :b1 and c2 = :b2;

  COUNT(*)
----------
         2

SQL> select * from table
  2  (dbms_xplan.display_cursor(null,null,'allstats last'));
-----------------------------------------------------------
| Id  | Operation          | Name | Starts | E-Rows | A-Rows |
-----------------------------------------------------------
|   1 |  SORT AGGREGATE    |      |      1 |      1 |      1 |
|*  2 |   TABLE ACCESS FULL| T1   |      1 |     99 |      2 |
-----------------------------------------------------------

Predicate Information (identified by operation id):
---------------------------------------------------
   2 - filter(("C2"=:B2 AND "C1"=:B1))
```

이제 :B2 바인드 변수를 VARCHAR2(1000) 타입으로 재선언하고 동일한 쿼리를 수행합니다. 그리고 :B1 바인드 변수의 값을 1이 아닌 2로 지정합니다. 동일한 이름의 바인드 변수를 사용하는 동일한 SQL 텍스트이기 때문에 재활용이 이루어져야 합니다. 즉 차일드 커서가 새롭게 생기지 않아야 합니다. 하지만 아래의 결과를 보면 Table Full Scan 에서 Index Range Scan 으로 실행 계획이 바뀐 것을 알 수 있습니다. :B2 바인드 변수를 처리하는 과정에서 **새로운 차일드 커서가 등록되면서 다시 하드 파스가 발생하고, 컬럼 C1 에 대한 히스토그램으로 인해 새로운 실행 계획이 등록**된 것입니다.

```
SQL> var b1 number;
SQL> exec :b1 := 2;

PL/SQL procedure successfully completed.
```

```
SQL> var b2 varchar2(1000);
SQL> exec :b2 := '1';

PL/SQL procedure successfully completed.

SQL> select /*+ gather_plan_statistics */
  2    count(*) from t1
  3  where c1 = :b1 and c2 = :b2;

  COUNT(*)
----------
         0


--------------------------------------------------------------------
| Id  | Operation                     | Name  | Starts | E-Rows | A-Rows |
--------------------------------------------------------------------
|   1 | SORT AGGREGATE                |       |      1 |      1 |      1 |
|*  2 |  TABLE ACCESS BY INDEX ROWID  | T1    |      1 |      1 |      0 |
|*  3 |   INDEX RANGE SCAN            | T1_N1 |      1 |      1 |      1 |
--------------------------------------------------------------------

Predicate Information (identified by operation id):
---------------------------------------------------
   2 - filter("C2"=:B2)
   3 - access("C1"=:B1)
```

이 경우 **V$SQLAREA.VERSION_COUNT** 값이 2로 증가하게 되고, **V$SQL** 에는 서로 다른 두 개의 차일드 커서가 등록되어 있습니다. DBMS_XPLAN.DISPLAY_CURSOR 함수를 사용하면 두 개의 커서의 실행 계획을 한 번에 추출할 수 있습니다.

```
SQL> col sql_id new_value sql_id
SQL> select prev_sql_id as sql_id from v$session where sid = userenv('sid');

SQL_ID
-------------
98721ruagfx5c

SQL> select * from table(dbms_xplan.display_cursor('&sql_id', null, 'typical'));
```

```
SQL_ID  98721ruagfx5c, child number 0
-------------------------------------
select /*+ gather_plan_statistics */ count(*) from t1 where c1 = :b1
and c2 = :b2

Plan hash value: 3724264953

-------------------------------------------------------------------------
| Id  | Operation          | Name | Rows  | Bytes | Cost (%CPU)| Time     |
-------------------------------------------------------------------------
|   0 | SELECT STATEMENT   |      |       |       |    12 (100)|          |
|   1 |  SORT AGGREGATE    |      |     1 |     8 |            |          |
|*  2 |   TABLE ACCESS FULL| T1   |    99 |   792 |    12   (9)| 00:00:01 |
-------------------------------------------------------------------------

Predicate Information (identified by operation id):
---------------------------------------------------

   2 - filter(("C2"=:B2 AND "C1"=:B1))


SQL_ID  98721ruagfx5c, child number 1
-------------------------------------
select /*+ gather_plan_statistics */ count(*) from t1 where c1 = :b1 and c2
= :b2

Plan hash value: 359681750

------------------------------------------------------------------------
| Id  | Operation                     | Name  | Rows  | Bytes | Cost (%CPU)|
------------------------------------------------------------------------
|   0 | SELECT STATEMENT              |       |       |       |     2 (100)|
|   1 |  SORT AGGREGATE               |       |     1 |     8 |            |
|*  2 |   TABLE ACCESS BY INDEX ROWID | T1    |     1 |     8 |     2   (0)|
|*  3 |    INDEX RANGE SCAN           | T1_N1 |     1 |       |     1   (0)|
------------------------------------------------------------------------

Predicate Information (identified by operation id):
---------------------------------------------------

   2 - filter("C2"=:B2)
   3 - access("C1"=:B1)
```

새로운 차일드 커서가 등록된다고 해서 항상 실행 계획이 변경되는 것은 아닙니다. 위의 예에서는 히스토그램으로 인해 실행 계획이 바뀌는 것일 뿐입니다. 만일 히스토그램이 존재하지 않았다면 새로 등록된 두번째 차일드 커서는 첫번째 차일드 커서와 동일한 실행 계획을 보일 것이며, **PLAN_HASH_VALUE** 의 값이 동일할 것입니다.

차일드 커서가 추가된 이유를 **V$SQL_SHARED_CURSOR** 뷰를 통해 분석해보겠습니다.

```
SQL> @shared_cursor2 &sql_id
SQL_TEXT                        = select /*+ gather_plan_statistics */  count(*)
from t1 where c1 = :b1 and c2 = :b2
SQL_ID                          = 98721ruagfx5c
ADDRESS                         = 33E69828
CHILD_ADDRESS                   = 33F02FB4
CHILD_NUMBER                    = 0
-----------------------------------------------
SQL_TEXT                        = select /*+ gather_plan_statistics */  count(*)
from t1 where c1 = :b1 and c2 = :b2
SQL_ID                          = 98721ruagfx5c
ADDRESS                         = 33E69828
CHILD_ADDRESS                   = 2DB555D8
CHILD_NUMBER                    = 1
BIND_MISMATCH                   = Y
-----------------------------------------------
```

**BIND_MISMATCH** 에 의해 차일드 커서가 추가되었다는 것을 알 수 있습니다. 최초의 쿼리에서는 VARCHAR2(10)의 바인드 변수를 사용했기 때문에 32 바이트의 메모리 버퍼를 사용하는 차일드 커서가 생성됩니다. 두번째 쿼리의 경우에는 VARCHAR2(1000)의 바인드 변수를 사용했기 때문에 2000 바이트의 새로운 메모리 버퍼가 필요하고 이로 인해 새로운 차일드 커서가 생성됩니다. 만일 VARCHAR2(500)의 새로운 크기의 바인드 변수를 사용하면 어떻게 될까요? 이미 2000 바이트 크기의 메모리 버퍼가 할당되어 있기 때문에 새로운 메모리 버퍼를 할당할 필요가 없습니다. 따라서 새로운 차일드 커서도 등록되지 않습니다.

```
SQL> var b2 varchar2(500);
SQL> exec :b2 := '1';

PL/SQL procedure successfully completed.
```

```
SQL> select /*+ gather_plan_statistics */
  2    count(*) from t1
  3  where c1 = :b1 and c2 = :b2;

  COUNT(*)
----------
         2

SQL> @shared_cursor2 &sql_id
SQL_TEXT                        = select /*+ gather_plan_statistics */ count(*)
from t1 where c1 = :b1 and c2 = :b2
SQL_ID                          = 98721ruagfx5c
ADDRESS                         = 33E69828
CHILD_ADDRESS                   = 33F02FB4
CHILD_NUMBER                    = 0
-------------------------------------------------
SQL_TEXT                        = select /*+ gather_plan_statistics */ count(*)
from t1 where c1 = :b1 and c2 = :b2
SQL_ID                          = 98721ruagfx5c
ADDRESS                         = 33E69828
CHILD_ADDRESS                   = 2DB555D8
CHILD_NUMBER                    = 1
BIND_MISMATCH                   = Y
-------------------------------------------------
```

**VARCAHR2(4000)** 크기의 바인드 변수를 사용하면 기존 최대 크기였던 2000 바이트를 초과합니다. 따라서 다시 새로운 차일드 커서가 등록됩니다. 따라서 총 3 개의 차일드 커서가 생기게 됩니다. 단, 3 개의 차일드 커서가 생겼다고 해서 3 개의 실행 계획이 생성된다는 것을 의미하지는 않습니다.

```
SQL> var b2 varchar2(4000);
SQL> exec :b2 := '1';

PL/SQL procedure successfully completed.

SQL> select /*+ gather_plan_statistics */
  2    count(*) from t1
  3  where c1 = :b1 and c2 = :b2;
```

```
  COUNT(*)
----------
         2

SQL> @shared_cursor2 &sql_id
SQL> set echo off
old   14:            and s.sql_id = ''&1''',
new   14:            and s.sql_id = ''98721ruagfx5c''',
SQL_TEXT                       = select /*+ gather_plan_statistics */  count(*)
from t1 where c1 = :b1 and c2 = :b2
SQL_ID                         = 98721ruagfx5c
ADDRESS                        = 33E69828
CHILD_ADDRESS                  = 33F02FB4
CHILD_NUMBER                   = 0
-----------------------------------------------
SQL_TEXT                       = select /*+ gather_plan_statistics */  count(*)
from t1 where c1 = :b1 and c2 = :b2
SQL_ID                         = 98721ruagfx5c
ADDRESS                        = 33E69828
CHILD_ADDRESS                  = 2DB555D8
CHILD_NUMBER                   = 1
BIND_MISMATCH                  = Y
-----------------------------------------------
SQL_TEXT                       = select /*+ gather_plan_statistics */  count(*)
from t1 where c1 = :b1 and c2 = :b2
SQL_ID                         = 98721ruagfx5c
ADDRESS                        = 33E69828
CHILD_ADDRESS                  = 27C75B44
CHILD_NUMBER                   = 2
BIND_MISMATCH                  = Y
-----------------------------------------------
```

간혹 차일드 커서의 수가 수백개 이상으로 늘어나는 경우도 있습니다. 이 경우 차일드 커서를 찾기 위해 라이브러리 캐시를 탐색하는 시간이 길어지게 되고, 래치로 인한 경합이 발생할 수 있습니다. 이런 현상은 많은 수의 바인드 변수를 가진 SQL 문장에 대해서 심각한 성능 문제를 유발할 수 있습니다.

이 문제를 해결하는 방법은 두 가지 정도가 있습니다. 첫번째 방법은 **10503 진단 이벤트**를 이용하는 것입니다. 가령 다음과 같이 진단 이벤트를 활성화하면 오라클은 바인드 값의 메모리 버퍼 크기의 최소값을 2000 바이트로 지정합니다. 따라서 2000 바이트 이하의 모든 바인드 변수들은 동일한 차일드 커서를 사용합니다.

```
alter session set events '10503 trace name context forever, level 2000';
```

10503 진단 이벤트는 오라클 버전과 OS에 따라 지원되지 않는 경우도 있기 때문에 철저한 검증 후에 사용해야 합니다.

두번째 방법은 **최대 길이의 바인드 변수를 미리 사용**함으로써 길이 변화에 따라 차일드 커서가 생기는 현상을 미연에 방지하는 것입니다. 다음과 같은 형태의 JDBC 코드를 사용하는 것입니다.

```
PreparedStatement stmt = con.prepareStatement("INSERT INTO t(name)
VALUES(RTRIM(?))");    // 입력받은 값에 RTRIM 적용
stmt.setString(1, "a      .... ");   // 가령 4000 바이트 길이 지정
stmt.executeUpdate();
```

## 사례 2: 바인드 변수 타입 문제

바인드 변수 길이 뿐만 아니라 바인드 변수의 데이터 타입에 의해서도 새로운 차일드 커서가 추가될 수 있습니다. 아래에 간단한 예제가 있습니다. 컬럼 **C2**에 VARCHAR2 타입의 바인드 변수와 NUMBER 타입의 바인드 변수를 사용한 경우 서로 다른 두 개의 차일드 커서가 생기는 것을 알 수 있습니다.

```
SQL> var b1 number;
SQL> exec :b1 := 1;

PL/SQL procedure successfully completed.

SQL> var b2 varchar2(10);
SQL> exec :b2 := '1';

SQL> select /*+ gather_plan_statistics */
  2    count(*) from t1
  3  where c1 = :b1 and c2 = :b2;
```

```
  COUNT(*)
----------
         2

---------------------------------------------------------------
| Id  | Operation           | Name | Starts | E-Rows | A-Rows |
---------------------------------------------------------------
|   1 |  SORT AGGREGATE     |      |      1 |      1 |      1 |
|*  2 |   TABLE ACCESS FULL | T1   |      1 |     99 |      2 |
---------------------------------------------------------------

Predicate Information (identified by operation id):
---------------------------------------------------
   2 - filter(("C2"=:B2 AND "C1"=:B1))

SQL> var b1 number;
SQL> exec :b1 := 2;

PL/SQL procedure successfully completed.

SQL> var b2 number;
SQL> exec :b2 := 1;

PL/SQL procedure successfully completed.

SQL> select /*+ gather_plan_statistics */
  2    count(*) from t1
  3   where c1 = :b1 and c2 = :b2;

  COUNT(*)
----------
         0

-----------------------------------------------------------------------
| Id  | Operation                     | Name  | Starts | E-Rows | A-Rows |
-----------------------------------------------------------------------
|   1 |  SORT AGGREGATE               |       |      1 |      1 |      1 |
|*  2 |   TABLE ACCESS BY INDEX ROWID | T1    |      1 |      1 |      0 |
|*  3 |    INDEX RANGE SCAN           | T1_N1 |      1 |      1 |      1 |
-----------------------------------------------------------------------
```

```
Predicate Information (identified by operation id):
---------------------------------------------------
   2 - filter(TO_NUMBER("C2")=:B2)
   3 - access("C1"=:B1)
```

컬럼 **C1** 에 대해 히스토그램이 존재하기 때문에 실행 계획까지 변경되었습니다. **V$SQL_SHARED_CURSOR** 뷰를 통해 그 이유를 추적해보면 역시 BIND_MISMATCH 가 그 원인이라는 것을 알 수 있습니다.

```
SQL> @shared_cursor2 &sql_id
SQL_TEXT                    = select /*+ gather_plan_statistics */  count(*)
from t1 where c1 = :b1 and c2 = :b2
SQL_ID                      = 98721ruagfx5c
ADDRESS                     = 33E69828
CHILD_ADDRESS               = 2E92A0A8
CHILD_NUMBER                = 0
-------------------------------------------------
SQL_TEXT                    = select /*+ gather_plan_statistics */  count(*)
from t1 where c1 = :b1 and c2 = :b2
SQL_ID                      = 98721ruagfx5c
ADDRESS                     = 33E69828
CHILD_ADDRESS               = 27E6162C
CHILD_NUMBER                = 1
BIND_MISMATCH               = Y
-------------------------------------------------
```

위의 두 사례를 정리해보면 VARCHAR2 타입의 바인드 변수인 경우 바인드 값의 길이에 따라 BIND_MISMATCH 가 발생할 수 있으며, 바인드 변수의 타입에 의해서도 BIND_MISMATCH 가 발생한다는 것을 알 수 있습니다.

### 사례 3: 옵티마이저 파라미터 문제

옵티마이저 파라미터가 변하는 경우에는 동일한 SQL 문장이라도 전혀 다른 실행 계획을 보일 수 있습니다. 따라서 이런 경우 항상 새로운 차일드 커서가 추가됩니다. 아래 예제와 같이 옵티마이저 파라미터인 **OPTIMIZER_INDEX_COST_ADJ** 파라미터의 값이 100인 경우와 10인 경우에 대해 동일한 쿼리를 수행합니다.

```
SQL> alter session set optimizer_index_cost_adj = 100;

Session altered.

SQL> select /*+ gather_plan_statistics */
  2    count(*) from t1
  3   where c1 = :b1 and c2 = :b2;

  COUNT(*)
----------
         2

SQL> alter session set optimizer_index_cost_adj = 10;

Session altered.

SQL> select /*+ gather_plan_statistics */
  2    count(*) from t1
  3   where c1 = :b1 and c2 = :b2;

  COUNT(*)
----------
         2
```

아래 결과를 보면 두 개의 차일드 커서가 생겼으며, 새로운 차일드 커서가 추가되는 이유는 **OPTIMIZER_MISMATCH** 로 나타납니다.

```
SQL> @shared_cursor2 &sql_id
SQL> set echo off
old  14:          and s.sql_id = ''&1''',
new  14:          and s.sql_id = ''98721ruagfx5c''',
SQL_TEXT                    = select /*+ gather_plan_statistics */  count(*)
from t1 where c1 = :b1 and c2 = :b2
SQL_ID                      = 98721ruagfx5c
ADDRESS                     = 33E69828
CHILD_ADDRESS               = 27DB9D18
```

```
CHILD_NUMBER                     = 0
-----------------------------------------------
SQL_TEXT                         = select /*+ gather_plan_statistics */  count(*)
from t1 where c1 = :b1 and c2 = :b2
SQL_ID                           = 98721ruagfx5c
ADDRESS                          = 33E69828
CHILD_ADDRESS                    = 2DB4F900
CHILD_NUMBER                     = 1
OPTIMIZER_MISMATCH               = Y
-----------------------------------------------

PL/SQL procedure successfully completed.
```

## 사례 4: 스키마 문제

동일한 SQL 문장이라고 하더라도 서로 다른 스키마에 속한 오브젝트들을 참조하는 SQL 문장이라면 실제로는 전혀 다른 SQL 문장으로 처리되어야 합니다. 따라서 이 경우에도 별도의 차일드 커서가 생성됩니다. 아래 예제는 동일한 SQL 문장을 UKJA 유저와 UKJA2 유저가 각각 실행한 경우 차일드 커서가 어떻게 등록되는지를 보여줍니다.

```
SQL> select /*+ gather_plan_statistics */
  2    count(*) from t1
  3    where c1 = :b1 and c2 = :b2;

  COUNT(*)
----------
         2

SQL> connect ukja2/ukja2@ukja1021
Connected.

SQL> select /*+ gather_plan_statistics */
  2    count(*) from t1
  3    where c1 = :b1 and c2 = :b2;

  COUNT(*)
----------
         2
```

```
SQL> @shared_cursor2 &sql_id
SQL> set echo off
old   14:          and s.sql_id = ''&1''',
new   14:          and s.sql_id = ''98721ruagfx5c''',
SQL_TEXT                        = select /*+ gather_plan_statistics */  count(*)
from t1 where c1 = :b1 and c2 = :b2
SQL_ID                          = 98721ruagfx5c
ADDRESS                         = 33E69828
CHILD_ADDRESS                   = 27E669E0
CHILD_NUMBER                    = 0
-----------------------------------------------
SQL_TEXT                        = select /*+ gather_plan_statistics */  count(*)
from t1 where c1 = :b1 and c2 = :b2
SQL_ID                          = 98721ruagfx5c
ADDRESS                         = 33E69828
CHILD_ADDRESS                   = 2EB949C0
CHILD_NUMBER                    = 1
AUTH_CHECK_MISMATCH             = Y
TRANSLATION_MISMATCH            = Y
-----------------------------------------------
```

AUTH_CHECK_MISMATCH 와 TRANSLATION_MISMATCH 라는 두 가지 이유에 의해 차일드 커서가 추가된 것으로 보고되고 있습니다.

### 사례 5: SQL Trace 활성화

새로운 차일드 커서가 추가되는 재미있는 사례를 보겠습니다. 아래와 같이 SQL 문장을 수행합니다.

```
SQL> var b1 number;
SQL> exec :b1 := 1;

PL/SQL procedure successfully completed.

SQL> var b2 varchar2(10);
SQL> exec :b2 := '1';
```

```
PL/SQL procedure successfully completed.

SQL> select /*+ gather_plan_statistics */
  2    count(*) from t1
  3  where c1 = :b1 and c2 = :b2;

  COUNT(*)
----------
         2


---------------------------------------------------------------
| Id  | Operation           | Name | Starts | E-Rows | A-Rows |
---------------------------------------------------------------
|   1 |  SORT AGGREGATE     |      |      1 |      1 |      1 |
|*  2 |   TABLE ACCESS FULL | T1   |      1 |     99 |      2 |
---------------------------------------------------------------

Predicate Information (identified by operation id):
---------------------------------------------------
   2 - filter(("C2"=:B2 AND "C1"=:B1))
```

동일한 SQL 문장을 SQL*Trace 를 활성화한 후 수행합니다.

```
SQL> alter session set sql_trace = true;

Session altered.

SQL> var b1 number;
SQL> exec :b1 := 2;

PL/SQL procedure successfully completed.

SQL> var b2 varchar2(10);
SQL> exec :b2 := '1';

PL/SQL procedure successfully completed.

SQL> select /*+ gather_plan_statistics */
  2    count(*) from t1
  3  where c1 = :b1 and c2 = :b2;
```

```
  COUNT(*)
----------
         0


-----------------------------------------------------------------
| Id | Operation                     | Name  | Starts | E-Rows | A-Rows |
-----------------------------------------------------------------
|  1 | SORT AGGREGATE                |       |    1   |    1   |    1   |
|* 2 | TABLE ACCESS BY INDEX ROWID   | T1    |    1   |    1   |    0   |
|* 3 |  INDEX RANGE SCAN             | T1_N1 |    1   |    1   |    1   |
-----------------------------------------------------------------

Predicate Information (identified by operation id):
---------------------------------------------------

   2 - filter("C2"=:B2)
   3 - access("C1"=:B1)
```

놀랍게도 실행 계획이 바뀌었습니다. 동일한 SQL 문장임에도 불구하고 실행 계획이 바뀌었다는 것은 **새로운 차일드 커서가 생겼다는 것을 의미**합니다. V$SQL_SHARED_CURSOR 뷰를 이용해서 커서를 재활용하지 못한 이유를 분석해보겠습니다.

```
SQL> @shared_cursor2 &sql_id
SQL_TEXT                       = select /*+ gather_plan_statistics */  count(*)
from t1 where c1 = :b1 and c2 = :b2
SQL_ID                         = 98721ruagfx5c
ADDRESS                        = 33E69828
CHILD_ADDRESS                  = 2DB555D8
CHILD_NUMBER                   = 0
-----------------------------------------------
SQL_TEXT                       = select /*+ gather_plan_statistics */  count(*)
from t1 where c1 = :b1 and c2 = :b2
SQL_ID                         = 98721ruagfx5c
ADDRESS                        = 33E69828
CHILD_ADDRESS                  = 2D8C8CEC
CHILD_NUMBER                   = 1
STATS_ROW_MISMATCH             = Y
-----------------------------------------------
```

**STATS_ROW_MISMATCH** 에 의해 새로운 차일드 커서가 생겼습니다. SQL*Trace 가 활성화된 경우와 그렇지 않은 경우에는 차일드 커서가 분기된다는 것을 알 수 있습니다. 이 예제의 경우에는 히스토그램으로 인해 실행 계획까지 바뀌어 버렸습니다. 이 경우 어플리케이션이 사용하던 실행 계획이 SQL*Trace 가 활성화 된 이후에 달라지고 성능에까지 영향을 줄 수 있습니다.

정말 의외의 이유로 커서 재활용에 실패한다는 것과 함께 SQL*Trace 의 결과를 100% 믿어서는 안된다는 것을 알 수 있습니다.

## 정리

바인드 변수를 잘 사용한다고 하더라도 너무나 다양한 이유로 차일드 커서가 분기된다는 것을 알 수 있습니다. 중요한 것은 많은 수의 차일드 커서가 발생할 경우, 그 정확한 원인을 추적할 수 있느냐입니다. 예제를 통해서 소개한 **V$SQL_SHARED_CURSOR** 뷰를 분석하는 방법, **DBMS_XPLAN** 패키지를 이용해서 차일드 커서의 실행 계획 변화를 관찰하는 방법 등을 잘 활용하면 어렵지 않게 그 원인을 추적하고 해결책을 도출할 수 있을 것입니다.

## 질문 3. 인라인 뷰에 GROUP BY를 추가하면 Join 조건이 Push가 안됩니다. 그 이유는 무엇이고 어떻게 해결할 수 있을까요?

### 문제 개요

인라인 뷰안으로 Join 조건이 Push 되면 Nested Loops Join 과 Index Range Scan 에 의해 빠른 속도로 데이터를 추출할 수 있습니다. 하지만 업무 요구에 따라 인라인 뷰의 쿼리에 GROUP BY 를 추가하면 Join 조건이 Push 되지 않아 Hash Join 과 Table Full Scan 에 의해 쿼리의 성능이 저하됩니다. 그 이유는 무엇이고, 어떤 해결책이 있을까요?

### 해답

효율적인 쿼리를 작성하는 기본적인 기법을 익혔다고 자부하는 개발자나 DBA 들을 가장 혼란스럽게 하는 것중 하나가 Query Transformation 입니다. 오라클의 옵티마이저는 크게 다음과 같은 두 개의 옵티마이저로 구성되어 있습니다.

- **Logical Optimizer:** 사용자가 작성한 쿼리를 옵티마이저가 최적화하기 편리한 형태로 변형하는 과정을 의미합니다. 흔히 Query Transformation 이라고 부릅니다.

- **Physical Optimizer:** Logical Optimizer 에 의해 변형된 쿼리에 대해 비용(Cost)을 계산하고 최적의 비용을 갖는 실행 계획을 생성하과정을 의미합니다. 흔히 Query Optimization 이라고 부릅니다.

예상 로우 수와 비용 계산에 기반해서 최적의 실행 계획을 생성하는 기술(Physical Optimization)은 보편적으로 알려져 있습니다. 가령 인덱스를 경유해야 할지, 테이블 전체를 읽어야 할지,

Nested Loops Join 을 선택해야할지, Hash Join 을 선택해야 할지를 결정하는 것이 이 범주에 속합니다. 힌트를 통해서 실행 계획을 제어하는 것도 일반적으로 여기에 속합니다. 하지만, Query Transformation 영역에 대한 지식은 그 중요도에 비해 상대적으로 덜 알려져 있습니다. 여기서 언급하고 있는 문제 또한 Query Transformation 영역에 속합니다.

이번 문제의 해답은 **인라인 뷰안에 GROUP BY 가 존재하면 Join Predicate Pushing 은 발생하지 않는다**는 것입니다. 하지만 이것은 Oracle 10$g$까지의 제약이고, Oracle 11$g$부터는 이런 제약이 없어졌습니다.

이번 질문의 핵심은 View Merging, Predicate Pushing, Subquery Unnesting, Subquery Pushing 과 같은 기본적인 Query Transformation 기법에 대한 이해없이는 실행 계획을 100% 이해할 수 없다는 것입니다.

이번 문제를 통해 Query Transformation 문제를 해석하는 기본적인 기법을 익히게 될 것입니다.

> Query Transformation 에 대한 상세한 정보는 [Optimizing Oracle Optimizer(조동욱. 엑셈)]과 [Logical Optimizer(오동규. 오프메이드)]에서 얻을 수 있습니다.

## 테스트

### 테스트 환경

다음과 같이 테이블 T1, T2, T3 를 생성합니다.

```
SQL> create table t1(c1 int, c2 int);

Table created.

SQL> create table t2(c1 int, c2 int);

Table created.
```

```
SQL> create table t3(c1 int, c2 int);

Table created.

SQL> insert into t1 select level, level from dual connect by level <= 10000;

10000 rows created.

SQL> insert into t2 select level, level from dual connect by level <= 10000;

10000 rows created.

SQL> insert into t3 select level, level from dual connect by level <= 10000;

10000 rows created.

SQL> create index t1_n1 on t1(c1);

Index created.

SQL> create index t2_n1 on t2(c1);

Index created.

SQL> create index t3_n1 on t3(c1);

Index created.

SQL> exec dbms_stats.gather_table_stats(user, 't1', no_invalidate=>false);

PL/SQL procedure successfully completed.

SQL> exec dbms_stats.gather_table_stats(user, 't1', no_invalidate=>false);

PL/SQL procedure successfully completed.

SQL> exec dbms_stats.gather_table_stats(user, 't1', no_invalidate=>false);

PL/SQL procedure successfully completed.
```

## 사례 1: GROUP BY와 Join Predicate Pushing

오라클 버전은 10.2.0.1 입니다.

```
SQL> select * from v$version where rownum = 1;

BANNER
----------------------------------------------------------------
Oracle Database 10g Enterprise Edition Release 10.2.0.1.0 - Prod
```

인라인 뷰안의 GROUP BY 가 Join Predicate Pushing 에 미치는 영향을 살펴 보겠습니다.

```
SQL> explain plan for
  2  select
  3    *
  4  from t1, t2,
  5    (select c1, sum(c2) from t3 group by c1 order by c1) v1
  6  where
  7    t1.c1 = t2.c1
  8    and t2.c1 = v1.c1
  9    and t1.c2 = 1
 10  ;

Explained.

SQL> select * from table(dbms_xplan.display);

--------------------------------------------------------------------------
| Id  | Operation                    | Name  | Rows  | Bytes | Cost (%CPU)|
--------------------------------------------------------------------------
|   0 | SELECT STATEMENT             |       |     1 |    40 |    27  (12)|
|*  1 |  HASH JOIN                   |       |     1 |    40 |    27  (12)|
|   2 |   TABLE ACCESS BY INDEX ROWID| T2    |     1 |     7 |     2   (0)|
|   3 |    NESTED LOOPS              |       |     1 |    14 |    13   (0)|
|*  4 |     TABLE ACCESS FULL        | T1    |     1 |     7 |    11   (0)|
|*  5 |     INDEX RANGE SCAN         | T2_N1 |     1 |       |     1   (0)|
|   6 |   VIEW                       |       | 10000 |  253K |    13  (16)|
|   7 |    SORT GROUP BY             |       | 10000 | 70000 |    13  (16)|
|   8 |     TABLE ACCESS FULL        | T3    | 10000 | 70000 |    11   (0)|
--------------------------------------------------------------------------
```

```
Predicate Information (identified by operation id):
---------------------------------------------------

   1 - access("T2"."C1"="V1"."C1")
   4 - filter("T1"."C2"=1)
   5 - access("T1"."C1"="T2"."C1")
```

위의 실행 계획을 분석해 보면 다음과 같은 사실을 도출할 수 있습니다.

- 6번 단계의 VIEW 오퍼레이션으로부터 인라인 뷰에 대한 View Merge 에 실패했다는 것을 알 수 있습니다. 이것은 인라인 뷰의 ORDER BY 구문 때문입니다.
- V1 에 대한 조인 조건이 인라인 뷰안으로 들어가지(Push) 못하고 있습니다. 즉, 인라인 뷰 V1 은 완전히 독립적인 쿼리 블록(Query Block)으로 취급됩니다.
- 그 덕분에 테이블 T3 에 대한 Full Table Scan 이 이루어지며, 테이블 T3 는 다시 Hash Join 의 대상이 됩니다.

옵티마이저는 View Merge 에 실패하는 경우, **차선책으로 Join Predicate Pushing 을 시도**합니다. 위의 쿼리에서는 **V1, T1, T2** 간에 Join 이 이루어지고 있으므로 Join Predicate Pushing 의 대상이 됩니다. 또 한가지 주목할 것은 T1.C2 = 1 조건입니다. 만일 이 조건에 의해서 소수의 데이터만이 살아남는다면 Join Predicate Pushing 의 효과는 대단히 커집니다. T1.C2 = 1 조건에 해당하는 소수의 값에 대해서만 Nested Loops Join 을 수행할 수 있다면 최소한의 일량으로 원하는 데이터를 얻을 수 있습니다. 하지만 어떤 이유에서인지 Join Predicate Pushing 이 거부되었습니다.

Oracle 11g 에서는 어떨까요? 아래에 그 결과가 있습니다.

```
SQL> select * from v$version where rownum = 1;

BANNER
----------------------------------------------------------------
Oracle Database 11g Enterprise Edition Release 11.1.0.6.0 - Production

SQL> explain plan for
  2  select
```

```
  3    *
  4    from t1, t2,
  5      (select c1, sum(c2) from t3 group by c1 order by c1) v1
  6    where
  7      t1.c1 = t2.c1
  8      and t2.c1 = v1.c1
  9      and t1.c2 = 1
 10    ;

Explained.
--------------------------------------------------------------------------------
| Id  | Operation                       | Name  | Rows | Bytes | Cost (%CPU)|
--------------------------------------------------------------------------------
|   0 | SELECT STATEMENT                |       |   1  |   42  |   22   (0)|
|   1 |  NESTED LOOPS                   |       |   1  |   42  |   22   (0)|
|   2 |   NESTED LOOPS                  |       |   1  |   14  |   20   (0)|
|*  3 |    TABLE ACCESS FULL            | T1    |   1  |    7  |   18   (0)|
|   4 |    TABLE ACCESS BY INDEX ROWID  | T2    |   1  |    7  |    2   (0)|
|*  5 |     INDEX RANGE SCAN            | T2_N1 |   1  |       |    1   (0)|
|   6 |   VIEW PUSHED PREDICATE         |       |   1  |   28  |    2   (0)|
|   7 |    SORT GROUP BY                |       |   1  |    7  |    2   (0)|
|   8 |     TABLE ACCESS BY INDEX ROWID | T3    |   1  |    7  |    2   (0)|
|*  9 |      INDEX RANGE SCAN           | T3_N1 |   1  |       |    1   (0)|
--------------------------------------------------------------------------------

Predicate Information (identified by operation id):
---------------------------------------------------
   3 - filter("T1"."C2"=1)
   5 - access("T1"."C1"="T2"."C1")
   9 - access("C1"="T2"."C1")
```

실행 계획이 전혀 다른 모습으로 바뀐 것을 알 수 있습니다.

- 6 번 단계의 VIEW PUSHED PREDICATE 오퍼레이션으로부터 여전히 View Merge 에는 실패했다는 것을 알 수 있습니다.
- 하지만 VIEW PUSHED PREDICATE 의 이름 그대로 인라인 뷰안으로 Predicate 조건이 Push 되었다는 것을 알 수 있습니다.
- 9 번 단계의 Predicate Information 은 ACCESS(C1 = T2.C1) 으로 표현됩니다. 이것은 쿼리에서 and t2.c1 = v1.c1 의 조인 조건이 인라인 뷰안으로 Push 되었음을 의미합니다.

- 그 덕분에 인덱스 T3_N1 에 대한 Range Scan 이 가능해졌고, 테이블 T3 에 대한 Nested Loops Join 이 선택됩니다.

이것은 Oracle 버전이 업그레이드되면서 이전에 존재했던 옵티마이저의 제약이 해소되는 대표적인 사례입니다. 이런 새로운 기능이 추가되면 반드시 그 기능을 제어하는 히든 파라미터를 추가하는 것이 사실상의 규칙입니다. 여기서는 **_OPTIMIZER_EXTEND_JPPD_VIEW_TY_OPTIMIZER_EXTEND_JPPD_VIEW_TYPES** 히든 파라미터가 그 역할을 합니다.

```
SQL> @para jppd
NAME                            VALUE                IS_DEFAUL SES_MODIFI
------------------------------- -------------------- --------- ----------
SYS_MODIFI
----------
DESCRIPTION
----------------------------------------------------------------------

_optimizer_extend_jppd_view_ty TRUE                 TRUE      true
pes
immediate
join pred pushdown on group-by, distinct, semi-/anti-joined view
```

**OPT_PARAM** 힌트를 이용해 해당 히든 파라미터를 비활성화하면 어떤 결과가 나오는지 보겠습니다.

```
SQL> explain plan for
  2  select /*+ opt_param('_optimizer_extend_jppd_view_types', 'false') */
  3    *
  4  from t1, t2,
  5    (select c1, sum(c2) from t3 group by c1 order by c1) v1
  6  where
  7    t1.c1 = t2.c1(+)
  8    and t2.c1 = v1.c1(+)
  9    and t1.c2 = 1
 10  ;

SQL> select * from table(dbms_xplan.display);
----------------------------------------------------------------------
| Id | Operation                   | Name | Rows | Bytes | Cost (%CPU)|
```

```
---------------------------------------------------------------------
|   0 | SELECT STATEMENT              |       |     1 |    40 |   40   (5)|
|*  1 |  HASH JOIN OUTER              |       |     1 |    40 |   40   (5)|
|   2 |   NESTED LOOPS OUTER          |       |     1 |    14 |   20   (0)|
|*  3 |    TABLE ACCESS FULL          | T1    |     1 |     7 |   18   (0)|
|   4 |    TABLE ACCESS BY INDEX ROWID| T2    |     1 |     7 |    2   (0)|
|*  5 |     INDEX RANGE SCAN          | T2_N1 |     1 |       |    1   (0)|
|   6 |   VIEW                        |       | 10000 |  253K |   19   (6)|
|   7 |    SORT GROUP BY              |       | 10000 | 70000 |   19   (6)|
|   8 |     TABLE ACCESS FULL         | T3    | 10000 | 70000 |   18   (0)|
---------------------------------------------------------------------

Predicate Information (identified by operation id):
---------------------------------------------------
   1 - access("T2"."C1"="V1"."C1"(+))
   3 - filter("T1"."C2"=1)
   5 - access("T1"."C1"="T2"."C1"(+))
```

해당 히든 파라미터를 비활성화한 경우 Oracle 10g에서의 실행 계획으로 돌아가는 것을 알 수 있습니다.

Query Transformation 의 과정을 눈으로 직접 확인하는 방법은 **10053 진단 이벤트**를 이용하는 것입니다. 10053 진단 이벤트를 통해 Oracle 10.2.0.1 과 Oracle 11.1.0.6 에서의 Query Transformation 과정을 추적해 보겠습니다.

우선 Legend 를 통해 어떤 종류의 Query Transformation 을 시도하는지 알 수 있습니다(단, Legend 에 모든 종류의 Query Transformation 이 다 기술되는 것은 아닙니다).

```
-- 10.2.0.1
Legend
The following abbreviations are used by optimizer trace.
CBQT - cost-based query transformation
JPPD - join predicate push-down
FPD - filter push-down
PM - predicate move-around
CVM - complex view merging
SPJ - select-project-join
SJC - set join conversion
SU - subquery unnesting
```

```
OBYE - order by elimination
ST - star transformation

-- 11.1.0.6
Legend
The following abbreviations are used by optimizer trace.
CBQT - cost-based query transformation
JPPD - join predicate push-down
OJPPD - old-style (non-cost-based) JPPD
FPD - filter push-down
PM - predicate move-around
CVM - complex view merging
SPJ - select-project-join
SJC - set join conversion
SU - subquery unnesting
OBYE - order by elimination
ST - star transformation
CNT - count(col) to count(*) transformation
JE - Join Elimination
```

Oracle 11.1.0.6 이 Oracle 10.2.0.1 보다 훨씬 많은 수의 Query Transformation 기법을 제공하는 것을 알 수 있습니다. Query Transformation 분야는 옵티마이저에서 가장 적극적으로 개선이 시도되고 있는 분야입니다.

인라인 뷰 쿼리 블록(SEL$2)에 존재하는 ORDER BY 구문에 의해 View Merge 가 실패하는 것은 두 버전에서 동일합니다. 한가지 재미있는 것은 10.2.0.1 에서는 CVM(Complex View Merge)으로 인식하는 반면, 11.1.0.6 에서는 SVM(Simple View Merge)으로 인식한다는 것입니다. 옵티마이저가 개선되면서 Complex View 의 기준이 바뀌었다는 것을 알 수 있습니다.

```
-- 10.2.0.1
CVM:   Checking validity of merging SEL$2 (#2)
CVM:       CVM bypassed: ORDER BY clause

-- 11.1.0.6
SVM:       SVM bypassed: ORDER BY clause.
```

Oracle 10.2.0.1 에서는 메인 쿼리 블록(SEL$1)에 존재하는 Join Predicate 를 인라인 뷰 블록 (SEL$2)으로 Push 하려고 했지만, GROUP BY 절 때문에 실패했다는 것을 친절하게 설명하고 있습니다.

```
JPPD: Checking validity of push-down in query block SEL$1 (#1)
JPPD:   Checking validity of push-down from SEL$1 (#1) to SEL$2 (#2)
JPPD:     JPPD bypassed: View contains a group by.
```

반면에 Oracle 11.1.0.6 에서는 Join Predicate Push 가 성공적으로 시도됩니다. 이때 CBQT (Cost Based Query Transformation)에 의해 Join Predicate Push 의 적용 여부를 Cost Based 로 계산한다는 것을 알 수 있습니다.

```
JPPD: Checking validity of push-down in query block SEL$1 (#1)
JPPD:   Checking validity of push-down from query block SEL$1 (#1) to query block SEL$2 (#2)
Check Basic Validity for Non-Union View for query block SEL$2 (#2)
JPPD:     Passed validity checks
JPPD: JPPD:   Pushdown from query block SEL$1 (#1) passed validity checks.
Join-Predicate push-down on query block SEL$1 (#1)
JPPD: Using search type: linear
JPPD: Considering join predicate push-down
JPPD: Starting iteration 1, state space = (2) : (0)
JPPD: Performing join predicate push-down (no transformation phase) from query block SEL$1 (#1) to query block SEL$2 (#2)

FPD: Considering simple filter push in query block SEL$1 (#1)
"T1"."C1"="T2"."C1" AND "T2"."C1"="V1"."C1" AND "T1"."C2"=1
try to generate transitive predicate from check constraints for query block SEL$1 (#1)
finally: "T1"."C1"="T2"."C1" AND "T2"."C1"="V1"."C1" AND "T1"."C2"=1

kkqfppRelFilter: Not pushing filter predicates in query block SEL$2 (#2) because no predicate to push
FPD: Considering simple filter push in query block SEL$2 (#2)
  ??
JPPD: Costing transformed query.
```

위의 예에서는 CBQT 에 의해 성공적으로 Join Predicate Pushing 이 이루어졌음을 알 수 있습니다.

간단해 보이는 한 가지 문제를 해석하는데 지나치게 많은 지식이 필요한 것이 아닌가하는 의문을 가지는 분들도 있을 수 있습니다. 하지만 앞에서도 말했지만 Query Transformation 에 대한 기본적인 이해없이는 복잡한 쿼리의 실행 계획을 이해하고 제어하는 것은 불가능합니다. 그것에 대한 간단한 사례로 이해하시면 좋겠습니다.

### 사례 2: UNION ALL과 Join Predicate Pushing

UNION ALL 뷰에 대한 Join Predicate Pushing 또한 자주 발생하는 대표적인 경우입니다. 우선 Join Predicate Pushing 에 성공하는 예를 보겠습니다.

```
SQL> select * from v$version where rownum = 1;

BANNER
----------------------------------------------------------------
Oracle Database 11g Enterprise Edition Release 11.1.0.6.0 - Production

SQL> explain plan for
  2  select
  3    v1.c1, t3.c2
  4  from
  5    (
  6           select c1, c2 from t1
  7           union all
  8           select c1, c2 from t2
  9    ) v1, t3
 10  where     v1.c1 = t3.c1
 11           and t3.c2 between 1 and 10
 12  ;

SQL> select * from table(dbms_xplan.display);
----------------------------------------------------------------------
| Id  | Operation                      | Name | Rows | Bytes | Cost (%CPU)|
----------------------------------------------------------------------
|   0 | SELECT STATEMENT               |      |   20 |  520  |   38   (0)|
```

```
|   1 |   NESTED LOOPS                  |       |   20 |  520 |  38  (0)|
|*  2 |    TABLE ACCESS FULL            | T3    |   10 |   70 |  18  (0)|
|   3 |    VIEW                         |       |    1 |   19 |   2  (0)|
|   4 |     UNION ALL PUSHED PREDICATE  |       |      |      |         |
|*  5 |      INDEX RANGE SCAN           | T1_N1 |    1 |    4 |   1  (0)|
|*  6 |      INDEX RANGE SCAN           | T2_N1 |    1 |    4 |   1  (0)|
---------------------------------------------------------------------------

Predicate Information (identified by operation id):
---------------------------------------------------
  2 - filter("T3"."C2"<=10 AND "T3"."C2">=1)
  5 - access("C1"="T3"."C1")
  6 - access("C1"="T3"."C1")
```

위의 실행 계획에서 다음과 같은 사실을 도출할 수 있습니다.

- 3번 단계의 VIEW 오퍼레이션으로부터 UNION ALL 을 포함한 인라인 뷰가 View Merge 에 실패했다는 것을 알 수 있습니다.
- 4번 단계의 UNION ALL PUSHED PREDICATE 오퍼레이션으로부터 인라인 뷰안으로 Join Predicate Pushing 이 이루어졌다는 것을 알 수 있습니다.
- 그 덕분에 5번, 6번 단계에서 Full Table Scan 이 아닌 Index Range Scan 이 가능해졌습니다. 훨씬 효율적인 실행 계획이 도출되었습니다.

즉, 뷰 바깥쪽에 있던 v1.c1 = t3.c1 조건이 UNION ALL 뷰안으로 Push 됨으로써 훨씬 효율적인 실행 계획이 가능해졌습니다. **t3.c2 between 1 and 10 조건에 의해 테이블 T3 에서는 소수의 데이터만이 추출**됩니다. 따라서 테이블 T3 를 선행 테이블로 해서 Nested Loops Join 을 수행하는 것이 최적의 실행 계획이 됩니다. 단 이것이 가능하려면 v1.c1 = t3.c1 조건이 뷰안으로 들어가서 테이블 T1, T2 에 대한 Index Range Scan 이 가능해야만 합니다.

**NO_PUSH_PRED** 힌트를 통해 Join Predicate Pushing 이 발생하는 것을 막으면 어떻게 될까요?

```
SQL> explain plan for
  2  select /*+ no_push_pred(v1) */
  3     v1.c1, t3.c2
  4  from
  5  (
  6          select c1, c2 from t1
```

```
  7             union all
  8             select c1, c2 from t2
  9     ) v1, t3
 10  where       v1.c1 = t3.c1
 11             and t3.c2 between 1 and 10
 12  ;
```

UNION ALL 뷰안으로 조인 조건이 Push 되지 않았습니다. 이 때문에 5, 6 번 단계에서 Index Range Scan 이 아닌 Full Table Scan 이 선택됩니다. 같은 이유로 Nested Loops Join 이 아닌 Hash Join 이 선택됩니다.

```
--------------------------------------------------------------------
| Id  | Operation            | Name | Rows  | Bytes | Cost (%CPU)|
--------------------------------------------------------------------
|   0 | SELECT STATEMENT     |      |    20 |   400 |   55   (2)|
|*  1 |  HASH JOIN           |      |    20 |   400 |   55   (2)|
|*  2 |   TABLE ACCESS FULL  | T3   |    10 |    70 |   18   (0)|
|   3 |   VIEW               |      | 20000 |  253K |   36   (0)|
|   4 |    UNION-ALL         |      |       |       |            |
|   5 |     TABLE ACCESS FULL| T1   | 10000 | 40000 |   18   (0)|
|   6 |     TABLE ACCESS FULL| T2   | 10000 | 40000 |   18   (0)|
--------------------------------------------------------------------

Predicate Information (identified by operation id):
---------------------------------------------------

   1 - access("V1"."C1"="T3"."C1")
   2 - filter("T3"."C2"<=10 AND "T3"."C2">=1)
```

Join Predicate Pushing 이 실제로 이루어지는지의 여부는 비용 기반(Cost Based)으로 결정 됩니다. 즉 CBQT(Cost Based Query Transformation)가 동작합니다. 따라서 Join Predicate Pushing 을 했을 때의 비용이 더 높다고 판단되면 실제 실행 계획에 있어서는 Join Predicate Pushing 이 선택되지 않을 수 있습니다. 아래에 그 예가 있습니다. 조건 c3.t2 between 1 and 10 을 c3.t1 between 1 and 100 으로 변경하면 선행되는 테이블에서 추출되는 로우 수가 늘 어나므로 Nested Loops Join 이 불리하다고 판단할 수 있습니다. 따라서 Join Predicate Pushing 이 발생하지 않게 됩니다.

```
SQL> explain plan for
  2  select
  3     v1.c1, t3.c2
  4  from
  5  (
  6          select c1, c2 from t1
  7          union all
  8          select c1, c2 from t2
  9  ) v1, t3
 10  where    v1.c1 = t3.c1
 11           and t3.c2 between 1 and 100
 12  ;
```

```
--------------------------------------------------------------
| Id  | Operation            | Name | Rows  | Bytes | Cost (%CPU)|
--------------------------------------------------------------
|   0 | SELECT STATEMENT     |      |   200 |  4000 |   55   (2)|
|*  1 |  HASH JOIN           |      |   200 |  4000 |   55   (2)|
|*  2 |   TABLE ACCESS FULL  | T3   |   100 |   700 |   18   (0)|
|   3 |   VIEW               |      | 20000 |  253K |   36   (0)|
|   4 |    UNION-ALL         |      |       |       |           |
|   5 |     TABLE ACCESS FULL| T1   | 10000 | 40000 |   18   (0)|
|   6 |     TABLE ACCESS FULL| T2   | 10000 | 40000 |   18   (0)|
--------------------------------------------------------------

Predicate Information (identified by operation id):
---------------------------------------------------

   1 - access("V1"."C1"="T3"."C1")
   2 - filter("T3"."C2"<=100 AND "T3"."C2">=1)
```

여기서 몇가지 재미있는 테스트를 해볼 수 있습니다. **FIRST_ROWS** 힌트는 "최초의 몇 개의 로우만 빨리 읽도록 실행 계획을 제어하라"라는 요청을 의미합니다. 실제로는 Hash Join 보다는 Nested Loops Join 을, Full Table Scan 보다는 Index Range Scan 을 더 선호하는 내부적인 규칙(룰)을 사용합니다. 따라서 위의 경우에 **FIRST_ROWS** 힌트를 부여하면 Join Predicate Pushing 이 사용될 확률이 높습니다. 아래 결과를 보면 실제로 그렇게 동작한다는 것을 알 수 있습니다.

```
SQL> explain plan for
```

```
  2  select /*+ first_rows */
  3    v1.c1, t3.c2
  4  from
  5    (
  6           select c1, c2 from t1
  7           union all
  8           select c1, c2 from t2
  9    ) v1, t3
 10  where     v1.c1 = t3.c1
 11            and t3.c2 between 1 and 100
 12  ;
```

```
--------------------------------------------------------------------------
| Id  | Operation                    | Name  | Rows  | Bytes | Cost (%CPU)|
--------------------------------------------------------------------------
|   0 | SELECT STATEMENT             |       |   200 |  5200 |   218   (0)|
|   1 |  NESTED LOOPS                |       |   200 |  5200 |   218   (0)|
|*  2 |   TABLE ACCESS FULL          | T3    |   100 |   700 |    18   (0)|
|   3 |   VIEW                       |       |     1 |    19 |     2   (0)|
|   4 |    UNION ALL PUSHED PREDICATE|       |       |       |            |
|*  5 |     INDEX RANGE SCAN         | T1_N1 |     1 |     4 |     1   (0)|
|*  6 |     INDEX RANGE SCAN         | T2_N1 |     1 |     4 |     1   (0)|
--------------------------------------------------------------------------

Predicate Information (identified by operation id):
---------------------------------------------------

   2 - filter("T3"."C2"<=100 AND "T3"."C2">=1)
   5 - access("C1"="T3"."C1")
   6 - access("C1"="T3"."C1")
```

**FIRST_ROWS(1)** 힌트는 어떨까요? **FIRST_ROWS** 힌트와 달리 **FIRST_ROWS(N)** 힌트는 "최초 N 개의 로우를 빨리 읽도록 실행 계획을 제어하라"는 요청입니다. **FIRST_ROWS** 힌트와 달리 **FIRST_ROWS(N)** 힌트는 비용 기반입니다. 즉 규칙(룰)을 사용하는 것이 아니라 N 값에 기반해서 비용을 계산하고, 그 비용에 따라 실행 계획을 선택합니다. **FIRST_ROWS** 힌트에 비해 유연하지만, 결과를 예측하기가 어렵습니다. 아래의 결과를 보시면 의외의 실행 계획이 선택된 것을 알 수 있습니다.

```
SQL> explain plan for
```

```
  2  select /*+ first_rows(1) */
  3    v1.c1, t3.c2
  4  from
  5    (
  6            select c1, c2 from t1
  7            union all
  8            select c1, c2 from t2
  9    ) v1, t3
 10  where    v1.c1 = t3.c1
 11           and t3.c2 between 1 and 100
 12  ;


---------------------------------------------------------------------
| Id  | Operation                      | Name  | Rows | Bytes | Cost (%CPU)|
---------------------------------------------------------------------
|   0 | SELECT STATEMENT               |       |   1  |   20  |   8   (0)|
|   1 |  NESTED LOOPS                  |       |      |       |          |
|   2 |   NESTED LOOPS                 |       |   1  |   20  |   8   (0)|
|   3 |    VIEW                        |       |   2  |   26  |   4   (0)|
|   4 |     UNION-ALL                  |       |      |       |          |
|   5 |      TABLE ACCESS FULL         | T1    |   1  |    4  |   2   (0)|
|   6 |      TABLE ACCESS FULL         | T2    |   1  |    4  |   2   (0)|
|*  7 |    INDEX RANGE SCAN            | T3_N1 |   1  |       |   1   (0)|
|*  8 |   TABLE ACCESS BY INDEX ROWID  | T3    |   1  |    7  |   2   (0)|
---------------------------------------------------------------------

Predicate Information (identified by operation id):
---------------------------------------------------
   7 - access("V1"."C1"="T3"."C1")
   8 - filter("T3"."C2"<=100 AND "T3"."C2">=1)
```

Join Predicate Pushing 의 원리를 정확하게 파악했다면 아래와 같이 **LEADING, USE_NL** 힌트로도 동일한 효과를 얻을 수 있다는 것을 알 수 있을 것입니다. 가는 길(PUSH_PRED vs. LEANDING + USE_NL)은 다르지만 목적지(Join Predicate Pushing 으로 인한 Nested Loops Join 과 Index Range Scan)는 동일하기 때문입니다.

```
SQL> explain plan for
  2  select /*+ leading(t3) use_nl(v1) */
  3    v1.c1, t3.c2
```

```
 4   from
 5     (
 6              select c1, c2 from t1
 7              union all
 8              select c1, c2 from t2
 9     ) v1, t3
10   where     v1.c1 = t3.c1
11             and t3.c2 between 1 and 100
12   ;
```

```
---------------------------------------------------------------------------
| Id  | Operation                      | Name  | Rows | Bytes | Cost (%CPU)|
---------------------------------------------------------------------------
|  0  | SELECT STATEMENT               |       |  200 | 5200  |  218   (0)|
|  1  |  NESTED LOOPS                  |       |  200 | 5200  |  218   (0)|
|* 2  |   TABLE ACCESS FULL            | T3    |  100 |  700  |   18   (0)|
|  3  |   VIEW                         |       |    1 |   19  |    2   (0)|
|  4  |    UNION ALL PUSHED PREDICATE  |       |      |       |           |
|* 5  |     INDEX RANGE SCAN           | T1_N1 |    1 |    4  |    1   (0)|
|* 6  |     INDEX RANGE SCAN           | T2_N1 |    1 |    4  |    1   (0)|
---------------------------------------------------------------------------

Predicate Information (identified by operation id):
---------------------------------------------------

   2 - filter("T3"."C2"<=100 AND "T3"."C2">=1)
   5 - access("C1"="T3"."C1")
   6 - access("C1"="T3"."C1")
```

## 정리

Query Transformation 의 가장 전형적인 유형 중 하나인 Join Predicate Pushing 의 문제를 몇 가지 사례를 통해 살펴 보았습니다. 쿼리 튜닝의 단계가 올라가게 되면 본인 스스로 하게 되는 질문이 "왜 인덱스를 경유하지 않지?"에서 "왜 이 쿼리 블록에서 이 쿼리 블록으로 Predicate 가 Push 되지 않지?", 혹은 "왜 이 쿼리 블록이 머지(Merge)가 되지 않지?" 같은 유형으로 변하는 경험을 하게 됩니다.

Query Transformation 에 대한 이해가 넓어지면 실행 계획의 이해에 대한 이해가 넓어지며 쿼리 튜닝도 더 체계적으로 변하게 됩니다. 다른 책과 자료를 통해 더 많은 사례와 분석 기법을 익히시기 바랍니다.

## [ 질문 4. 특정 오브젝트를 사용하는 SQL 문장을 추출할 수 있습니까? 거꾸로 특정 SQL이 참조하는 오브젝트를 모두 추출할 수 있습니까? ]

### 문제 개요

특정 테이블을 사용하는 모든 SQL 문장을 추출하고 싶습니다. 더불어 해당 SQL 문장의 실행 계획까지 함께 보고 싶습니다. 이 모든 작업을 자동화할 수 있는 방법은 무엇인가요?

거꾸로 특정 SQL 문장이 참조하는 모든 객체(테이블, 뷰, 프로시저 등)들도 추출하고 싶습니다.

### 해답

운영 시스템에서 실행 계획 관리를 하다 보면 반드시 이런 유형의 요구 사항이 생기게 됩니다. 정답은 **V$OBJECT_DEPENDENCY** 뷰입니다. 이 뷰를 통하면 현재 Shared Pool에 저장되어 있는 모든 Library Cache Object 들의 의존 관계(Dependency)를 추출할 수 있습니다. 여기에는 SQL 커서까지 포함됩니다. 따라서 이 뷰에서 추출된 정보를 **DBMS_XPLAN** 패키지와 함께 사용하면 실행 계획과 관련된 정보들도 손쉽게 추출할 수 있습니다.

단, 이 뷰는 현재 Shared Pool에 존재하는 객체들에 대한 데이터만 보관하고 있습니다. 따라서 Shared Pool에서 Age Out 된 SQL 커서에 대해서는 정보를 추출할 수 없습니다. 또 한 가지 주의할 점은 성능 문제입니다. **차일드 커서의 개수가 매우 많은 SQL 문장**의 경우에는 이 뷰를 탐색하는데 큰 부하가 발생할 수 있습니다. 심한 경우 라이브러리 캐시 래치나 라이브러리 캐시 뮤텍스에 의한 경합으로 시스템 전체의 행(Hang)을 유발할 수도 있습니다. 이런 경우에는 **V$SQL_PLAN** 뷰의 OBJECT_OWNER, OBJECT_NAME, OBJECT_TYPE 컬럼을 이용해서 동일한 목적을 달성할 수 있습니다.

## 테스트

### 테스트 환경

다음과 같이 테이블 T1 과 T2 를 만듭니다. 그리고 테이블 T1 과 T2 에 의존성을 가지는 뷰 V1 을 만듭니다.

```
SQL> create table t1(c1 int, c2 int);

Table created.

SQL> create index t1_n1 on t1(c1);

Index created.

SQL> create table t2(c1 int, c2 int);

Table created.

SQL> insert into t1
  2  select level, level from dual
  3  connect by level <= 1000;

1000 rows created.

SQL> insert into t2
  2  select level, level from dual
  3  connect by level <= 1000;

1000 rows created.

SQL> create or replace view v1
  2  as
```

```
  3  select
  4    t1.c1, t2.c2
  5  from
  6    t1, t2
  7  where
  8    t1.c1 = t2.c1
  9  ;

View created.
```

## 사례 1: 특정 테이블을 참조하는 SQL 문의 실행 계획 추출

아래와 같은 세 개의 SQL 문장을 수행합니다. 이 세개의 SQL 문장은 모두 테이블 T1, T2 에 대해 의존성을 가질 것입니다.

```
SQL> select *
  2  from t1, t2
  3  where t1.c1 = t2.c1
  4      and t1.c1 between 1 and 10
  5  ;

        C1         C2         C1         C2
---------- ---------- ---------- ----------
         1          1          1          1
         2          2          2          2
         3          3          3          3
         4          4          4          4
         5          5          5          5
         6          6          6          6
         7          7          7          7
         8          8          8          8
         9          9          9          9
        10         10         10         10

10 rows selected.

SQL> select *
  2  from t1, t2
  3  where t1.c1 = t2.c1
```

```
      4        and t1.c2 = 1
      5  ;

            C1         C2         C1         C2
    ---------- ---------- ---------- ----------
             1          1          1          1

SQL> select *
  2  from v1
  3  where c1 = 1
  4  ;

            C1         C2
    ---------- ----------
             1
```

이제 **테이블 T1**에 대해 의존성을 가지는 모든 SQL 문장을 추출하고자 합니다. 즉 테이블 T1을 사용하는 모든 SQL 문장을 검색하고자 합니다. 아래와 같이 **V$OBJECT_DEPENDENCY** 뷰를 검색하면(TO_OWNER, TO_NAME), 해당 SQL 문장(FROM_ADDRESS, FROM_HASH)을 추출할 수 있습니다.

```
SQL> select from_address, from_hash
  2  from v$object_dependency
  3  where to_name = 'T1'
  4       and to_owner = 'UKJA';

FROM_ADD  FROM_HASH
--------  ----------
2EA96580  626658517
2D8992CC  2629594068
00          14223984
27EAB218  3098766910
```

즉, (FROM = SQL 문장, TO = 테이블)의 의존성을 찾는 것입니다. 위에서 찾은 값을 이용해서 **V$SQL** 뷰를 검색할 수 있습니다. 아래와 같이 총 3개의 SQL 문장이 검색됩니다.

```
SQL> select s.sql_text, s.sql_id, s.child_number
  2  from v$sql s, v$object_dependency d
```

```
  3  where
  4       d.from_address = s.address
  5       and d.from_hash = s.hash_value
  6       and d.to_name = 'T1'
  7       and d.to_owner = 'UKJA';

SQL_TEXT
----------------------------------------------------------------------------
SQL_ID          CHILD_NUMBER
-------------   ------------
select * from t1, t2 where t1.c1 = t2.c1    and t1.c1 between 1 and 10
0razx24kpn36p            0

select * from v1 where c1 = 1
302qdu6fbsuyn            0

select * from t1, t2 where t1.c1 = t2.c1    and t1.c2 = 1
8uznh1fwb6vjy            0
```

이 결과를 **DBMS_XPLAN.DISPLAY_CURSOR** 함수와 연동하면 실행 계획까지 한번에 추출할 수 있습니다. **DBMS_XPLAN.DISPLAY_CURSOR** 함수는 Table Function 이기 때문에 일반 테이블과 결합(Join)할 때 특수한 방식을 사용한다는 것에 주의하시기 바랍니다. 아래와 같이 3개의 SQL 문장에 대한 실행 계획이 성공적으로 추출됩니다.

```
SQL> select
  2     p.plan_table_output
  3  from
  4     v$sql s,
  5     v$object_dependency d,
  6     table(dbms_xplan.display_cursor(s.sql_id, s.child_number, 'basic')) p
  7  where
  8     d.from_address = s.address
  9     and d.from_hash = s.hash_value
 10     and d.to_name = 'T1'
 11     and d.to_owner = 'UKJA';

PLAN_TABLE_OUTPUT
----------------------------------------------------------------------------
EXPLAINED SQL STATEMENT:
```

```
-----------------------
select * from t1, t2 where t1.c1 = t2.c1        and t1.c1 between 1 and 10

Plan hash value: 22123072


--------------------------------------------
| Id  | Operation                    | Name  |
--------------------------------------------
|   0 | SELECT STATEMENT             |       |
|   1 |  HASH JOIN                   |       |
|   2 |   TABLE ACCESS BY INDEX ROWID| T1    |
|   3 |    INDEX RANGE SCAN          | T1_N1 |
|   4 |   TABLE ACCESS FULL          | T2    |
--------------------------------------------


EXPLAINED SQL STATEMENT:
-----------------------
select * from v1 where c1 = 1

Plan hash value: 3559984275


-----------------------------------
| Id  | Operation          | Name  |
-----------------------------------
|   0 | SELECT STATEMENT   |       |
|   1 |  NESTED LOOPS      |       |
|   2 |   TABLE ACCESS FULL| T2    |
|   3 |   INDEX RANGE SCAN | T1_N1 |
-----------------------------------


EXPLAINED SQL STATEMENT:
-----------------------
select * from t1, t2 where t1.c1 = t2.c1        and t1.c2 = 1

Plan hash value: 3823445570


--------------------------------------------
| Id  | Operation                    | Name  |
--------------------------------------------
|   0 | SELECT STATEMENT             |       |
```

```
|   1 |   MERGE JOIN                    |       |
|   2 |    TABLE ACCESS BY INDEX ROWID  | T1    |
|   3 |     INDEX FULL SCAN             | T1_N1 |
|   4 |    SORT JOIN                    |       |
|   5 |     TABLE ACCESS FULL           | T2    |
---------------------------------------------
```

**DBMS_XPLAN.DISPLAY_AWR** 함수를 이용하면 AWR(Automatic Workload Repository)에 저장된 과거 실행 계획을 추출할 수도 있습니다. 단, AWR 에는 모든 SQL 이 아닌 Top SQL 만이 저장되어 있습니다.

```
SQL> select
  2    p.plan_table_output
  3  from
  4    v$sql s,
  5    v$object_dependency d,
  6    table(dbms_xplan.display_awr(s.sql_id, null, null,'basic')) p
  7  where
  8    d.from_address = s.address
  9    and d.from_hash = s.hash_value
 10    and d.to_name = 'T1'
 11    and d.to_owner = 'UKJA';
```

### 사례 2: 특정 SQL 문장이 참조하는 객체 추출

이번에는 거꾸로 특정 SQL 문장이 참조하는 모든 객체(테이블, 뷰, 프로시저 등)들을 추출해보겠습니다. 역시 **V$OBJECT_DEPENDENCY** 뷰를 통해 추출할 수 있습니다.

아래와 같은 쿼리가 있습니다. 이 SQL 문장은 V1 → T1, T2 를 참조하고 있습니다.

```
SQL> select *
  2  from v1
  3  where c1 = 1
  4  ;

        C1         C2
---------- ----------
         1          1
```

아래와 같이 **V$OBJECT_DEPENDENCY** 뷰를 검색합니다. **V1, T1, T2** 가 정확하게 추출됩니다.

```
SQL> col to_owner format a10
SQL> col to_name format a30
SQL> select
  2     s.sql_id,
  3     d.to_owner,
  4     d.to_name,
  5     d.to_type
  6  from
  7     v$object_dependency d,
  8     v$sql s
  9  where
 10     d.from_address = s.address
 11     and d.from_hash = s.hash_value
 12     and (s.address, s.hash_value) in (
 13         select prev_sql_addr, prev_hash_value
 14         from v$session
 15         where sid = userenv('sid'))
 16  ;

SQL_ID        TO_OWNER   TO_NAME                        TO_TYPE
------------- ---------- ------------------------------ ----------
302qdu6fbsuyn UKJA       T1                                     2
302qdu6fbsuyn UKJA       T2                                     2
302qdu6fbsuyn UKJA       V1                                     4
```

## 정리

**V$OBJECT_DEPENDENCY** 뷰를 이용하면 특정 오브젝트를 참조하는 SQL 문장과 실행 계획을 간편하게 추출할 수 있습니다. **DMBS_XPLAN** 패키지와의 연동 방법도 잘 기억할 필요가 있습니다. 이런 방법들은 특정 오브젝트를 변경했을 때 영향을 받을 수 있는 SQL 을 추출하고 싶을 때 대단히 유용합니다. 단 **V$OBJECT_DEPENDENCY** 뷰는 현재 Shared Pool 에 저장되어 있는 SQL 문장에 대한 정보만을 담고 있습니다. 따라서 과거에 실행되었던 모든 SQL 문장을 빠짐없이 검색한다는 것은 불가능합니다. 만일 이런 정보가 필요하다면

V$OBJECT_DEPENDENCY 뷰에 대한 검색을 여러 번에 걸쳐서 조회함으로써 되도록 많은 수의 SQL 문장을 추출할 수 있도록 할 수 있습니다.

단, 앞서 언급한 바와 같이 이 뷰를 조회할 때 예상치 못한 성능 문제를 유발할 수 있습니다. 특히 차일드 커서의 수가 많은 SQL 문장에 대한 조회는 치명적인 문제를 유발할 수 있습니다. 이런 경우에는 V$SQL_PLAN 뷰를 이용해서 동일한 목적을 달성할 수 있습니다.

# [ 질문 5. 특정 SQL문이 사용하는 바인드 변수의 값을 알아내는 방법에는 어떤 것이 있나요? ]

## 문제 개요

어제 밤에 실행된 특정 SQL 문장이 사용한 바인드 변수의 값을 알 수 있습니까? 10046 진단 이벤트를 4 레벨 이상으로 수행하면 바인드 변수의 값을 트레이스 파일에 기록한다는 사실은 알고 있습니다. 하지만 10046 진단 이벤트로는 이미 수행이 종료되거나, 현재 수행 중인 SQL 문장의 바인드 변수의 값을 알아내는 것이 불가능하더군요.

## 해답

특정 SQL 문장의 바인드 변수의 값을 알아내고자 하는 요구사항은 가장 보편적이면서도, 상당히 까다로운 것입니다. 시도가능한 방법들을 SQL 문장의 수행 전, 수행 중, 수행 후의 세 단계로 나누어 보면 다음과 같습니다.

- 수행 전: 10046 진단 이벤트를 레벨 4 이상으로 수행
- 수행 중: 에러 스택 덤프(Error Stack Dump)를 레벨 3 으로 수행
- 수행 후: 10046 진단 이벤트에 의한 트레이스 파일이 존재하지 않는다면 불가능

10046 진단 이벤트라는 보편적인 방법이 아닌 한 수행 중이거나 수행 종료된 SQL 문장의 바인드 변수의 값을 알아내는 것은 쉽지 않거나 불가능합니다. SQL 감사(Audit)를 수행하는 방법도 있지만, 소위 배보다 배꼽이 더 큰 격이 되어 버립니다.

**현재 수행 중인 SQL 의 바인드 변수의 값을 알아내는 가장 확실한 방법은 에러 스택 덤프를 레벨 3 로 수행**하는 것입니다. 오라클 버전에 따라서는 Process State Dump 도 같은 기능을

수행합니다. 이 경우 트레이스 파일에 커서 덤프(Cursor Dump. 커서의 정보들을 기록한다는 것을 의미)가 기록됩니다. 이 커서 덤프의 내용 일부에 바인드 변수의 목록과 값이 기록됩니다.

이미 수행이 종료된 SQL 문장의 바인드 변수의 값을 알아내는 것은 현실적으로 불가능합니다. 이것이 가능한 유일한 때는 10046 진단 이벤트에 의한 트레이스 파일이 존재할 때 뿐입니다. 혹은 **확장 감사**(Extended Audit)가 활성화되어 있는 경우 뿐입니다. 또 하나의 대안은 **로그 마이너**입니다. SQL 문장이 DML 문장이라면 로그 마이너를 통해 간접적으로 바인드 변수의 값을 추측할 수 있습니다.

**바인드 캡처**가 제공하는 데이터를 이용하면 수행 중이거나 수행 종료된 SQL 문장에 대해 캡처된 바인드 값을 검색할 수 있습니다. 하지만 바인드 캡처는 특정 시점에서의 바인드 값만 보관하고 있기 때문에 값을 신뢰할 수 없다는 치명적인 단점이 있습니다.

몇 가지 사례를 통해 위에서 제시한 방법들이 어떤 장단점을 가지고 있는지 설명해보겠습니다.

## 테스트

### 테스트 환경

다음과 같이 필요한 오브젝트들을 생성합니다.

```
SQL> create table t1(c1 number, c2 varchar2(10));

Table created.

SQL> insert into t1 values(1, 'x');

1 row created.

SQL> commit;
```

```
Commit complete.

SQL> create or replace function fsleep(sleep_time in number)
  2  return number
  3  is
  4  begin
  5    dbms_lock.sleep(sleep_time);
  6    return 1;
  7  end fsleep;
  8  /

Function created.
```

NUMBER 타입의 바인드 변수가 B1 과 VARCHAR2 타입의 바인드 변수 B2 를 선언하고, 각각각 "1"과, "abcd"의 값을 대입합니다.

```
SQL> var b1 number;
SQL> var b2 varchar2(10);
SQL> begin
  2    :b1 := 1;
  3    :b2 := 'abcd';
  4  end;
  5  /

PL/SQL procedure successfully completed.
```

### 사례 1: Bind Capture

우선 바인드 캡처가 제공하는 데이터를 보겠습니다. 아래와 같이 바인드 변수 B1(1), B2(abcd)를 이용하는 간단한 UPDATE 문장을 수행합니다.

```
SQL> col prev_sql_id new_value sql_id
SQL> update t1 set c2 = :b2 where c1 = :b1 and fsleep(5) = 1;

1 row updated.
```

오라클은 위의 문장이 수행될 때 바인드 변수의 값을 캡처해서 Shared Pool 에 보관합니다.
보관된 값은 **V$SQL_BIND_CAPTURE** 뷰를 통해 조회할 수 있습니다.

```
SQL> select prev_sql_id from v$session where sid = userenv('sid');

PREV_SQL_ID
-------------
9k545m79134j6

SQL> select
  2     sql_id, child_number, position, name, value_string
  3  from
  4     v$sql_bind_capture
  5  where
  6     sql_id = '&sql_id'
  7  ;
old    6:    sql_id = '&sql_id'
new    6:    sql_id = '9k545m79134j6'

SQL_ID           CHILD_NUMBER    POSITION  NAME   VALUE_STRING
-------------    ------------    --------  -----  -------------------
9k545m79134j6               0           1  :B2
9k545m79134j6               0           2  :B1    1
```

위의 결과를 보면 바인드 변수 B1 에 대한 바인드 값(1)은 성공적으로 캡처되었지만, 바인드 변수 B2 에 대한 바인드 값(abcd)은 캡처에 실패했다는 것을 알 수 있습니다. 이것은 바인드 캡처의 제약 중 하나입니다. 바인드 캡처 기능이 가진 제약은 다음과 같습니다.

- WHERE 절에 사용된 바인드 값만 캡처합니다.
- SQL 문장이 하드 파스되는 시점이나 그 후 15 분 간격으로 주기적으로 캡처합니다. 15 분의 값은 _CURSOR_BIND_CAPTURE_INTERVAL 파라미터에 의해 제어됩니다. 이 파라미터의 값을 감소시키면 바인드 캡처를 더 자주 하게 됩니다.
- 캡처 가능한 바인드 값의 크기는 모든 바인드 변수를 통틀어 특정 크기를 넘지 못합니다. 이 크기는 _CURSOR_BIND_CAPTURE_AREA_SIZE 파라미터에 의해 제어됩니다. 만일 바인드 변수의 수가 매우 많으면 일부 바인드변수의 값이 누락될 수 있습니다. 이런 경우에는 해당 파라미터의 값을 증가시키는 것이 해결책이 될수 있습니다.

위의 제약들 때문에 바인드 캡처만으로는 정밀한 바인드 변수 값 추적이 불가능합니다. 이런 제약은 AWR에서도 마찬가지입니다. AWR은 **DBA_HIST_SQLBIND** 뷰를 통해 과거 시점의 바인드 캡처 기능을 제공합니다.

```
SQL> select
  2    sql_id, position, name, value_string
  3  from
  4    dba_hist_sqlbind
  5  where
  6    sql_id = '&sql_id'
  7  ;
old   6:   sql_id = '&sql_id'
new   6:   sql_id = '9k545m79134j6'

SQL_ID           POSITION NAME  VALUE_STRING
--------------- --------- ----- --------------------
9k545m79134j6           1 :B2
9k545m79134j6           2 :B1   1
```

오라클이 바인드 캡처 기능을 제공하는 이유는 **바인드 값의 변화에 의해 실행 계획이 변하는 현상을 추적**하도록 돕기 위해서입니다. 따라서 그러한 목적에 맞는 정도의 데이터만 제공하는 것으로 이해할 수 있습니다.

### 사례 2: Cursor Dump (Error Stack Dump)

현재 비정상적으로 오랜 시간 동안 실행되는 SQL 문장이 있습니다. 만일 그 원인이 특정 바인드 값이 입력되었을 때 일량(Logical Reads)이 지나치게 증가하는 데 있다고 의심된다면 해당 바인드 값을 추적하고 싶을 것입니다.

이런 경우에는 **에러 스택 덤프**(Error Stack Dump)를 레벨 3으로 수행하는 방법을 사용할 수 있습니다.

특정 세션에서 아래와 같은 SQL 문장이 수행되고 있다고 가정합니다.

```
SQL> update t1 set c2 = :b2 where c1 = :b1 and fsleep(10) = 1;
```

...

이 세션의 **OS PID(V$PROCESS.SPID)** 값(여기서는 4024)을 이용해서 에러 스택 명령 (oradebug dump errorstack 3)을 수행할 수 있습니다.

```
SQL> connect / as sysdba
SQL> oradebug setospid 4024
Oracle pid: 24, Windows thread id: 4024, image: ORACLE.EXE (SHAD)
SQL> oradebug dump errorstack 3
Statement processed.
SQL> oradebug tracefile_name
c:\oracle\admin\ukja1021\udump\ukja1021_ora_4024.trc
```

트레이스 파일의 내용 중에 **Session Cursor Dump** 영역을 검색해 보면 Current Cursor 의 Cursor 번호(여기서는 7)를 알 수 있습니다.

```
******************** Session Cursor Dump **********************
Current cursor: 7, pgadep: 0
...
```

해당 Cursor 번호를 이용해 Cursor Dump 영역을 탐색하면 아래와 같이 Cursor#7 에 대한 상세한 데이터를 조회할 수 있습니다. Bind#0 영역이 바인드 변수 B2, Bind#1 영역이 바인드 변수 B1 에 대한 정보를 나타내며, 여기에는 우리가 찾던 바인드 값의 정보까지 포함되어 있습니다.

```
Cursor#7(08B50DA4) state=BOUND curiob=08C5E3F4
 curflg=4c fl2=0 par=00000000 ses=34327A84
 sqltxt(33C3DD70)=update t1 set c2 = :b2 where c1 = :b1 and fsleep(10) = 1
  hash=ab2db2b865890324610137eeb3ec4a7d
  parent=2D776758 maxchild=01 plk=2CC77840 ppn=n
cursor instantiation=08C5E3F4
 child#0(27F57328) pcs=2D77695C
  clk=2CDCC9B4 ci=305A8FF8 pn=31EA3EE8 ctx=2D09698C
 kgsccflg=0 llk[08C5E3F8,08C5E3F8] idx=0
 xscflg=c0110676 fl2=1d100008 fl3=42222008 fl4=0
 Bind bytecodes
```

```
 Opcode = 2   Bind Twotask Scalar Sql In (may be out) Copy
 oacdef = 307cf2cc    Offsi = 36, Offsi = 0
 Opcode = 2   Bind Twotask Scalar Sql In (may be out) Copy
 oacdef = 307cf2f0    Offsi = 36, Offsi = 20
kkscoacd
 Bind#0
  oacdty=01 mxl=32(10) mxlc=00 mal=00 scl=00 pre=00
  oacflg=03 fl2=1000000 frm=01 csi=846 siz=56 off=0
  kxsbbbfp=08692394   bln=32    avl=04    flg=05
  value="abcd"
 Bind#1
  oacdty=02 mxl=22(22) mxlc=00 mal=00 scl=00 pre=00
  oacflg=03 fl2=1000000 frm=00 csi=00 siz=0 off=32
  kxsbbbfp=086923b4   bln=22    avl=02    flg=01
  value=1
```

특정 SQL 문장이 비정상적으로 장시간 수행될 경우, 실행 계획이나 대기 현상, 10046 진단 이벤트의 결과와 같은 기본적인 데이터들과 함께 에러 스택(레벨 3)의 결과까지 수집하면 더욱 정확한 분석을 수행할 수 있습니다.

## 사례 3: 로그 마이너

DML 문장에 의한 데이터의 변경 이력은 리두 로그에 저장이 됩니다. 따라서 **리두 데이터에 대한 리버스 엔지니어링**을 수행하면 어떤 바인드 변수가 사용되었을지를 간접적으로 추론할 수 있습니다.

아래와 같은 UPDATE 문장이 수행된 경우를 예로 설명해보겠습니다. 리두 변경 내역이 커밋과 함께 즉시 리두 로그에 저장되도록 하기 위해 **In Memory Undo**(IMU) 기능을 비활성화하는 것에 유의하기시 바랍니다.

```
SQL> alter session set "_in_memory_undo" = false;

Session altered.

SQL> update t1 set c2 = :b2 where c1 = :b1;
```

```
1 row updated.

SQL> commit;

Commit complete.
```

위의 UPDATE 문장이 수행되면 리두 로그에 변경 내용이 저장됩니다. 리두 로그의 내용은 로그 마이너를 이용하면 읽을 수 있습니다.

```
SQL> alter system switch logfile;

System altered.

SQL> col name new_value archive_file
SQL> select name from v$archived_log
  2  where sequence# = (select max(sequence#) from v$archived_log);

NAME
--------------------------------------------------------------------------------
C:\ORACLE\FLASH_RECOVERY_AREA\UKJA1021\ARCHIVELOG\2010_05_06\O1_MF_1_660_5Y4H46
YR_.ARC

SQL> exec sys.dbms_logmnr.add_logfile('&archive_file');

PL/SQL procedure successfully completed.

SQL> exec sys.dbms_logmnr.start_logmnr;

PL/SQL procedure successfully completed.

SQL> col data_object_id new_value obj_id
SQL>
SQL> select object_id, data_object_id
  2  from user_objects
  3  where object_name = 'T1';

 OBJECT_ID DATA_OBJECT_ID
---------- --------------
     73193          73193
```

위의 과정을 거치면 **V$LOGMNR_CONTENTS** 뷰를 통해 어떤 데이터가 변경되었는지의 여부를 확인할 수 있습니다.

```
SQL> set serveroutput on
SQL> exec print_table('select * from v$logmnr_contents where -
>    data_obj# = &obj_id');
SCN                            : 15558682
CSCN                           :
TIMESTAMP                      : 2010/05/06 15:23:23
COMMIT_TIMESTAMP               :
THREAD#                        : 1
LOG_ID                         : 674
…
ROW_ID                         : AAAR3rAAHAAAMgvAAA
SESSION#                       : 0
SERIAL#                        : 0
USERNAME                       :
SESSION_INFO                   :
TX_NAME                        :
ROLLBACK                       : 0
OPERATION                      : UPDATE
OPERATION_CODE                 : 3
SQL_REDO                       : update "UNKNOWN"."OBJ# 73195" set "COL 2" =
HEXTORAW('61626364') where "COL 2" = HEXTORAW('78') and ROWID =
'AAAR3rAAHAAAMgvAAA';
SQL_UNDO                       : update "UNKNOWN"."OBJ# 73195" set "COL 2" =
HEXTORAW('78') where "COL 2" = HEXTORAW('61626364') and ROWID =
'AAAR3rAAHAAAMgvAAA';
RS_ID                          :  0x0002a2.00000002.0010
SEQUENCE#                      : 1
SSN                            : 0
CSF                            : 0
INFO                           : Dictionary Mismatch
STATUS                         : 2
…
AUDIT_SESSIONID                : 0
-----------------------
PL/SQL procedure successfully completed.
```

위의 값에서 SQL_REDO 에는 DML 후의 값, SQL_UNDO 에는 DML 전의 값이 기록됩니다. **UTL_RAW** 패키지를 이용하면 RAW 값을 NUMBER 나 VARCHAR2 타입으로 변환할 수 있습니다.

```
SQL> select utl_raw.cast_to_varchar2('61626364') from dual;

UTL_RAW.CAST_TO_VARCHAR2('61626364')
--------------------------------------------------------------------------------
Abcd

SQL> select utl_raw.cast_to_varchar2('78') from dual;

UTL_RAW.CAST_TO_VARCHAR2('78')
--------------------------------------------------------------------------------
x
```

위의 정보들을 통해 간접적으로 어떤 바인드 값이 사용되었을 것인지를 추론해야 합니다. 로그 마이너를 이용해 과거에 수행되었던 DML 문장의 바인드 값을 추론하는 방법은 로우 레벨 락 경합 등에 의해 성능 저하가 생긴 경우, 어떤 값이 문제가 되었는지를 사후 분석하는 용도로 사용되고는 합니다.

## 정리

SQL 문장의 바인드 변수의 값을 추적하는데 의외로 다양한 방법이 존재한다는 것을 알 수 있습니다. 하지만 각각의 방법은 각각의 쓰임에 맞게 사용되어야 합니다.

가령 현재 수행 중인 SQL 문장의 바인드 값을 정확하게 추출하는 것이 목적이라면 **에러 스택 덤프**가 가장 좋은 방법입니다. 과거에 수행된 DML 문장의 바인드 값을 추측하는 것이 목적이라면 **로그 마이너**가 선택이 될 수 있습니다. **10046 이벤트**(레벨 4 이상)는 앞으로 수행될 SQL 문장의 바인드 변수를 기록하는데 사용할 수 있습니다. **바인드 캡처** 데이터는 실행 계획 이상 현상을 분석하기 위한 용도입니다.

## 질문 6. 통계 정보가 없을 때 옵티마이저는 어떤 방법으로 예측 로우 건수(Cardinality)를 계산하나요?

### 문제 개요

가끔 통계 정보가 존재하지 않는 테이블에 대해서 옵티마이저가 의외로 정확한(정확해 보이는) 예측 로우 건수를 계산하는 경우를 종종 목격합니다. 어떻게 이런 일이 가능한가요? 옵티마이저는 어떤 방법으로 통계 정보가 없음에도 불구하고 예측 로우 건수를 계산해낼 수 있습니까?

### 해답

일견 불필요해보이는 질문이지만, 이 질문에 대한 답을 도출하다보면 옵티마이저에 대한 이해가 더욱 깊어집니다. 옵티마이저가 예측 로우 건수를 계산하는데 필요한 항목들은 다음과 같습니다.

- 테이블의 전체 로우 건수
- WHERE 절에서 특정 컬럼에 대한 조건절이 존재할 경우에는 해당 컬럼의 Density 와 조건에 의한 Selectivity

통계 정보가 존재하지 않는 테이블에 대해 예측 로우 건수를 계산하는 방법은 오라클 매뉴얼에 어느 정도 소개되어 있습니다. [Oracle® Database Performance Tuning Guilde]의 13 장에는 다음과 같이 정리되어 있습니다.

- Cardinality = num_of_blocks * (block_size – cache_layer) / avg_row_len
- Average row length = 100 bytes

- Number of blocks = 100 or actual value based on the extent map
- Remote cardinality = 2000 rows
- Remote average row length = 100 bytes

위의 공식을 간단한 문장으로 표현해 보면 다음과 같습니다. "세그먼트 공간 정보(Extent Map)를 참조해서 블록 수를 구한다. 한 로우의 크기를 100 바이트로 가정하고, 한 블록에 실제로 몇 개의 로우가 들어가는지를 계산한다. 블록 수와 한 블록에 들어가는 로우 수를 곱하면 해당 테이블의 전체 로우 건수를 예측할 수 있다. 이 값에 Selectivity 를 곱하면 우리가 원하는 예측 로우 건수가 된다".

위의 문장을 잘 분석해보면 오라클 매뉴얼에서는 통계 정보가 없는 경우에 Density 와 Selectivity 의 값을 구하는 방법에 대해서는 언급이 없다는 것을 알 수 있습니다. 다행히 몇몇 선구적인 엔지니어의 노력으로 이 값을 구하는 공식이 알려졌습니다. 아래와 같습니다.

- Density = 1 / ( Cardinality / 32 )
- Selectivity(c1) = max(0.01, Density)

위의 공식들이 실제로 어떻게 적용되는지 간단한 예제를 통해 확인해 보겠습니다.

## 테스트

### 테스트 환경

다음과 같이 총 10,000 건의 로우를 가진 테이블 T1 을 생성합니다.

```
SQL> create table t1
  2  as
  3  select level as c1, rpad('x',100) as c2
  4  from dual
  5  connect by level <= 10000
  6  ;

Table created.
```

## 사례 1: 테이블 전체의 통계 정보가 존재하지 않는 경우

아래와 같이 WHERE C1 = 1 조건절을 갖는 간단한 SQL 문장을 실행합니다.

```
SQL> select /*+ gather_plan_statistics */ count(*)
  2  from t1 where c1 = 1;

  COUNT(*)
----------
         1

1 row selected.
```

예측 로우 건수(E-Rows)는 "3"건인데, 실제 로우 건수(A-Rows)인 "1"과 상당히 일치하는 값입니다.

```
SQL> select * from table(dbms_xplan.display_cursor(null, null, 'allstats last'));

-------------------------------------------------------------
| Id | Operation          | Name | Starts | E-Rows | A-Rows |
-------------------------------------------------------------
|  1 | SORT AGGREGATE     |      |      1 |      1 |      1 |
|* 2 |  TABLE ACCESS FULL | T1   |      1 |      3 |      1 |
-------------------------------------------------------------

Predicate Information (identified by operation id):
---------------------------------------------------
   2 - filter("C1"=1)
```

이러한 정확성의 비밀은 동적 샘플링(Dynamic Sampling)입니다. 아래와 같이 노트(Note) 부분에 동적 샘플링의 동작 여부가 기술되어 있습니다.

```
Note
-----
   - dynamic sampling used for this statement
```

동적 샘플링이 동작하게 되면 샘플링을 통해 예측 로우 건수를 계산하기 때문에 비교적 정확한 예측이 가능해집니다. 동적 샘플링의 동작 여부 및 동작 레벨은 OPTIMIZER_DYNAMIC_SAMPLING 파라미터 값에 의해 결정됩니다.

```
SQL> @para optimizer_dynamic_sampling

NAME                             VALUE                 IS_DEFAUL SES_MODIFI
------------------------------   -------------------   --------- ----------
SYS_MODIFI DESCRIPTION
---------- ------------------------------
optimizer_dynamic_sampling       2                     TRUE      true
immediate  optimizer dynamic sampling
```

동적 샘플링의 레벨의 의미는 [Oracle® Database Performance Tuning Guilde]에 다음과 같이 기술되어 있습니다.

- **Level 0:** Do not use dynamic sampling.

- **Level 1:** Sample all tables that have not been analyzed if the following criteria are met: (1) there is at least 1 unanalyzed table in the query; (2) this unanalyzed table is joined to another table or appears in a subquery or non-mergeable view; (3) this unanalyzed table has no indexes; (4) this unanalyzed table has more blocks than the number of blocks that would be used for dynamic sampling of this table. The number of blocks sampled is the default number of dynamic sampling blocks (32).

- **Level 2:** Apply dynamic sampling to all unanalyzed tables. The number of blocks sampled is two times the default number of dynamic sampling blocks.

- **Level 3:** Apply dynamic sampling to all tables that meet Level 2 criteria, plus all tables for which standard selectivity estimation used a guess for some predicate that is a potential dynamic sampling predicate. The number of blocks sampled is the default number of dynamic sampling blocks. For unanalyzed tables, the number of blocks sampled is two times the default number of dynamic sampling blocks.

- **Level 4:** Apply dynamic sampling to all tables that meet Level 3 criteria, plus all tables that have single-table predicates that reference 2 or more columns. The number of blocks sampled is the default number of dynamic sampling blocks. For unanalyzed tables, the number of blocks sampled is two times the default number of dynamic sampling blocks.

- **Levels 5, 6, 7, 8, and 9:** Apply dynamic sampling to all tables that meet the previous level criteria using 2, 4, 8, 32, or 128 times the default number of dynamic sampling blocks respectively.

- **Level 10:** Apply dynamic sampling to all tables that meet the Level 9 criteria using all blocks in the table.

동적 샘플링을 비활성화하면 비로소 오라클은 통계 정보가 없는 상태에서 예측 로우 건수를 계산하게 됩니다.

```
SQL> alter session set optimizer_dynamic_sampling = 0;

Session altered.

SQL> select /*+ gather_plan_statistics */ count(*)
  2  from t1 where c1 = 1;

  COUNT(*)
----------
         1

1 row selected.
```

WHERE c1 =1 에 대한 예측 로우 건수가 **144** 로 나타납니다. 우리가 밝히고자 하는 것은 이 **144 의 값이 어디에서 계산되었는가**입니다.

```
SQL> select * from table(dbms_xplan.display_cursor(null, null, 'allstats last'));

-----------------------------------------------------------
| Id  | Operation          | Name | Starts | E-Rows | A-Rows |
```

```
-----------------------------------------------------------
|   1 |  SORT AGGREGATE    |      |    1 |    1 |    1 |
|*  2 |   TABLE ACCESS FULL| T1   |    1 |  144 |    1 |
-----------------------------------------------------------

Predicate Information (identified by operation id):
---------------------------------------------------
   2 - filter("C1"=1)
```

여기서 한 가지 더 재미있는 실험을 해보겠습니다. Oracle 9i에서는 **OPTIMIZER_MODE** 파라미터의 기본값은 CHOOSE 입니다. Oracle 10g에서는 기본값이 ALL_ROWS 로 바뀌었습니다. CHOOSE 는 통계 정보가 있으면 ALL_ROWS 로 동작하되, 통계 정보가 없으면 RBO 로 동작하라는 의미입니다. 아래와 같이 CHOOSE 모드를 사용하면 예측 로우 건수가 어떻게 계산될까요?

```
SQL> alter session set optimizer_mode = choose;

Session altered.

SQL> select /*+ gather_plan_statistics */ count(*)
  2  from t1 where c1 = 1;

  COUNT(*)
----------
         1
```

아래 결과를 보면 예측 로우 건수가 자체가 존재하지 않는 것을 알 수 있습니다. RBO(Rule Based Optimizer)는 정해진 공식에 의해 실행 계획을 생성합니다. 따라서 로우 건수를 예측하는 행위 자체가 발생하지 않습니다. 비용(Cost)을 계산할 필요가 없기 때문에 로우 건수에 대한 예측도 불필요합니다.

```
SQL> select * from table(dbms_xplan.display_cursor(null, null, 'allstats
last'));

------------------------------------------------------------------------
| Id  | Operation          | Name | Starts | A-Rows |   A-Time   | Buffers |
```

```
-------------------------------------------------------------------
|   1 |  SORT AGGREGATE    |      |     1 |      1 |00:00:00.01 |    156 |
|*  2 |   TABLE ACCESS FULL| T1   |     1 |      1 |00:00:00.01 |    156 |
-------------------------------------------------------------------

Predicate Information (identified by operation id):
---------------------------------------------------
   2 - filter("C1"=1)

Note
-----
   - rule based optimizer used (consider using cbo)
```

이제 144 의 예측 로우 건수(Cardinality)가 어떻게 계산되었는지 추적해보겠습니다. 우선 테이블 T1 의 블록 수를 구해야 합니다. 통계 정보가 존재하지 않기 때문에 세그먼트의 공간 정보로부터 구하게 됩니다. **DMBS_SPACE** 패키지를 이용하면 세그먼트의 공간 정보를 구할 수 있습니다. Tom Kyte 가 작성한 **SHOW_SPACE** 프로시저를 이용하면 편리하게 **DBMS_SPACE** 패키지를 사용할 수 있습니다. 아래에 그 결과가 있습니다.

```
-- show_space 의 정의
create or replace
procedure show_space
( p_segname in varchar2,
  p_owner   in varchar2 default user,
  p_type    in varchar2 default 'TABLE',
  p_partition in varchar2 default NULL )
authid current_user
as
    l_free_blks              number;

    l_total_blocks           number;
    l_total_bytes            number;
    l_unused_blocks          number;
    l_unused_bytes           number;
    l_LastUsedExtFileId      number;
    l_LastUsedExtBlockId     number;
    l_LAST_USED_BLOCK        number;
    procedure p( p_label in varchar2, p_num in number )
    is
```

```
        begin
            dbms_output.put_line( rpad(p_label,40,'.') ||
                                  p_num );
        end;
begin
    for x in ( select tablespace_name
                 from dba_tablespaces
                where tablespace_name = ( select tablespace_name
                                            from dba_segments
                                           where segment_type = p_type
                                             and segment_name = p_segname
                                             and owner = p_owner
                                             and SEGMENT_SPACE_MANAGEMENT <> 'AUTO'
                                             and ROWNUM = 1)
             )
    loop
    -- FREE_BLOCKS 함수는 FLM 일 때만 의미가 있음. ASSM 일 경우에는 SPACE_USAGE 함수를
사용해야 함
        dbms_space.free_blocks
        ( segment_owner     => p_owner,
          segment_name      => p_segname,
          segment_type      => p_type,
          partition_name    => p_partition,
          freelist_group_id => 0,
          free_blks         => l_free_blks );
    end loop;

        dbms_space.unused_space
        ( segment_owner     => p_owner,
          segment_name      => p_segname,
          segment_type      => p_type,
            partition_name    => p_partition,
          total_blocks      => l_total_blocks,
          total_bytes       => l_total_bytes,
          unused_blocks     => l_unused_blocks,
          unused_bytes      => l_unused_bytes,
          LAST_USED_EXTENT_FILE_ID => l_LastUsedExtFileId,
          LAST_USED_EXTENT_BLOCK_ID => l_LastUsedExtBlockId,
          LAST_USED_BLOCK => l_LAST_USED_BLOCK );

    p( 'Free Blocks', l_free_blks );
```

```
        p( 'Total Blocks', l_total_blocks );
        p( 'Total Bytes', l_total_bytes );
        p( 'Total MBytes', trunc(l_total_bytes/1024/1024) );
        p( 'Unused Blocks', l_unused_blocks );
        p( 'Unused Bytes', l_unused_bytes );
        p( 'Last Used Ext FileId', l_LastUsedExtFileId );
        p( 'Last Used Ext BlockId', l_LastUsedExtBlockId );
        p( 'Last Used Block', l_LAST_USED_BLOCK );
end;
/

-- 테이블 T1 의 공간 사용 정도
SQL> exec show_space('T1');
Free Blocks.............................
Total Blocks............................1280
Total Bytes.............................10485760
Total MBytes............................10
Unused Blocks...........................1104
Unused Bytes............................9043968
Last Used Ext FileId....................7
Last Used Ext BlockId...................51209
Last Used Block.........................176

PL/SQL procedure successfully completed.
```

위의 결과는 다음과 같이 해석할 수 있습니다. "테이블 T1 은 총 1280 개의 블록으로 구성되어 있다. 이 중 사용되지 않는 블록 수가 1104 개이므로, 총 176 개가 사용되고 있다".

테이블 T1 이 사용하는 블록 크기는 8K(=8192) 바이트입니다. 8192 바이트 중 내부 관리용으로 사용되는 크기는 24 바이트입니다. 하나의 로우 수는 100 바이트라고 가정됩니다. 따라서 테이블 T1 의 전체 로우 건수는 다음과 같이 계산됩니다.

```
SQL> col bas_card new_value bas_card
SQL> select
  2     176 * ( 8192 - 24 ) / 100 as bas_card
  3  from dual;

BAS_CARD
```

```
----------
  14375.68

1 row selected.
```

컬럼 C1 의 Density 는 1 / ( Cardinality / 32) 로 계산됩니다. 따라서 컬럼 C1 의 Density 는 0.002225982 가 됩니다.

```
SQL> col density new_value density
SQL> select
  2    1 / ( &bas_card / 32 ) as density
  3  from dual;
old   2:   1 / ( &bas_card / 32 ) as density
new   2:   1 / (   14375.68 / 32 ) as density

   DENSITY
----------
.002225982

1 row selected.
```

이제 "C1 = 1" 조건의 Selectivy 를 구합니다. 0.002225982 는 0.01 보다 작은 값입니다. 따라서 Selectivity 는 0.01 로 가정됩니다. 따라서 Cardinality(C=1) = Base Cardinality(=14375.68) * Selectivity(= 0.01) = 143.7568 = 144 가 됩니다.

```
SQL> select &bas_card *
  2        case
  3          when &density < 0.01 then 0.01
  4          else &density
  5        end as card
  6  from dual;
old   1: select &bas_card *
new   1: select    14375.68 *
old   3:          when &density < 0.01 then 0.01
new   3:          when .002225982 < 0.01 then 0.01
old   4:          else &density
new   4:          else .002225982
```

```
      CARD
----------
  143.7568

1 row selected.
```

**DBMS_XPLAN** 패키지에 의해 보고된 144 의 값과 정확하게 일치합니다. 10053 진단 이벤트의 결과와 비교해보면 위의 공식이 매우 정확하게 동작한 것을 확인할 수 있습니다.

```
***************************************
BASE STATISTICAL INFORMATION
***********************
Table Stats::
  Table: T1  Alias: T1  (NOT ANALYZED)
    #Rows: 14376  #Blks:  176  AvgRowLen:  100.00  ← Rows, Blocks
***************************************
SINGLE TABLE ACCESS PATH
  Column (#1): C1(NUMBER)  NO STATISTICS (using defaults)
    AvgLen: 22.00 NDV: 449 Nulls: 0 Density: 0.0022259  ← Density
  Table: T1  Alias: T1
    Card: Original: 14376  Rounded: 144  Computed: 143.76  Non Adjusted:
143.76  ← 최종 Cardinality
  Access Path: TableScan
    Cost:  40.71  Resp: 40.71  Degree: 0
      Cost_io: 40.00  Cost_cpu: 4128573
      Resp_io: 40.00  Resp_cpu: 4128573
  Best:: AccessPath: TableScan
         Cost: 40.71  Degree: 1  Resp: 40.71  Card: 143.76  Bytes: 0
```

오라클이 예측 로우 건수를 계산하는데 얼마나 세심한 배려를 하는지 알 수 있는 좋은 예입니다. 물론 이러한 예측이 정확하다는 보장이 전혀 없다는 것이 문제지요. 역으로 말하면 통계 정보를 잘 수집하는 것이 얼마나 중요한지를 알 수 있는 좋은 예가 됩니다.

## 사례 2: 특정 컬럼 레벨의 통계 정보만이 존재하지 않는 경우

사례 2 는 사례 1 의 연장선 상에 있습니다. 테이블 T1 자체에 대한 통계 정보(로우 수, 블록 수 등)는 존재하지만, 컬럼 C1 에 대한 통계 정보가 존재하지 않는 경우입니다. 이 경우에도 역시 앞서 제시한 공식대로 Density = 1 / ( Cardinaltity / 32) 로 계산됩니다. 그리고 이 값이 0.01 보다 작으면 0.01 을 Selectivity 로 계산합니다.

아래와 같이 컬럼 C2 에 대한 통계 정보만 수집합니다.

```
SQL> exec dbms_stats.gather_table_stats(user, 't1', -
>       method_opt=>'for columns c2 size auto', no_invalidate=>false);

PL/SQL procedure successfully completed.
```

이 상황에서 옵티마이저는 "C1 = 1"에 해당하는 예측 로우 건수는 100 건으로 계산합니다.

```
SQL> select /*+ gather_plan_statistics */ count(*)
  2  from t1 where c1 = 1;

  COUNT(*)
----------
         1


SQL> select * from table(dbms_xplan.display_cursor(null, null, 'allstats last'));

-----------------------------------------------------------
| Id | Operation          | Name | Starts | E-Rows | A-Rows |
-----------------------------------------------------------
|  1 | SORT AGGREGATE     |      |      1 |      1 |      1 |
|* 2 |  TABLE ACCESS FULL | T1   |      1 |    100 |      1 |
-----------------------------------------------------------

Predicate Information (identified by operation id):
-------------------------------------------------
   2 - filter("C1"=1)
```

100 건이 어디서 나왔는지를 10053 진단 이벤트의 결과를 이용해 분석해보겠습니다. 테이블 T1 에 대한 통계 정보가 수집되었으므로 전체 로우 수가 10,000 건, 블록 수가 176, 평균 로우 크기는 176 으로 매우 정확해졌습니다.

```
***************************************
BASE STATISTICAL INFORMATION
***********************
Table Stats::
  Table: T1  Alias: T1
    #Rows: 10000  #Blks:  176  AvgRowLen:  104.00   ← Rows 는 정확함
***************************************
```

컬럼 C1 에 대한 통계 정보가 존재하지 않으므로 Density = 1 / ( Cardinality / 32 ) = 1 / (10000 / 32) = 0.0032 가 됩니다.

```
SINGLE TABLE ACCESS PATH
  Column (#1): C1(NUMBER)  NO STATISTICS (using defaults)
    AvgLen: 22.00 NDV: 313 Nulls: 0 Density: 0.0032  ← Density
```

0.0032 의 값이 지나치게 작기 때문에 실제로 Selectivity 를 계산할 때는 0.01 의 값을 사용합니다. 만일 0.01 보다 큰 값이 Density 가 계산되었다면 그 값이 Selectivity 로 계산되었을 것입니다.

```
  Table: T1  Alias: T1
    Card: Original: 10000  Rounded: 100  Computed: 100.00  Non Adjusted: 100.00
  Access Path: TableScan
    Cost:  40.56  Resp: 40.56  Degree: 0
      Cost_io: 40.00  Cost_cpu: 3253373
      Resp_io: 40.00  Resp_cpu: 3253373
  Best:: AccessPath: TableScan
         Cost: 40.56  Degree: 1  Resp: 40.56  Card: 100.00  Bytes: 0
```

따라서 최종 예측 로우 건수는 100 건이 됩니다.

```
SQL> select 10000*0.01 from dual;
```

```
    10000*0.01
    ----------
           100
```

## 정리

일견 불필요해보이는 질문에 대한 일련의 답변 과정을 통해 옵티마이저에 대한 통찰력을 얻을 수 있는 좋은 질문입니다. 성능 문제에 대한 좀 더 깊이있는 지식을 얻기 위해서는 이런 단순하지만 엉뚱한 질문을 항상 던질 필요가 있습니다. 거기에 가능한 정확한 답변을 하기 위해 노력하는 과정에서 남들이 갖지 못한 통찰력이라는 선물이 주어집니다.

## [ 질문 7. 파티션 테이블에 파티션을 추가한 후 실행 계획이 변경되는 현상을 막으려면 어떻게 해야 하나요? ]

### 문제 개요

대용량의 데이터를 효율적으로 처리하기 위해 파티션 테이블을 사용하고 있습니다. 월별로 범위(Range) 혹은 리스트(List) 파티션을 구성하고, 매월 초에 새로운 파티션을 추가하는 방식입니다. 새로운 파티션을 추가하기 전에는 기존에 존재하는 통계 정보를 이용하기 때문에 Index Range Scan 을 선택합니다. 하지만 파티션을 새로 추가하고 나면 갑자기 기존 쿼리들이 Table Full Scan 을 선택하면서 성능 저하가 발생합니다. 새롭게 추가된 파티션은 데이터 양이 아직 적기 때문에 여기에 기반한 통계 정보가 사용되는 것이 문제로 보입니다. 이런 문제를 해결할 수 있는 방법은 무엇인가요?

### 해답

새로운 파티션이 추가되면서 실행 계획의 변화가 생기는 것은 매우 보편적인 현상입니다. 특히 **파티션 키(Partition Key)에 해당하는 컬럼에 대한 조건절에서 상수 값(Literal)이 아닌 바인드 변수를 사용하는 경우**가 문제가 됩니다. 바인드 피킹(Bind Peeking)이 활성화되어 있는 경우에는 최초에 접수된 바인드 값에 의해 실행 계획이 결정되는 문제가 있습니다. 만일 최초에 접수된 바인드 값이 새롭게 추가된 파티션에 해당한다면 기존의 파티션에서는 선택되지 않던 실행 계획이 선택될 수 있습니다. 기존 파티션에 대해 쿼리를 수행할 때는 Index Range Scan 이 선택되었지만, 새로운 파티션에 대해서는 Table Full Scan 이 선택되는 것입니다.

이런 현상을 피할 수 있는 방법에는 다음과 같은 것들이 있습니다.

- **바인드 피킹을 비활성화**합니다. 바인드 피킹이 비활성화되면 파티션 레벨의 통계 정보가 아닌 글로벌 레벨(테이블 레벨)의 통계 정보가 사용됩니다. 따라서 실행 계획이 변경되는 문제를 피할 수 있습니다.

- **파티션 키에 대해서는 바인드 변수가 아닌 상수값**(Literal)을 사용합니다. 파티션 키 값이 상수값으로 주어지면 항상 파티션 레벨의 통계 정보를 이용할 수 있기 때문에 실행 계획이 변경되는 문제를 피할 수 있습니다. 단 해시 파티션인 경우에는 이 원칙이 적용되기 힘듭니다.

- 새롭게 추가된 파티션의 **통계 정보를 조작**해서 이전에 존재하는 파티션과 동일하게 만듭니다. 통계 정보가 동일하다면 옵티마이저는 동일한 실행 계획을 만듭니다. 따라서 실행 계획이 변경되는 문제를 피할 수 있습니다.

가장 복잡해 보이는 세번째 방법이 시스템에 주는 영향을 최소화하면서 확실한 효과를 얻을 수 있는 가장 좋은 방법입니다. 그리고 실제로 많이 사용되는 방법이기도 합니다. Oracle $10g$의 특정 버전 이후부터는 **DBMS_STATS.COPY_TABLE_STATS** 프로시저를 이용하면 이 작업을 매우 간편하게 수행할 수 있습니다. DBMS_STATS.COPY_TABLE_STATS 프로시저가 존재하지 않는 경우에는 **DBMS_STATS** 패키지가 제공하는 **SET_XXX_STATS** 프로시저를 적절히 이용하면 동일한 효과를 얻을 수 있습니다. 이 방법에 대해서는 필자의 전작인 [Optimizing Oracle Optimizer]의 제 7 장에서 상세한 예제를 제공하고 있습니다.

## 테스트

### 테스트 환경

아래와 같이 네 개의 파티션으로 구성된 테이블을 생성하고, 각 파티션에 각각 10,000 건의 로우를 생성합니다. 컬럼 **C1** 은 파티션 키로 1 ~ 4 의 값을 가지며, 컬럼 **C2** 은 Distinct Count 가 10,000 으로 Density 가 낮습니다.

```
SQL> create table t1(c1 number, c2 number, c3 number)
  2  partition by list(c1) (
  3    partition p1 values (1),
```

```
  4      partition p2 values (2),
  5      partition p3 values (3),
  6      partition p4 values (4)
  7  );

Table created.

SQL> insert into t1
  2  select mod(level, 4)+1, mod(level, 10000)+1, level
  3  from dual
  4  connect by level <= 40000;

40000 rows created.
```

파티션 키인 컬럼 C1 과 컬럼 C2 를 포함한 **로컬 인덱스**(Prefixed Local Index)를 생성합니다. 컬럼 C1 과 컬럼 C2 의 조합은 선택도가 아주 좁기 때문에 Index Range Scan 이 유리합니다.

```
SQL> create index t1_n1 on t1(c1, c2) local;

Index created.
```

**글로벌 레벨**과 **파티션 레벨의 통계 정보**를 수집합니다.

```
SQL> exec dbms_stats.gather_table_stats(user, 't1', granularity=>'global and partition');

PL/SQL procedure successfully completed.
```

### 사례 1: 파티션 추가에 의한 실행 계획의 변경

새로운 파티션을 추가하기 전에는 다음과 같이 Index Range Scan 이 선택됩니다. 컬럼 C1 과 C2 의 조합은 선택도가 아주 좁기 때문에 당연한 선택입니다.

```
SQL> var b1 number;
SQL> var b2 number;
SQL> exec :b1 := 1; :b2 := 1;
```

```
PL/SQL procedure successfully completed.

SQL> select /*+ gather_plan_statistics */
  2     count(c3)
  3  from t1
  4  where c1 = :b1 and c2 = :b2;

 COUNT(C3)
----------
         4


SQL> select * from table(dbms_xplan.display_cursor(null, null, 'allstats last'));

---------------------------------------------------------------------
| Id  | Operation                           | Name  | E-Rows | A-Rows |
---------------------------------------------------------------------
|   1 |  SORT AGGREGATE                     |       |      1 |      1 |
|   2 |   PARTITION LIST SINGLE             |       |      4 |      4 |
|   3 |    TABLE ACCESS BY LOCAL INDEX ROWID| T1    |      4 |      4 |
|*  4 |     INDEX RANGE SCAN                | T1_N1 |      4 |      4 |
---------------------------------------------------------------------
```

새로운 파티션 **P5** 를 추가합니다. 그리고 적은 수의 새로운 데이터를 추가합니다. 문제는 새로운 파티션에 추가된 이 데이터들이 기존 파티션과 달리 **컬럼 C1 과 컬럼 C2 의 조합의 선택도가 넓다**는 것입니다.

```
SQL> alter table t1 add partition p5 values(5);

Table altered.

SQL> insert into t1
  2  select 5, 1, level
  3  from dual
  4  connect by level <= 1000;

1000 rows created.
```

```
SQL> exec dbms_stats.gather_table_stats(user, 't1', granularity=>'global and
partition');

PL/SQL procedure successfully completed.
```

바인드 변수 B1 의 값을 5 로 부여하면 바인드 피킹에 의해 파티션 P5 를 참조하는 실행 계획이 생성됩니다. 파티션 P5 의 컬럼 C1 과 컬럼 C2 는 선택도가 넓기 때문에 Index Range Scan 이 아닌 Table Full Scan 이 선택됩니다.

```
SQL> exec :b1 := 5; :b2 := 1;

PL/SQL procedure successfully completed.

SQL> select /*+ gather_plan_statistics */
  2    count(c3)
  3    from t1
  4   where c1 = :b1 and c2 = :b2;

COUNT(C3)
----------
      1000


---------------------------------------------------------
| Id  | Operation                | Name | E-Rows | A-Rows |
---------------------------------------------------------
|  1  | SORT AGGREGATE           |      |      1 |      1 |
|  2  |  PARTITION LIST SINGLE   |      |    999 |   1000 |
|* 3  |   TABLE ACCESS FULL      | T1   |    999 |   1000 |
---------------------------------------------------------
```

여기까지는 문제가 없습니다. 파티션 P5 에 대한 액세스는 실제로도 Table Full Scan 이 더 유리하기 때문입니다. 문제는 **바인드 변수 B1 에 대해 다른 값이 주어져서 다른 파티션을 액세스할 때**입니다. 파티션 P1 ~ P4 에 대한 액세스는 Table Full Scan 이 아닌 Index Range Scan 이 더 유리함에도 불구하고, 이미 Shared Pool 에 Table Full Scan 을 사용하는 실행 계획이 선택되어 있기 때문에 Table Full Scan 을 선택하게 됩니다. 이것은 경우에 따라 치명적인 성능 저하를 초래할 수 있습니다.

```
SQL> exec :b1 := 1; :b2 := 1;

PL/SQL procedure successfully completed.

SQL> select /*+ gather_plan_statistics */
  2    count(c3)
  3  from t1
  4  where c1 = :b1 and c2 = :b2;

COUNT(C3)
----------
         4

-----------------------------------------------------------------
| Id  | Operation              | Name | E-Rows | A-Rows | Buffers |
-----------------------------------------------------------------
|   1 | SORT AGGREGATE         |      |      1 |      1 |      31 |
|   2 |  PARTITION LIST SINGLE |      |    999 |      4 |      31 |
|*  3 |   TABLE ACCESS FULL    | T1   |    999 |      4 |      31 |
-----------------------------------------------------------------
```

## 사례 2: 바인드 피킹 비활성화

위의 문제는 바인드 피킹을 비활성화함으로써 해결할 수 있습니다. 바인드 피킹을 비활성화하면 바인드 변수의 값을 모르는 상태에서 실행 계획을 수립해야 합니다. 따라서 **파티션 레벨이 아닌 글로벌 레벨의 통계 정보**를 참조하게 됩니다. 이 예제의 경우 파티션 P5 의 존재에도 불구하고 글로벌 레벨에서는 컬럼 C1 과 컬럼 C2 의 조합은 선택도가 여전히 좁습니다. 따라서 Index Range Scan 이 선택될 확률이 높습니다.

```
SQL> alter session set "_optim_peek_user_binds" = false;

Session altered.

SQL> exec :b1 := 5; :b2 := 1;
```

```
PL/SQL procedure successfully completed.

SQL> select /*+ gather_plan_statistics */
  2     count(c3)
  3     from t1
  4     where c1 = :b1 and c2 = :b2;

  COUNT(C3)
----------
      1000


-------------------------------------------------------------------------
| Id  | Operation                              | Name  | E-Rows | A-Rows |
-------------------------------------------------------------------------
|   1 |  SORT AGGREGATE                        |       |      1 |      1 |
|   2 |   PARTITION LIST SINGLE                |       |      1 |   1000 |
|   3 |    TABLE ACCESS BY LOCAL INDEX ROWID   | T1    |      1 |   1000 |
|*  4 |     INDEX RANGE SCAN                   | T1_N1 |      1 |   1000 |
-------------------------------------------------------------------------
```

여기서 주의할 것은 바인드 피킹을 비활성화한다고 해서 항상 기존의 실행 계획과 동일한 실행 계획이 선택된다는 보장은 없다는 것입니다. 바인드 피킹이 비활성화되는 경우 글로벌 레벨의 통계 정보가 사용됩니다. 따라서 글로벌 레벨의 통계 정보가 파티션 레벨의 통계 정보와 매우 유사해야만 실행 계획의 동일하게 됩니다. 만일 글로벌 레벨의 통계 정보가 파티션 레벨의 통계 정보가 크게 다르다면 전혀 예상치 못한 실행 계획이 생성될 수도 있습니다.

이 논의를 더 확장해보면, 만일 **파티션 레벨의 통계 정보가 존재하지 않는다면 새로운 파티션 추가에 의해 실행 계획이 변경되는 경우의 수가 현격하게 줄 것**이라는 것을 예상할 수 있습니다. 파티션 레벨의 통계 정보를 생성할 지의 여부를 결정할 때 이런 요소까지 고려 사항이 될 수 있습니다.

## 사례 3: 파티션 통계 정보 복사

이 문제를 해결하는 가장 확실한 방법은 새로 추가된 파티션의 통계 정보를 기존 파티션의 통계 정보와 동일하게 조작하는 것입니다. 무슨 말도 안되는 소리냐고 하실 분들도 있겠지만, 이 방법은 오라클이 **DBMS_STATS** 패키지를 통해 공식적으로 지원하는 것입니다.

아래와 같이 **DBMS_STATS.COPY_TABLE_STATS** 프로시저를 호출하면 파티션 P1 의 통계 정보를 파티션 P2 로 복사할 수 있습니다.

```
SQL> exec dbms_stats.copy_table_stats(user, 't1', 'p1', 'p5');

PL/SQL procedure successfully completed.
```

통계 정보를 복사한 후 파티션 P1 과 파티션 P5 의 통계 정보를 비교해보면 완벽하게 복사된 것을 알 수 있습니다. 이 때 중요한 것이 **최소값**(LOW_VALUE)과 **최대값**(HIGH_VALUE) 입니다. **DBMS_STATS.COPY_TABLE_STATS** 프로시저를 사용하는 경우에는 최소값과 최대값이 해당 파티션에 맞게 적절히 변경됩니다.

```
SQL> @part_stat t1 p1
01. partition stats
PARTITION_NAME              : P1
NUM_ROWS                    : 10000
BLOCKS                      : 28
EMPTY_BLOCKS                : 0
SAMPLE_SIZE                 : 10000
LAST_ANAL                   : 2010/05/26 14:23:20
----------------

PL/SQL procedure successfully completed.

02. column stats
PARTITION_NAME              : P1
COLUMN_NAME                 : C1
NUM_DISTINCT                : 1
DENSITY                     : .00005
LOW_VALUE                   : C102
HIGH_VALUE                  : C102
HISTOGRAM                   : FREQUENCY
```

```
----------------
PARTITION_NAME            : P1
COLUMN_NAME               : C2
NUM_DISTINCT              : 2500
DENSITY                   : .0004
LOW_VALUE                 : C102
HIGH_VALUE                : C26462
HISTOGRAM                 : NONE
----------------
PARTITION_NAME            : P1
COLUMN_NAME               : C3
NUM_DISTINCT              : 10000
DENSITY                   : .0001
LOW_VALUE                 : C105
HIGH_VALUE                : C305
HISTOGRAM                 : NONE
----------------


SQL> @part_stat t1 p5
PARTITION_NAME            : P5
NUM_ROWS                  : 10000
BLOCKS                    : 28
EMPTY_BLOCKS              : 0
SAMPLE_SIZE               : 10000
LAST_ANAL                 : 2010/05/26 14:23:20
----------------

02. column stats
PARTITION_NAME            : P5
COLUMN_NAME               : C1
NUM_DISTINCT              : 1
DENSITY                   : .00005
LOW_VALUE                 : C106
HIGH_VALUE                : C106
HISTOGRAM                 : NONE
----------------
PARTITION_NAME            : P5
COLUMN_NAME               : C2
NUM_DISTINCT              : 2500
DENSITY                   : .0004
```

```
LOW_VALUE                       : C102
HIGH_VALUE                      : C26462
HISTOGRAM                       : NONE
-----------------
PARTITION_NAME                  : P5
COLUMN_NAME                     : C3
NUM_DISTINCT                    : 10000
DENSITY                         : .0001
LOW_VALUE                       : C105
HIGH_VALUE                      : C305
HISTOGRAM                       : NONE
-----------------
```

이제 파티션 **P5**는 기존에 존재하던 파티션 **P1**과 동일한 통계 정보를 가집니다. 따라서 실행 계획 변경의 위험성이 원척적으로 제거됩니다.

```
SQL> exec :b1 := 5; :b2 := 1;

PL/SQL procedure successfully completed.

SQL> select /*+ gather_plan_statistics */
  2     count(c3)
  3  from t1
  4  where c1 = :b1 and c2 = :b2;

 COUNT(C3)
----------
      1000

---------------------------------------------------------------------
| Id  | Operation                            | Name   | E-Rows | A-Rows |
---------------------------------------------------------------------
|   1 |  SORT AGGREGATE                      |        |      1 |      1 |
|   2 |   PARTITION LIST SINGLE              |        |      4 |   1000 |
|   3 |    TABLE ACCESS BY LOCAL INDEX ROWID | T1     |      4 |   1000 |
|*  4 |     INDEX RANGE SCAN                 | T1_N1  |      4 |   1000 |
---------------------------------------------------------------------
```

## 정리

파티션을 추가하거나 변경하는 작업들에 의한 실행 계획의 변경은 매우 보편적으로 발생하는 문제입니다. 실행 계획 변경으로 인한 성능 저하가 발생하는 것을 방지하려면 파티션 레벨의 통계 정보를 적절히 관리해주어야 합니다. DBMS_STATS 패키지가 제공하는 기능을 잘 이용하면 모든 통계 정보를 수동으로 제어할 수 있습니다. 반드시 사용법을 충분히 습득해야 합니다. 글로벌 레벨의 통계 정보와 파티션 레벨의 통계 정보가 어떤 경우에 사용되는지를 잘 인지하고, 최적의 통계 정보를 구성하는 것 또한 중요한 관리 포인트입니다.

범위 파티션이나 리스트 파티션인 경우에는 파티션 키에 대한 조건에서 상수값(Literal Values)을 사용하는 것이 유리한 경우가 많습니다. 옵티마이저가 어떤 파티션을 액세스할지를 미리 알 수 있기 때문에 최적화된 실행 계획을 만들 확률이 그만큼 높아지기 때문입니다.

**질문 8. 히스토그램이 존재하는 경우에 Density가 계산되는 공식이 궁금합니다. 더불어서 이 Density를 이용해서 예상 로우 건수(Cardinality)를 구하는 방법도 궁금합니다.**

## 문제 개요

히스토그램이 존재하지 않는 컬럼의 Density 는 1/NDV(NDV = Number of Distinct Value)라고 알고 있습니다. 하지만 히스토그램이 존재하는 경우에는 Density 가 다른 방식으로 계산되는 것 같습니다. 오라클 매뉴얼에도 그 계산 방식이 소개되어 있지 않아서 더 이상의 정보를 구할 수가 없습니다. 더불어 테스트를 해보면 예상 로우 건수(Cardinality)를 구하기 위해 항상 Density 를 이용하는 것 같지는 않습니다. 히스토그램이 존재하는 경우에는 보다 복잡한 공식이 사용되는 것 같습니다. 이 역시도 오라클 매뉴얼에 문서화되어 있지 않아서 정보를 구할 수가 없습니다.

## 해답

언뜻 지나치게 이론적인 질문으로 보이지만, 이 질문에 답을 하다 보면 옵티마이저에 대한 지식이 크게 확장되는 경험을 하게 될 것입니다. 그 경험을 공유할 수 있었으면 합니다.

위의 질문은 다음과 같이 요약할 수 있습니다.

- 히스토그램이 존재하는 컬럼에 대한 Density 의 계산 방법
- 이 Density 가 Cardinality 계산에 사용되는 방식

히스토그램이 존재하는 컬럼에 대한 Density 의 계산 방식은 오라클 매뉴얼에는 기술되어 있지 않습니다. 다행히 일부 선구적인 엔지니어들의 노력으로 정확한 공식이 밝혀져 있는 상태입니다. 이 공식을 정리하면 다음과 같습니다.

첫째, 히스토그램이 존재하지 않는 경우에는 **Density = 1/NDV** 입니다.

둘째, Frequency 히스토그램이 존재하는 경우에는 **Density = 1 / ( 2 * NDV )** 입니다. 데이터에 편향성(Skewness)이 존재한다는 사실에 착안해서 Density 를 낮추는 방식으로 이해할 수 있습니다.

셋째, Height Balanced 히스토그램이 존재하는 경우에는 **Density = Sum(Square(Number of Each Non Popular Value)) / ( Number of Rows * Number of Non Popular Values )** 입니다. 공식만으로는 의미하는 바를 알기 어려울 것입니다. 뒤에서 예제를 통해서 실제로 계산하는 방법을 설명하게 됩니다.

Oracle 11*g* 에서 도입된 NewDensity 로 인해 이러한 Density 의 개념은 더욱 복잡해졌습니다. NewDensity 란 통계 정보(`DBA_TAB_COL_STATISTICS`)에 저장된 Density 가 아닌 옵티마이저가 내부적으로 사용하는 새로운 Density 값을 의미합니다. 즉, 옵티마이저는 히스토그램이 존재하는 컬럼에 대해서는 통계 정보에 저장된 Density 값을 사용하지 않고, 옵티마이저가 직접 계산한 새로운 Density 값을 사용합니다. NewDensity 가 계산되는 공식은 다음과 같습니다.

첫째, Frequencey 히스토그램인 경우에는 **NewDensity = 0.5 * (Number of Least Popular Values) / Number of Rows** 입니다.

둘째, Height Balanced 히스토그램인 경우에는 **NewDensity = ( (Bucket Count – Popular Bucket Count ) / Bucket Count ) / ( NDV – Popular Value Count )** 입니다.

이 두 값이 계산되는 실제 예도 뒤에서 다루게 될 것입니다.

히스토그램이 존재하는 컬럼에 대한 Cardinality 계산 방법은 필자의 전작인 [Optimizing Oracle Optimizer]에서 상세하게 다룬 바 있기 때문에 여기서 따로 상세하게 언급하지는 않겠습니다. 단, 테스트 예제를 통해서 그 방법을 간접적으로 설명하게 될 것입니다.

히스토그램이 존재하는 컬럼에 대한 Cardinality 계산에서 유의할 것은 오라클 버전에 따라 계산 공식이 언제든지 바뀔 수 있다는 것입니다. 옵티마이저의 코드의 최적화에 따른 자연스러운 결과입니다. 위에서 제시한 공식도 Oracle 11.1.0.6 이라는 특정 버전에서만 검증된 것입니다.

문제는 이로 인해 원하지 않는 실행 계획의 변화가 언제든지 발생할 수 있다는 것입니다. 이러한 문제에 현명하게 대처하기 위해서라도 히스토그램에 대한 지식을 습득하는 것이 필요합니다.

## 테스트

### 테스트 환경

오라클 버전은 11.1.0.6 입니다.

```
SQL> select * from v$version where rownum = 1;

BANNER
----------------------------------------------------------------
Oracle Database 11g Enterprise Edition Release 11.1.0.6.0 - Production
```

다음과 같이 테이블 T1 을 생성합니다.

- 컬럼 C1 은 1 ~ 20000 (20000 건)의 값이 균등하게 존재합니다.
- 컬럼 C2 는 1 = 10000 건, 2 = 5000 건, 3 = 5000 건이 존재합니다.
- 컬럼 C3 는 1 = 10000 건, 2 = 5000 건, 15001 ~ 20000 (5000 건)의 값이 균등하게 존재합니다.

```
SQL> create table t1
  2  as
  3  select
  4     -- no histogram
  5     level c1,
```

```
 6      -- frequency histogram
 7      case
 8          when level between 1 and 10000 then 1
 9          when level between 10001 and 15000 then 2
10          when level between 15001 and 20000 then 3
11      end as c2,
12      -- height-balanced histogram
13      case
14          when level between 1 and 10000 then 1
15          when level between 10001 and 15000 then 2
16          when level between 15001 and 20000 then level
17      end as c3
18  from dual
19  connect by level <= 20000;

Table created.
```

컬럼 C1, C2, C3 의 컬럼 분포를 보면 컬럼 C1 은 히스토그램이 불필요하며, 컬럼 C2 는 Frequency 히스토그램을, 컬럼 C3 는 Height-Balanced 히스토그램을 필요로 한다는 것을 추측할 수 있습니다. **SIZE SKEWONLY**(오라클이 컬럼 데이터의 편향성을 확인한 후 히스토그램의 버킷 수를 스스로 결정한다는 의미) 옵션을 이용해서 통계 정보를 수집해서 그 결과를 확인해보겠습니다.

```
SQL> exec dbms_stats.gather_table_stats(user, 't1', estimate_percent=>100, -
>     method_opt=>'for all columns size skewonly');

SQL> @tab_stat t1
01. table stats
TABLE_NAME                      : T1
PARTITION_NAME                  :
NUM_ROWS                        : 20000
BLOCKS                          : 51
SAMPLE_SIZE                     : 20000
LAST_ANAL                       : 2010/05/28 11:15:42
----------------

PL/SQL procedure successfully completed.

02. column stats
```

```
TABLE_NAME                  : T1
COLUMN_NAME                 : C1
NUM_DISTINCT                : 20000
NUM_NULLS                   : 0
DENSITY                     : .00005
LOW_VALUE                   : C102
HIGH_VALUE                  : C303
HISTOGRAM                   : NONE
-----------------
TABLE_NAME                  : T1
COLUMN_NAME                 : C2
NUM_DISTINCT                : 3
NUM_NULLS                   : 0
DENSITY                     : .000025
LOW_VALUE                   : C102
HIGH_VALUE                  : C104
HISTOGRAM                   : FREQUENCY
-----------------
TABLE_NAME                  : T1
COLUMN_NAME                 : C3
NUM_DISTINCT                : 5002
NUM_NULLS                   : 0
DENSITY                     : .00005
LOW_VALUE                   : C102
HIGH_VALUE                  : C303
HISTOGRAM                   : HEIGHT BALANCED
-----------------

PL/SQL procedure successfully completed.

03. histogram stats
old   7:        table_name = upper('&T_NAME')
new   7:        table_name = upper('t1')

TABLE_NAME          COLUMN_NAME         ENDPOINT_NUMBER ENDPOINT_VALUE
------------------- ------------------- --------------- -------------------
T1                  C1                                0 1()
T1                  C1                                1 20000()
T1                  C2                            10000 1()
T1                  C2                            15000 2()
T1                  C2                            20000 3()
```

```
T1                  C3                      126 1()
T1                  C3                      189 2()
T1                  C3                      190 15008()
T1                  C3                      191 15086()
T1                  C3                      192 15164()
...
T1                  C3                      254 20000()

72 rows selected.
```

위의 결과를 풀어쓰면 다음과 같습니다.

- 컬럼 C1 에는 히스토그램이 존재하지 않는다. NDV = 20000 이고 Density = 0.0005 이다.

- 컬럼 C2 에는 Frequency 히스토그램이 존재한다. NDV = 3 이고, Density = 0.000025 이다. 버킷 수는 3 이다. 1 번 버킷(값 = 1)은 10000 건, 2 번 버킷(값 = 2)은 5000 건, 3 번 버킷(값 = 3)은 5000 건이 존재한다.

- 컬럼 C3 에는 Height Balanced 히스토그램이 존재한다. NDV = 5002 이고, Density = 0.00005 이다. 버킷 수는 254 개(최대값임)이다. 값 1 이 126 개(1 ~ 126)의 버킷을 차지한다. 값 2 는 63 개(127 ~ 189)의 버킷을 차지한다. 즉, 값 1 과 값 2 는 Popular Value 이다. 값 15000 ~ 20000 은 모두 Non Popular Value 이며, 총 65 개(190 ~ 254)의 버킷을 차지한다.

위의 결과에서 Density 가 실제로 어떻게 계산되었는지 구체적인 예로 설명해보겠습니다.

## 사례 1: Density의 계산 확인

첫째, 히스토그램이 존재하지 않는 컬럼 C1 의 Density 는 0.00005 로 저장되어 있습니다. 다음과 같이 계산됩니다.

```
Density(C1) = 1 / NDV = 1 / 20000 = 0.00005
```

둘째, Frequency 히스토그램이 존재하는 컬럼 C2 의 Density 는 0.000025 로 저장되어 있습니다. 다음과 같이 계산됩니다.

```
Density(C2) = 1 / ( 2 * NDV ) = 1 / ( 2 * 20000 ) = 0.000025
```

셋째, Height Balanced 히스토그램이 존재하는 컬럼 C3 의 Density 는 0.00005 로 저장되어 있습니다. 다음과 같이 계산됩니다.

```
Density(C3) = Sum ( Squre(Number of Each Non Popular Value) ) / ( Numer of Rows *
Number of Non Popluar Values ))
```

위의 공식에서 각각의 항목이 의미하는 바는 다음과 같습니다.

- Number of Each Non Popular Value 는 Non Popular Value 의 개별 건수를 의미합니다. 위의 예에서 컬럼 C3 은 Non Popular Value 는 15001 ~ 20000 의 총 5000 건이 존재합니다. 15001 = 1건, 15002 = 1건, 15003 = 1건, …, 20000 = 1건으로 1건씩 총 5000 건이 존재합니다.
- Number of Rows 는 NULL 값이 아닌 로우 수를 의미합니다. 여기서는 20000 이 됩니다.
- Number of Non Popular Values 는 앞서 언급한 바와 같이 5000 건(15001 ~ 20000)입니다.

따라서 Density 는 다음과 같이 계산됩니다.

```
Density(C3) = (1*1 + 1*1 + … 1*1 - 총 5000건) / ( 20000 * 5000 ) = (5000) /
(20000*5000) = 1 / 20000 = 0.00005
```

이 값은 앞서 통계 정보에서 확인한 값과 동일합니다.

Oracle 11$g$ 부터는 위에서 계산된 Density 대신 옵티마이저가 별개로 계산한 NewDensity 를 사용합니다. NewDensity 값은 통계 정보에는 저장되지 않으며 오로지 10053 진단 이벤트를 통해서 확인할 수 있습니다. 아래 결과는 Fequency 히스토그램이 존재하는 컬럼 C2 에 대한 NewDensity 값이 출력된 10053 진단 이벤트 트레이스 파일의 일부를 발췌한 것입니다.

```
SINGLE TABLE ACCESS PATH
  Single Table Cardinality Estimation for T1[T1]
  Column (#2):
    NewDensity:0.125000, OldDensity:0.000025 BktCnt:20000, PopBktCnt:20000,
PopValCnt:3, NDV:3
  Table: T1  Alias: T1
```

```
            Card: Original: 20000.000000  Rounded: 6667  Computed: 6666.67  Non
  Adjusted: 6666.67
    Access Path: TableScan
      Cost:  21.22  Resp: 21.22  Degree: 0
        Cost_io: 21.00  Cost_cpu: 4896533
        Resp_io: 21.00  Resp_cpu: 4896533
  Best:: AccessPath: TableScan
         Cost: 21.22  Degree: 1  Resp: 21.22  Card: 6666.67  Bytes: 0
```

아래 결과는 Height Balanced 히스토그램이 존재하는 컬럼 C3 에 대한 NewDensity 값이 출력된 10053 진단 이벤트 트레이스 파일의 일부를 발췌한 것입니다.

```
SINGLE TABLE ACCESS PATH
  Single Table Cardinality Estimation for T1[T1]
  Column (#3):
    NewDensity:0.000051, OldDensity:0.000050 BktCnt:254, PopBktCnt:189,
PopValCnt:2, NDV:5002
  Table: T1  Alias: T1
    Card: Original: 20000.000000  Rounded: 4  Computed: 4.00  Non Adjusted:
4.00
  Access Path: TableScan
    Cost:  21.23  Resp: 21.23  Degree: 0
      Cost_io: 21.00  Cost_cpu: 5163193
      Resp_io: 21.00  Resp_cpu: 5163193
  Best:: AccessPath: TableScan
         Cost: 21.23  Degree: 1  Resp: 21.23  Card: 4.00  Bytes: 0
```

위의 발췌 내용을 정리해보면 다음과 같습니다.

- 통계 정보에 저장된 컬럼 C2 의 Density 는 0.000025 이지만 내부적으로는 0.125000 의 NewDensity 를 사용한다.
- 통계 정보에 저장된 컬럼 C3 의 Density 는 0.00005 이지만 내부적으로는 0.000051 의 NewDensity 를 사용한다.

그렇다면 NewDensity 는 어떻게 계산될까요? 질문이 꼬리의 꼬리를 물게 되는군요. 계산 공식은 다음과 같습니다.

첫째, Frequency 히스토그램의 경우에는 Density = 0.5 * (Number of Least Popular Values) / Number of Rows 입니다. 따라서 다음과 같이 계산됩니다.

```
NewDensity(C2) = 0.5 * (Number of Least Popular Values) / Number of Rows = 0.5 *
( 5000 ) / ( 20000 ) = 0.125
```

둘째, Height Balanced 히스토그램의 경우에는 Density = ( (Bucket Count - Popular Bucket Count) / Bucket Count ) / ( NDV - Popular Value Count ) 입니다. 따라서 다음과 같이 계산됩니다.

```
NewDensity(C3) = ( ( 254 - 189 ) / 254 ) / ( 5002 - 2 ) = 0.000051181
```

위의 공식을 아래 10053 트레이스의 내용과 비교해 보시기 바랍니다.

```
NewDensity:0.000051, OldDensity:0.000050 BktCnt:254, PopBktCnt:189, PopValCnt:2,
NDV:5002
```

Bucket Count 는 총 254 개입니다. Popular Bucket Count 는 값 1, 2 가 사용하는 189 개입니다. Popular Value Count 는 2(1 과 2)이고, NDV 는 5002 입니다.

히스토그램으로 인해 복잡해진 Density 가 NewDensity 의 개념으로 인해 더욱 복잡해졌습니다. Density 자체보다 더 중요한 것은 이것이 Cardinality 즉, 예측 로우 건수의 계산에 어떤 영향을 미치는 가입니다. 아래 예제를 통해 이것을 보다 구체적으로 논의해보겠습니다.

### 사례 2: Frequency 히스토그램과 Cardinality

먼저 Frequency 히스토그램이 존재하는 경우 Cardinality 가 어떻게 계산되는지 보겠습니다.

첫째, **히스토그램의 버킷 내에 존재하는 값**이 조건절로 주어진 경우에는 해당 버킷 정보를 이용합니다. 아래 쿼리에서 C2 = 1 에 해당하는 버킷은 1 번이며 1 번 버킷은 10000 건을 포함하고 있습니다. 따라서 예상 로우 건수는 10000 이 됩니다.

```
SQL> -- existent value
SQL> explain plan for
```

```
  2  select * from t1 where c2 = 1;


----------------------------------------
| Id  | Operation          | Name | Rows  |
----------------------------------------
|   0 | SELECT STATEMENT   |      | 10000 |
|*  1 |  TABLE ACCESS FULL | T1   | 10000 |
----------------------------------------
```

둘째, 바인드 변수가 사용된 경우입니다. 단, 바인드 피킹이 동작하지 않는다는 전제입니다. 바인드 피킹이 동작하면 바인드 값을 이용해서 예측 로우 건수를 계산하므로 바인드 변수의 경우에 해당하지 않습니다. 바인드 변수가 사용되면 Density 를 사용할까요? 그렇다면 Cardinality = Density * Base Cardinality = 0.000025 * 20000 = 0.5 = 1 건이 되어야 합니다. 하지만 아래 결과는 총 6667 건의 로우수를 예측했다는 것을 보여줍니다.

```
SQL> -- unknown value(bind)
SQL> explain plan for
  2  select * from t1 where c2 = :b1;


----------------------------------------
| Id  | Operation          | Name | Rows |
----------------------------------------
|   0 | SELECT STATEMENT   |      | 6667 |
|*  1 |  TABLE ACCESS FULL | T1   | 6667 |
----------------------------------------
```

컬럼 C2 의 NDV = 3 입니다. 2000 / 3 = 6666.6 = 6667 건입니다. 즉 바인드 변수가 사용된 경우에는 **Density 가 아닌 1/NDV 값**을 Selectivity 로 사용합니다.

셋째, 히스토그램의 범위(여기서는 1 ~ 3)안에 속하는 값이 조건절에 사용된 경우입니다. 이 경우에 비로소 NewDensity 값이 사용됩니다. 따라서 예측 로우 건수 = 0.125 * 20000 = 2500 이 됩니다.

```
SQL> -- non existent value within range
SQL> explain plan for
  2  select * from t1 where c2 = 2.5;
```

```
-----------------------------------------
| Id  | Operation          | Name | Rows |
-----------------------------------------
|   0 | SELECT STATEMENT   |      | 2500 |
|*  1 |  TABLE ACCESS FULL | T1   | 2500 |
-----------------------------------------
```

넷째, 히스토그램의 범위(여기서는 1 ~ 3)를 벗어나면 그만큼 감소치를 적용해 조금씩 예측 로우 건수가 감소합니다.

```
SQL> -- non existent value out of range
SQL> explain plan for
  2  select * from t1 where c2 = 3.1;

------------------------------------------------
| Id  | Operation          | Name | Rows | Bytes |
------------------------------------------------
|   0 | SELECT STATEMENT   |      | 2375 | 23750 |
|*  1 |  TABLE ACCESS FULL | T1   | 2375 | 23750 |
------------------------------------------------

SQL> explain plan for
  2  select * from t1 where c2 = 4;

-----------------------------------------
| Id  | Operation          | Name | Rows |
-----------------------------------------
|   0 | SELECT STATEMENT   |      | 1250 |
|*  1 |  TABLE ACCESS FULL | T1   | 1250 |
-----------------------------------------

SQL> explain plan for
  2  select * from t1 where c2 = 100;

-----------------------------------------
| Id  | Operation          | Name | Rows |
-----------------------------------------
|   0 | SELECT STATEMENT   |      |    1 |
|*  1 |  TABLE ACCESS FULL | T1   |    1 |
-----------------------------------------
```

위의 동작 방식은 컬럼의 값이 문자열인 경우와 숫자인 경우가 다를 수 있습니다.

### 사례 3: Height Balanced 히스토그램과 Cardinality

Height Balanced 히스토그램이 존재하는 경우 Cardinality 가 어떻게 계산되는지 보겠습니다.

첫째, Popular Value 인 경우에는 해당 값이 차지하는 버킷 수만큼 예측 로우 건수가 계산됩니다. 즉 예측 로우 건수 = Number of Rows * (Bucket Count) / (Total Bucket Count) = 20000 * 126 / 254 = 9921 이 됩니다.

```
SQL> -- existent value
SQL> explain plan for
  2  select * from t1 where c3 = 1;

-----------------------------------------
| Id  | Operation          | Name | Rows |
-----------------------------------------
|  0  | SELECT STATEMENT   |      | 9921 |
|*  1 |  TABLE ACCESS FULL | T1   | 9921 |
-----------------------------------------
```

둘째, 바인드 변수가 사용된 경우에는 Density 가 아닌 NDV 가 사용됩니다. 즉, 예측 로우 건수 = Number of Rows * ( 1 / NDV ) = 3.99 = 4 가 됩니다.

```
SQL> -- unknown value(bind)
SQL> explain plan for
  2  select * from t1 where c3 = :b1;

-----------------------------------------
| Id  | Operation          | Name | Rows |
-----------------------------------------
|  0  | SELECT STATEMENT   |      |   4  |
|*  1 |  TABLE ACCESS FULL | T1   |   4  |
-----------------------------------------
```

셋째, 그 외의 경우에는 NewDensity 가 사용됩니다. 따라서 예측 로우 건수 = 20000 * 0.000051 = 1 이 됩니다.

```
SQL> -- non existent value within range
SQL> explain plan for
  2  select * from t1 where c3 = 2.5;

----------------------------------------
| Id  | Operation          | Name | Rows |
----------------------------------------
|  0  | SELECT STATEMENT   |      |    1 |
|* 1  |  TABLE ACCESS FULL | T1   |    1 |
----------------------------------------


SQL> -- non existent value out of range
SQL> explain plan for
  2  select * from t1 where c3 = 100000;

----------------------------------------
| Id  | Operation          | Name | Rows |
----------------------------------------
|  0  | SELECT STATEMENT   |      |    1 |
|* 1  |  TABLE ACCESS FULL | T1   |    1 |
----------------------------------------
```

## 정리

오라클은 히스토그램과 관련된 기능을 끊임없이 개선하고 있습니다. 이러한 개선은 대부분 긍정적인 효과를 기대하고 고안되지만, 그것을 사용하는 우리가 충분한 이해와 분석을 수행할 여유가 없기 때문에 거꾸로 당하는 경우가 많습니다. 이런 경우에 보다 빨리, 합리적으로 대처하기 위해서 히스토그램의 정의와 Density 의 계산 공식, Cardinality 의 계산 방법 등을 이해할 필요가 있습니다. 위의 논의들을 통해 이런 기회가 제공되기를 바랍니다.

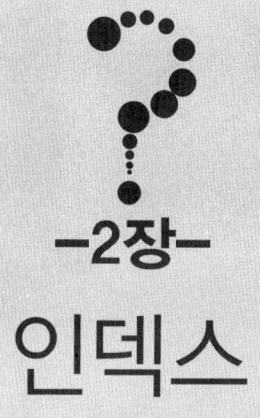

-2장-
인덱스

# 2장. 인덱스

## [ 질문 1. Unique 인덱스와 Non Unique 인덱스의 차이가 무엇인가요? ]

### 문제 개요

Unique 제약조건이 부여되어 있지는 않지만 실제 데이터는 Unique 한 컬럼이 있습니다. 이 컬럼에 대해 인덱스를 만들려고 합니다. 이때 반드시 Unique 인덱스를 만들어야 하나요? 실제 데이터가 Unique 하다면 Non Unique 인덱스를 만들어도 아무런 차이가 없을 것 같은데요?

### 해답

Unique 인덱스와 Non Unique 인덱스는 세부적으로 들어가 보면 상당한 차이를 가지고 있습니다.

- 인덱스 키가 저장되는 방식이 다릅니다. 더 정확하게 말하면 Unique 인덱스가 공간을 좀 더 효율적으로 사용합니다. 동일한 트랜잭션에서 인덱스 키 삭제 후(커밋없이) 재추가하는 경우 더욱 큰 공간의 효율성 차이가 생깁니다.
- Unique 인덱스에 대한 Predicate 에 대해서는 Dynamic Sampling 이 발생하지 않습니다. 따라서 하드 파스(Hard Parse)의 오버헤드가 없습니다.
- 멀티 컬럼 조인의 경우 예상 로우 건수(Cardinality)를 계산할 때 전혀 다른 공식을 사용합니다. 따라서 인덱스의 Unique 여부에 따라 실행 계획이 바뀔 수도 있습니다.

또 한가지 많은 DBA 들을 혼란스럽게 하는 것이 Unique 제약 조건과 Unique 인덱스의 차이입니다. Unique 제약 조건은 말 그대로 제약 조건일 뿐입니다. Unique 제약 조건이 존재한다고 해서 Unique 인덱스가 존재한다는 것을 의미하지는 않습니다. 오라클은 Unique 제약 조건에 대해 Non Unique 인덱스를 사용할 수 있도록 허용하고 있으며, 배치 프로세싱에서는 대단히 중요한 기능 중 하나입니다.

Unique 인덱스와 Non Unique 인덱스의 크고 작은 차이를 분석하다보면 인덱스에 대해 새로운 지식을 알게 되고 인덱스를 바라보는 시각이 넓어지는 경험을 하게 될 것입니다. 다양한 테스트 사례를 통해 구체적인 설명을 하도록 하겠습니다.

## 테스트

### 사례 1: 내부 구조의 차이

우선 Unique 인덱스와 Non Unique 인덱스가 **내부적으로 키를 저장하는 방식의 차이**를 보겠습니다.

테이블 T1 의 컬럼 C1 에 대해서는 Unique 인덱스 T1_UNI 를, 컬럼 C2 에 대해서는 Non Unique 인덱스 T1_NON 을 생성합니다.

```
SQL> create table t1(c1 number, c2 number);

Table created.

SQL> create unique index t1_uni on t1(c1);

Index created.

SQL> create index t1_non on t1(c2);

Index created.
```

컬럼 C1 과 C2 에 동일하게 1 ~ 100 의 값을 추가합니다.

```
SQL> insert into t1 select level, level from dual connect by level <= 100;

100 rows created.
```

NUMBER 타입의 데이터가 100 건 추가되었으므로 모든 키가 하나의 인덱스 블록에 저장되어 있을 것입니다. 즉, 인덱스 **T1_UNI** 와 **T1_NON** 은 하나의 데이터 블록을 가지며, 이 블록이 루트 블록, 브랜치 블록, 리프 블록의 역할을 하고 있습니다.

**인덱스의 루트 블록은 항상 세그먼트 헤더 블록의 다음**에 존재합니다. Unique 인덱스 **T1_UNI** 의 세그먼트 헤더 블록은 다음과 같습니다.

```
SQL> col header_file new_value file_no
SQL> col header_block new_value block_no
SQL> select header_file, header_block from dba_segments where segment_name =
'T1_UNI';

HEADER_FILE HEADER_BLOCK
----------- ------------
          4          747
```

따라서 DBA=(4, 748=747+1) 인 블록에 데이터가 존재합니다. 이 블록에 대한 덤프 파일을 보면 인덱스 키가 저장된 방식을 알 수 있습니다. 아래는 (4, 748) 블록 덤프 중 로우 데이터, 즉 인덱스를 구성하는 키 값을 보여주는 부분입니다.

```
row#0[6936] flag: ------, lock: 2, len=11, data:(6):  01 00 02 e8 00 00
col 0; len 2; (2):  c1 02
row#1[6947] flag: ------, lock: 2, len=11, data:(6):  01 00 02 e8 00 01
col 0; len 2; (2):  c1 03
...
```

위의 내용을 해석해보면 다음과 같습니다.

- row#0 은 첫번째 로우라는 것을 의미합니다.
- len=11 은 현재 로우가 11 바이트를 사용하고 있다는 것을 의미합니다.
- data(6): 01 00 02 e8 00 01 은 ROWID 를 의미합니다.

- col 0: len 2; (2): c1 02 는 인덱스 키를 구성하는 첫번째 컬럼의 값이 1 이라는 것을 의미합니다.

0xc102 가 의미하는 값은 다음과 같이 구할 수 있습니다.

```
SQL> select utl_raw.cast_to_number('c102') from dual;

UTL_RAW.CAST_TO_NUMBER('C102')
------------------------------
                             1
```

Non Unique 인덱스 T1_NON 에 대해서 동일한 방법으로 블록 덤프를 분석해보겠습니다.

```
SQL> col header_file new_value file_no
SQL> col header_block new_value block_no
SQL> select header_file, header_block from dba_segments where segment_name = 'T1_NON';

HEADER_FILE HEADER_BLOCK
----------- ------------
          4          755
```

인덱스 **T1_NON** 의 로우 데이터는 다음과 같습니다.

```
row#0[6836] flag: ------, lock: 2, len=12
col 0; len 2; (2):   c1 02
col 1; len 6; (6):   01 00 02 e8 00 00
row#1[6848] flag: ------, lock: 2, len=12
col 0; len 2; (2):   c1 03
col 1; len 6; (6):   01 00 02 e8 00 01
...
```

Non Unique 인덱스인 **T1_NON** 가 저장되는 방식이 Unique 인덱스인 **T1_UNI** 의 그것과는 상당히 다르다는 것을 알 수 있습니다.

- 동일한 키 값에 대해서 11 바이트가 아닌 12 바이트를 사용 중입니다. 즉 Non Unique 인덱스의 경우에 저장 공간에서 오버헤드가 존재합니다.

- 이 오버헤드의 비밀은 **ROWID 가 저장되는 방식** 때문에 생깁니다. Unique 인덱스의 경우에는 ROWID 가 인덱스 키가 아닌 로우 데이터의 헤더에 존재합니다. 하지만 Non Unique 인덱스의 경우에는 ROWID 가 인덱스키의 하나로 존재합니다.

- 각 로우에서 하나의 인덱스 키를 관리하기 위해 필요한 오버헤드가 1 바이트입니다. 키의 크기를 관리하기 위해서입니다. 그리고 로우 헤더의 오버헤드가 2 바이트입니다. 따라서 Non Unique 인덱스의 경우에는 2 + (2+2)(col 0) + (1+6)(col1=ROWID) = 12 바이트가 필요합니다. 하지만 Unique 인덱스의 경우에는 ROWID 가 인덱스 키가 아닌 로우 데이터의 헤더로 존재합니다. 따라서 (2+6) + (1+2)(col 0) = 11 바이트를 사용합니다.

즉, Unique 인덱스와 Non Unique 인덱스는 ROWID 를 저장하는 방식이 완전히 다릅니다. Unique 인덱스의 경우에는 ROWID 를 인덱스 키가 아닌 헤더로 관리합니다. 반면에 Non Unique 인덱스의 경우에는 ROWID 를 인덱스 키의 하나로 관리합니다.

인덱스의 하나의 로우는 Unique 해야 합니다. 하나의 인덱스 로우 = 하나의 테이블 로우를 가리켜야 하기 때문입니다. 이를 위해서 모든 인덱스의 로우는 ROWID 를 물리적으로 저장해야 합니다. 따라서 Non Unique 인덱스는 ROWID 를 숨겨진 마지막 인덱스 키로 내부적으로 저장하고 있습니다. 선행하는 인덱스 키들이 Non Unique 이라고 하더라도 ROWID 에 해당하는 마지막 키를 합치면 항상 Unique 하게 됩니다. 하지만 Unique 인덱스의 경우에는 값 자체가 이미 Unique 하기 때문에 ROWID 를 별도의 인덱스 키로 저장할 필요가 없습니다. 따라서 로우의 헤더에 저장하고 있습니다. 이 차이로 인해 "1 바이트"의 차이가 생기는 것입니다.

테이블의 로우 건수가 늘어나면 이 차이로 인해 인덱스 전체의 크기의 차이가 나타날 수 있습니다. 아래 결과를 보면 동일한 500,000 건의 데이터에 대해 Unique 인덱스와 Non Unique 인덱스의 크기에 뚜렷한 차이가 존재한다는 것을 알 수 있습니다.

```
SQL> insert into t1 select level, level from dual connect by level <= 500000;

500000 rows created.

SQL> analyze index t1_uni validate structure;

Index analyzed.
```

```
SQL> select name, blocks from index_stats;

NAME                              BLOCKS
------------------------------   ----------
T1_UNI                              1024

SQL> analyze index t1_non validate structure;

Index analyzed.

SQL> select name, blocks from index_stats;

NAME                              BLOCKS
------------------------------   ----------
T1_NON                              1152
```

## 사례 2: 트랜잭션에 따른 공간 관리의 차이

위에서 소개한 크기 차이는 사실 중요한 것이 아닐 수 있습니다. 약간의 오버헤드에 불과한 것으로 생각할 수도 있습니다. 하지만 아래의 테스트 결과를 보면 생각이 바뀔 것입니다.

사례 1 과 동일하게 테이블과 인덱스를 만듭니다. 그리고 총 100,000 건의 로우를 생성하고 커밋을 수행합니다.

```
SQL> create table t1(c1 number, c2 number);

Table created.

SQL> create unique index t1_uni on t1(c1);

Index created.

SQL> create index t1_non on t1(c2);

Index created.

SQL> insert into t1 select level, level from dual connect by level <= 100000;
```

```
100000 rows created.

SQL> commit;

Commit complete.
```

이제 100,000 건을 Delete 하고 동일한 데이터를 다시 Insert 합니다.

```
SQL> delete from t1;

100000 rows deleted.

SQL> insert into t1 select level, level from dual connect by level <= 100000;

100000 rows created.
```

이 상태에서 Unique 인덱스 **T1_UNI** 와 Non Unique 인덱스 **T1_NON** 의 크기를 비교해보면 256 블록과 640 블록으로 2 배 이상의 차이가 난다는 것을 알 수 있습니다. **Non Unique 인덱스의 크기가 지나치게 커졌다**는 것을 의미합니다.

```
SQL> analyze index t1_uni validate structure;

Index analyzed.

SQL> select name, blocks from index_stats;

NAME                             BLOCKS
------------------------------ ----------
T1_UNI                              256

SQL> analyze index t1_non validate structure;

Index analyzed.

SQL> select name, blocks from index_stats;

NAME                             BLOCKS
------------------------------ ----------
```

T1_NON                        640    <-- 주의!!

어째서 이런 차이가 존재할까요? **블록 덤프**를 통해 힌트를 얻을 수 있습니다.

우선 동일하게 테이블과 인덱스를 생성합니다.

```
SQL> create table t1(c1 number, c2 number);

Table created.

SQL> create unique index t1_uni on t1(c1);

Index created.

SQL> create index t1_non on t1(c2);

Index created.
```

그리고 한건의 로우를 Insert 하고 커밋을 수행합니다.

```
SQL> insert into t1 values(1, 1);

1 row created.

SQL> commit;

Commit complete.
```

위에서 동일한 트랜잭션 내에서(즉 커밋 없이) 추가한 로우를 Delete 하고 동일한 값의 로우를 다시 Insert 합니다.

```
SQL> delete t1 where c1 = 1;

1 row deleted.

SQL> insert into t1 values(1, 1);

1 row created.
```

```
SQL> commit;

Commit complete.
```

**Delete 후 커밋을 하지 않고 Insert 하는 것**이 이 테스트의 핵심입니다. 이 상태에서 인덱스 블록을 덤프해서 데이터가 어떤 상태로 저장되어 있는지를 분석해보겠습니다.

우선 Unique 인덱스 **T1_UNI** 는 다음과 같습니다. 한 건 Delete 후 동일한 로우를 다시 Insert 한 경우 인덱스에도 하나의 로우가 존재합니다.

```
row#0[8025] flag: ------, lock: 2, len=11, data:(6):  01 00 02 e8 00 01
col 0; len 2; (2):   c1 02
```

Non Unique 인덱스 **T1_NON** 의 경우에는 전혀 다른 결과를 보여줍니다. 한 건 Delete 후 동일한 로우를 Insert 했지만 인덱스에서는 두 건의 로우가 존재합니다. "D" 플래그 값에 의해 row#0 은 삭제된 로우에 해당한다는 것을 추측할 수 있습니다. 즉 삭제된 로우를 재활용하지못하고 새로운 로우를 만듭니다. 따라서 인덱스의 전체 크기가 2 배 이상 커져버린 것입니다.

```
row#0[8024] flag: ---D--, lock: 2, len=12
col 0; len 2; (2):   c1 02
col 1; len 6; (6):   01 00 02 e8 00 00
row#1[8012] flag: ------, lock: 2, len=12
col 0; len 2; (2):   c1 02
col 1; len 6; (6):   01 00 02 e8 00 01
```

사실은 두번째의 행동 방식이 인덱스에 있어서는 보편적인 행동 방식입니다. 즉 동일한 트랜잭션내에서는 삭제된 공간을 재활용하지 못합니다. 동일한 트랜잭션 내에서는 비록 삭제된 테이블 로우와 추가된 테이블 로우가 동일한 값이라고 하더라도 물리적으로는 다른 로우일 수 있습니다. 즉, ROWID 가 바뀔 수 있습니다. 따라서 삭제된 로우와 추가된 로우를 가리키는 두 개의 인덱스 엔트리가 존재하게 되는 것입니다. 하지만 Unique 인덱스의 경우에는 삭제된 로우가 동일한 값이 들어올 경우에 한해 삭제된 공간을 다시 사용할 수 있습니다. 값이 유일하다는 것이 보장되기 때문입니다. **즉 Unique 인덱스의 경우에만 동일한 트**

랜잭션내에서 삭제된 공간이라도 같은 값이 추가되는 경우 기존 공간을 재활용할 수 있습니다. 이런 차이로 인해 동일한 값의 대량의 데이터를 Delete 후 Insert 했을 때 Unique 인덱스는 크기가 증가하지 않지만, Non Unique 인덱스는 크기가 2-3 배 이상 증가하게 되는 것입니다.

### 사례 3: 동적 샘플링의 차이

Unique 인덱스에 해당하는 컬럼이 Predicate 에서 등가 조건(Equal Condition)으로 사용되는 경우에는 동적 샘플링이 발생하지 않습니다. 단 1 건만이 존재가능하다는 것을 이미 알고 있기 때문입니다.

```
SQL> explain plan for
  2  select * from t1
  3  where c1 = 1;

Explained.

SQL> select * from table(dbms_xplan.display);

---------------------------------------------------
| Id  | Operation                    | Name   | Rows |
---------------------------------------------------
|   0 | SELECT STATEMENT             |        |    1 |
|   1 |  TABLE ACCESS BY INDEX ROWID | T1     |    1 |
|*  2 |   INDEX UNIQUE SCAN          | T1_UNI |    1 |
---------------------------------------------------

Predicate Information (identified by operation id):
---------------------------------------------------

   2 - access("C1"=1)
```

Unique 인덱스가 아니라도 Unique 속성만 부여되어도 동일한 원칙이 적용됩니다. 아래와 같이 Unique 제약 조건을 부여하되 Non Unique 인덱스를 생성한 경우에도 동일하게 동작하는 것을 알 수 있습니다.

```
SQL> drop index t1_uni;

Index dropped.

SQL> alter table t1 add constraint t1_uk unique (c1)
     using index (create index t1_uk on t1(c1));

Table altered.

SQL> explain plan for
  2  select * from t1
  3  where c1 = 1;

Explained.

SQL> select * from table(dbms_xplan.display);

--------------------------------------------------
| Id  | Operation                   | Name  | Rows |
--------------------------------------------------
|   0 | SELECT STATEMENT            |       |    1 |
|   1 |  TABLE ACCESS BY INDEX ROWID| T1    |    1 |
|*  2 |   INDEX RANGE SCAN          | T1_UK |    1 |
--------------------------------------------------

Predicate Information (identified by operation id):
--------------------------------------------------

   2 - access("C1"=1)
```

Unique 속성이 부여되지 않은 경우에는 동적 샘플링이 이루어집니다.

```
SQL> explain plan for
  2  select * from t1
  3  where c2 = 1;

Explained.

SQL> select * from table(dbms_xplan.display);
```

```
---------------------------------------------------
| Id  | Operation                    | Name   | Rows |
---------------------------------------------------
|   0 | SELECT STATEMENT             |        |    1 |
|   1 |  TABLE ACCESS BY INDEX ROWID | T1     |    1 |
|*  2 |   INDEX RANGE SCAN           | T1_NON |    1 |
---------------------------------------------------

Predicate Information (identified by operation id):
---------------------------------------------------

   2 - access("C2"=1)

Note
-----
   - dynamic sampling used for this statement   <-- Dynamic Sampling
```

## 사례 4: 멀티 컬럼 조인시 Cardinality의 차이

멀티 컬럼 조인에 의한 예측 로우 건수(Join Cardinality)의 계산은 옵티마이저에게는 매우 도전적인 과제입니다. 멀티 컬럼 자체의 Cardinality 계산만으로도 이미 상당히 복잡한데, 거기에 조인까지 고려해야 하기 때문입니다. 다음과 같은 쿼리가 있다고 가정하겠습니다.

```
select *
from t1, t2
where t1.c1 = t2.c1 and t1.c2 = t2.c2;
```

이 경우 오라클은 다음과 같은 세 가지의 방식을 사용해 Join Cardinality 를 계산합니다.

**첫째, 일반적인 Join Cardinality 계산 방식**을 그대로 사용하는 경우입니다. 즉, 조인에 참여하는 모든 컬럼의 Distinct Count 를 고려해서 Selectivity 를 계산합니다. 이 경우에는 다음과 같은 공식으로 표현할 수 있습니다.

```
Card( t1.c1 = t2.c1 and t1.c2 = t2.c2 ) =

Card(t1) * Card(t2) * Join Selectivity =
```

```
Card(t1) * Card(t2) * Sel(t1.c1 = t2.c1) * Sel(t1.c2 = t2.c1) =

Card(t1)  *  Card(t2)  *  (1/max(NDV(t1.c1),  NDV(t2.c1)))  *  (1/max(NDV(t1.c2),
NDV(t2.c2)))
```

둘째, 위의 공식에 의하면 Join Selectivity 는 낮은 값을 보이는 경향을 가지게 됩니다. 조인에 참여하는 개별 컬럼의 Selectivity 가 곱해지기 때문입니다. 따라서 Cardinality 가 낮게 계산되는 경향을 가집니다. 이런 부작용을 없애기 위해서 Join Selectivity 가 너무 낮다고 판단되면 아래와 같이 변경된 공식을 사용합니다. 즉, 두 개의 Selectivity 의 곱을 사용하지 않고 **둘 중 낮은 값을 대신 사용**합니다.

```
Card( t1.c1 = t2.c1 and t1.c2 = t2.c2 ) =

Card(t1) * Card(t2) * Join Selectivity =

Card(t1) * Card(t2) * (1 / Max NDV)
```

셋째, 멀티 컬럼에 대해 Unique 인덱스가 존재하는 경우 테이블 컬럼 레벨의 Distinct Count 를 사용하지 않고, Unique 인덱스의 Distinct key Count 를 사용합니다. 이런 방식을 사용하는 이유는 두 컬럼간의 연관성 때문입니다. 테이블 컬럼 레벨의 통계 정보를 사용할 경우에는 개별 컬럼의 Distinct Count 를 독립적이라고 가정해야 합니다. 만일 멀티 컬럼간에 의존성이 존재하면, 즉 선행 컬럼의 값에 따라 후행 컬럼의 값이 영향을 받는 구조라면 이 독립적이라는 가정은 매우 위험한 결과를 낳을 수 있습니다. 하지만 **멀티 컬럼에 대한 인덱스의 Distinct Key Count 는 이러한 연관성이 어느 정도 고려된 값**이므로 덜 위험한 결과를 기대할 수 있습니다. 이 경우에는 다음과 같은 공식으로 표현될 수 있습니다.

```
Card( t1.c1 = t2.c1 and t1.c2 = t2.c2 ) =

Card(t1) * Card(t2) * Join Selectivity =

Card(t1) * Card(t2) * (1 / Index Distinct Key Count)
```

이제 구체적인 테스트 사례를 통해 보다 구체적으로 논의해보겠습니다.

우선 다음과 같이 테이블 T1 을 만듭니다. 컬럼 C1, C2 의 조합과 컬럼 C3, C4 의 조합은 데이터 분포가 완벽하게 동일합니다. 컬럼 C1, C2 에 대해서 Unique 인덱스 **T1_UNI** 를 만들고, 컬럼 C3, C4 에 대해서 Non Unique 인덱스 **T1_NON** 을 만듭니다.

```
SQL> create table t1(c1 number, c2 number, c3 number, c4 number);

Table created.

SQL> create unique index t1_uni on t1(c1, c2);

Index created.

SQL> create index t1_non on t1(c3, c4);

Index created.

SQL> insert into t1 select level, level, level, level
  2  from dual
  3  connect by level <= 1000;

1000 rows created.

SQL> commit;

Commit complete.

SQL> exec dbms_stats.gather_table_stats(user, 't1');

PL/SQL procedure successfully completed.
```

테이블 T1 과 조인을 수행할 테이블 T2 를 만듭니다. 테이블 T1 은 1000 건, 테이블 T2 는 30000 건의 로우를 가집니다.

```
SQL> create table t2(c1 number, c2 number);

Table created.

SQL> insert into t2 select level, level
```

```
  2    from dual
  3    connect by level <= 30000;

30000 rows created.

SQL> commit;

Commit complete.

SQL> exec dbms_stats.gather_table_stats(user, 't2');

PL/SQL procedure successfully completed.
```

첫째, 오라클이 사용하는 가장 원시적인 규칙의 결과를 보겠습니다. **_OPTIMIZER_JOIN_ SEL_SANITY_CHECK** 파라미터 값을 FALSE 로 변경하는 것에 유의하시기 바랍니다. 이 파라 미터의 값이 TRUE 이면 위에서 설명한 두번째 방식을 사용한다는 의미입니다.

```
SQL> explain plan for
  2    select /*+ opt_param('_optimizer_join_sel_sanity_check','false') */
  3      *
  4    from t1, t2
  5    where t1.c3 = t2.c1 and t1.c4 = t2.c2;

SQL> select * from table(dbms_xplan.display);

------------------------------------------
| Id | Operation           | Name | Rows |
------------------------------------------
|  0 | SELECT STATEMENT    |      |    1 |
|* 1 |  HASH JOIN          |      |    1 |   <-- Join Cardinality = 1
|  2 |   TABLE ACCESS FULL | T1   | 1000 |
|  3 |   TABLE ACCESS FULL | T2   |30000 |
------------------------------------------
```

테이블 T1 과 테이블 T2 의 멀티 컬럼에 의한 Join Cardinality 는 "1"건입니다. 이것은 다음 과 같은 공식에서 나온 것입니다.

```
Card( t1.c1 = t2.c1 and t1.c2 = t2.c2 ) =
```

```
Card(t1) * Card(t2) * Join Selectivity =

Card(t1) * Card(t2) * Sel(t1.c1 = t2.c1) * Sel(t1.c2 = t2.c1) =

Card(t1) * Card(t2) * (1/max(NDV(t1.c1), NDV(t2.c1))) * (1/max(NDV(t1.c2),
NDV(t2.c2))) =

1000 * 30000 * (1 / 1000) * (1 / 30000) = 1
```

실제 결과 건수는 1000 건이므로 대단히 부정확한 예측이라고 할 수 있습니다.

```
SQL> select count(*)
  2  from t1, t2
  3  where t1.c1 = t2.c1 and t1.c2 = t2.c2;

  COUNT(*)
----------
      1000
```

둘째, 위의 결과가 너무 가혹하다고 판단하기 때문에 오라클은 **Join Selectivity Sanity Check** 라는 작업을 수행합니다. 말 그대로 Join Selectivity 가 합당한지(Sanity)를 확인합니다. 그 결과가 아래와 같습니다.

```
SQL> explain plan for
  2  select *
  3  from t1, t2
  4  where t1.c3 = t2.c1 and t1.c4 = t2.c2;

SQL> select * from table(dbms_xplan.display);

-----------------------------------------
| Id | Operation          | Name | Rows  |
-----------------------------------------
|  0 | SELECT STATEMENT   |      |  1000 |
|* 1 |  HASH JOIN         |      |  1000 |   <-- Join Cardinality 가 변경!
|  2 |   TABLE ACCESS FULL| T1   |  1000 |
|  3 |   TABLE ACCESS FULL| T2   | 30000 |
-----------------------------------------
```

즉 아래와 같은 공식이 사용됩니다.

```
Card( t1.c1 = t2.c1 and t1.c2 = t2.c2 ) =

Card(t1) * Card(t2) * Join Selectivity =

Card(t1) * Card(t2) * (1 / Max NDV) =

1000 * 30000 / 30000 = 1000
```

실제 결과 건수가 1000 건이므로 대단히 정확한 예측을 했다고 할 수 있습니다.

셋째, 아래 결과를 보시면 멀티 조인 컬럼에 Unique 인덱스가 존재하는 경우에는 또 다시 예측 로우 건수가 변하는 것을 알 수 있습니다.

```
SQL> explain plan for
  2  select *
  3  from t1, t2
  4  where t1.c1 = t2.c1 and t1.c2 = t2.c2;

SQL> select * from table(dbms_xplan.display);

----------------------------------------
| Id  | Operation          | Name | Rows  |
----------------------------------------
|  0  | SELECT STATEMENT   |      | 30000 |
|* 1  |  HASH JOIN         |      | 30000 | <-- Join Cardinality 가 변경
|  2  |   TABLE ACCESS FULL| T1   |  1000 |
|  3  |   TABLE ACCESS FULL| T2   | 30000 |
----------------------------------------
```

Unique 인덱스가 존재하는 경우에는 컬럼의 Distinct Count 를 사용하지 않고 **인덱스의 Distinct Count 를 사용**하기 때문입니다. 즉 아래의 공식을 사용하게 됩니다.

```
Card( t1.c1 = t2.c1 and t1.c2 = t2.c2 ) =

Card(t1) * Card(t2) * Join Selectivity =
```

```
Card(t1) * Card(t2) * (1 / Index Distinct Key Count) =

1000 * 30000 / (1 / 1000) = 30000
```

실제 결과 건수가 1000 건임을 감안하면 오히려 부정확한 수치로 변경되었습니다. 오라클이 수행하는 최적화가 항상 좋은 결과를 낳는 것을 아니라는 것을 보여주는 좋은 예가 될 수도 있겠습니다.

## 사례 5: Unique 제약조건과 Unique 인덱스

많은 사람들이 Unique 제약 조건(또는 Primary Key 제약조건)과 Unique 인덱스를 혼동합니다. Unique 제약 조건은 말 그대로 제약 조건입니다. Unique 제약 조건을 효과적으로 구현하기 위해 Unique 인덱스가 주로 사용되지만 Non Unique 인덱스를 사용해도 전혀 무방합니다. 구체적인 예를 들어 설명해보겠습니다.

아래와 같이 테이블 T1 을 생성하고 Primary Key 제약조건 **T1_PK** 를 생성합니다.

```
SQL> create table t1(c1 number, c2 number);

Table created.

SQL> alter table t1 add constraint t1_pk primary key (c1);

Table altered.
```

Primary Key 제약조건은 Unique 제약조건을 암묵적으로 내포하고 있습니다. Unique 제약조건을 구현하기 위한 가장 쉬운 방법은 해당 컬럼에 대해 Unique 인덱스를 만드는 것입니다. 실제로 딕셔너리를 조회해보면 Unique 인덱스가 생성된 것을 알 수 있습니다.

```
SQL> select index_name, uniqueness from user_indexes where table_name = 'T1';

INDEX_NAME              UNIQUENES
--------------------    ---------
T1_PK                   UNIQUE
```

Primary Key 제약조건을 만들면서 이미 존재하는 인덱스를 지정하거나 인덱스 생성 문장을 지정할 수 있습니다. 만일 이 인덱스가 Non Unique 인덱스라면 어떻게 될까요?

```
SQL> alter table t1 drop constraint t1_pk;

Table altered.

SQL> alter table t1 add constraint t1_pk primary key (c1)
  2  using index (create index t1_n1 on t1(c1));

Table altered.
```

딕셔너리를 조회해보면 다음과 같이 Non Unique 인덱스가 생성된 것을 알 수 있습니다.

```
SQL> select index_name, uniqueness from user_indexes where table_name = 'T1';

INDEX_NAME           UNIQUENES
-------------------- ---------
T1_N1                NON UNIQUE
```

이러한 원리는 다음과 같이 Non Unique 인덱스를 명시적으로 생성해도 동일하게 적용됩니다.

```
SQL> alter table t1 drop constraint t1_pk;

Table altered.

SQL> drop index t1_n1;

Index dropped.

SQL> create index t1_n1 on t1(c1);

Index created.

SQL> alter table t1 add constraint t1_pk primary key (c1) using index t1_n1;

Table altered.
```

```
SQL> select index_name, uniqueness from user_indexes where table_name = 'T1';

INDEX_NAME              UNIQUENES
--------------------    ---------
T1_N1                   NON UNIQUE
```

이러한 상황은 **이미 Non Unique 인덱스가 존재하는 상황에서 Primary Key 제약조건(또는 Unique 제약조건)만을 추가**하고자 할 때 발생합니다. 테이블의 크기가 매우 큰 경우에는 인덱스를 삭제하고 새로 만드는 것이 부담스럽기 때문에 비록 Non Unique 인덱스라고 하더라도 값만 Unique 하다면 Primary Key 제약조건으로 사용할 수 있기 때문입니다.

Primary Key 제약조건이나 Unique 제약조건을 가지면서도 Non Unique 인덱스를 사용하는 또 하나의 경우는 **Deferrable 제약조건**을 사용할 경우입니다. Deferrable 제약조건이란 제약조건의 적용을 커밋 시점까지 미룰 수 있는(Deferrable) 제약조건을 의미합니다. 아래와 같이 Deferrable Primary Key 제약조건을 만들 수 있습니다.

```
SQL> alter table t1 drop constraint t1_pk;

Table altered.

SQL> alter table t1 add constraint t1_pk primary key (c1) deferrable;

Table altered.
```

Primary Key 나 Unique 제약조건을 Deferrable 로 만들면 Unique 인덱스가 아닌 Non Unique 인덱스를 만들어집니다.

```
SQL> select index_name, uniqueness from user_indexes where table_name = 'T1';

INDEX_NAME              UNIQUENES
--------------------    ---------
T1_N1                   NON UNIQUE
```

Unique 인덱스가 아닌 Non Unique 인덱스를 만드는 이유는 간단합니다. 제약조건을 Defer 할 수 있어야 하기 때문입니다. 가령 Unique 제약조건을 Defer 한다는 것은 제약조건을 당장은 적용하지 말라는 의미입니다. 만일 Unique 인덱스가 존재한다면 제약조건을 당장은 적용하지 말라는 요구 조건과 상충됩니다. 제약조건을 적용하지 않고 싶어도 Unique 인덱스에 의해 에러가 발생할 것이기 때문입니다. 따라서 Deferrable Primary Key 나 Unique 제약조건에 대해서는 Non Unique 인덱스를 만드는 것입니다.

Deferrable 제약조건은 기본적으로 Nondeferred 상태로 만들어집니다. 즉 제약조건을 만들 때는 아직 Deferred 상태가 아닙니다. 따라서 다음과 같은 경우에는 ORA-00001 에러가 발생합니다.

```
SQL> insert into t1(c1, c2) values(1, 1);

1 row created.

SQL> insert into t1(c1, c2) values(1, 2);
insert into t1(c1, c2) values(1, 2)
*
ERROR at line 1:
ORA-00001: unique constraint (TPACK.T1_PK) violated

SQL> rollback;

Rollback complete.
```

사용하기 전에 다음과 같이 명시적으로 Defer 시켜주면 됩니다.

```
SQL> set constraint t1_pk deferred;

Constraint set.
```

Deferred 상태의 제약 조건은 트랜잭션이 종료되는 시점에 비로소 제약조건을 확인합니다. 따라서 아래의 경우와 같이 Insert 시점이 아닌 커밋 시점에 ORA-00001 에러가 발생하게 됩니다.

```
SQL> insert into t1(c1, c2) values(1, 1);

1 row created.

SQL> insert into t1(c1, c2) values(1, 2);

1 row created.

SQL> commit;
commit
*
ERROR at line 1:
ORA-02091: transaction rolled back
ORA-00001: unique constraint (TPACK.T1_PK) violated
```

Deferrable 제약조건은 배치 작업에서 종종 사용되는 기능입니다. 대량의 데이터를 변경하면서 제약조건을 위배하는지 일일이 탐색하는 오버헤드를 없애고, 작업의 마지막 단계에서 한꺼번에 확인할 수 있기 때문입니다.

## 정리

Unique 인덱스와 Non Unique 인덱스의 차이를 설명하기 위해 너무 장황한 이야기들을 늘어 놓은 것은 아닌가하고 불평을 하실 분들이 있겠습니다. 우리가 흔히 알고 있다고 생각하고 넘어가는 것들 중에 사실은 대부분을 잘 모르고 있다는 것을 강조하기 위한 의도로 봐주시면 좋겠습니다.

Unique 인덱스와 Non Unique 인덱스는 저장방식, 동일 트랜잭션내에서 삭제/추가를 처리하는 방식, 동적 샘플링, 멀티 컬럼에 대한 예측 로우 건수 등에서 많은 차이를 가지고 있습니다. Unique 제약조건이 항상 Unique 인덱스를 의미하는 것은 아니며 경우에 따라서 Non Unique 인덱스를 사용하기도 한다는 것 또한 기억하고 활용할 수 있기 바랍니다.

## 질문 2. 인덱스가 여러 개의 키(컬럼)로 구성되어 있을 때 최적의 순서는 무엇인가요?

### 문제 개요

인덱스가 여러 개의 키로 구성되는 경우, Distinct Count 가 가장 높은 컬럼을 제일 앞에 두는 것이 가장 유리하다고 알고 있습니다. 하지만 실제로 성능을 비교해보니 인덱스 컬럼의 순서에 상관없이 거의 동일한 성능을 보이고 있습니다. 어떻게 이것이 가능한가요? 인덱스 키의 순서를 결정하는 최적의 방법은 무엇인가요?

### 해답

우선 정답을 이야기하면 **인덱스의 키가 조건절에서 모두 Equal 조건으로 사용되는 경우에는 인덱스 키의 순서에 상관없이 인덱스에 대한 읽기(Logical Reads)의 양은 항상 동일**하다는 것입니다. 즉, 성능이 항상 동일합니다. 간단한 예를 통해 이것을 증명해보겠습니다.

1. 테이블 T1 은 두 개의 컬럼 C1, C2 를 가지고 있습니다. 로우 수는 10 건입니다. 컬럼 C1 은 'A', 'B' 두 개의 Distinct Count 를 가지며, 컬럼 C2 는 1~5 의 5 개의 Distinct Count 를 가집니다. 전체 로우는 다음과 같은 분포를 가지고 있습니다.

```
(C1, C2)
('A', 1)
('A', 2)
('A', 3)
('A', 4)
('A', 5)
('B', 1)
```

```
('B', 2)
('B', 3)
('B', 4)
('B', 5)
```

2. 인덱스 N1 은 (C1, C2)의 순서로 이루어져 있습니다. 인덱스 N2 는 (C2, C1)의 순서로 이루어져 있습니다. 사용자는 다음과 같은 Predicate 를 사용합니다.

```
select ... from t1 where c1 = 'A' and c2 = 1
```

만일 Distinct Count 가 높은 컬럼이 제일 앞에 올수록 읽기에 유리하다고 하면 인덱스 N2 를 경유하는 것이 유리할 것입니다. 정말로 그런지 간단한 그림을 통해 검증할 수 있습니다.

하나의 인덱스 키 조합을 읽을 때마다 Logical Reads 가 한번씩 발생한다고 가정해보겠습니다. 아래 그림은 인덱스 N1(C1, C2)을 통해 데이터를 읽을 때 인덱스를 얼마나 많이 읽어야 하는지를 나타냅니다.

| A | A | A | A | A | B | B | B | B | B |
|---|---|---|---|---|---|---|---|---|---|
| 1 | 2 | 3 | 4 | 5 | 1 | 2 | 3 | 4 | 5 |

인덱스 N1 은 (C1, C2)의 순서로 정렬되어 있습니다. 따라서 (A, 1) 조합을 읽고, (A, 2) 조합을 읽은 후에는 더 이상 읽기를 계속할 필요가 없습니다. 더 이상 C1 = 'A' and C2 = 1 조건을 만족하는 경우가 없다는 것을 알기 때문입니다. 즉, Logical Reads 는 2 가 됩니다.

아래 그림은 인덱스 N2(C2, C1)를 통해 데이터를 읽을 때 인덱스를 얼마나 많이 읽어야 하는지를 나타냅니다.

| 1 | 1 | 2 | 2 | 3 | 3 | 4 | 4 | 5 | 5 |
|---|---|---|---|---|---|---|---|---|---|
| A | B | A | B | A | B | A | B | A | B |

인덱스 N2 는 (C2, C1)의 순서로 정렬되어 있습니다. 따라서 (1, A) 조합을 읽고, (1, B) 조합을 읽은 후에는 더 이상 읽기를 계속할 필요가 없습니다. 더 이상 C2 = 1 and C1 = 'A' 조합을 만족하는 경우가 없다는 것을 알기 때문입니다. 즉, Logical Reads 는 이번에도 2 가 됩니다.

3. 위의 예를 확장해서 생각해보면 복수 개의 인덱스 키가 조건절에서 항상 Equal 조건으로 사용된다면 키의 순서는 전혀 중요하지 않다는 것을 알 수 있습니다.

물론 위의 원칙은 인덱스 키를 구성하는 컬럼에 대한 Predicate 가 범위 비교(Range Predicate) 라면 적용되지 않습니다. 이런 경우에는 데이터의 분포를 고려해서 적절히 키의 순서를 구성하면 됩니다.

인덱스 키 순서에서 또 한가지 재미있는 고려 사항은 **Index Skip Scan** 입니다. Index Skip Scan 은 인덱스 키의 선두 컬럼이 Predicate 에 존재하지 않는 경우에 선택가능한 오퍼레이션입니다. **Index Skip Scan 의 경우에는 전혀 반대의 답, 즉 Distinct Count 가 낮은 컬럼이 인덱스 키의 제일 앞에 오는 것이 유리**합니다. 왜 그럴까요? 이것 역시 간단한 예를 통해 명확하게 설명 가능합니다.

1. 테이블 T1 은 앞서 예와 동일한 구성을 지닙니다.

2. 사용자가 다음과 같은 Predicate 를 사용합니다.

```
select ... from t1 where c2 = 1
```

3. 위의 경우에 인덱스 N1(C1, C2)을 Index Skip Scan 으로 읽으면 다음과 같이 됩니다.

| A | A | A | A | A | B | B | B | B | B |
|---|---|---|---|---|---|---|---|---|---|
| 1 | 2 | 3 | 4 | 5 | 1 | 2 | 3 | 4 | 5 |

Index Skip Scan 이란 Branch Block 의 값을 참조해서 Leaf Block 을 Skip 하면서 Scan 하는 오퍼레이션입니다. 따라서 위의 경우와 같이 (A, 1), (A, 2) 값을 읽고 나면 C2 = 1 조건을 더 이상 만족하지 않는다고 가정하고 Branch Block 을 참조해서 (B, 1) 값으로 바로 이동(Skip)

할 수 있습니다. 그리고 (B, 2) 값을 읽고 나면 더 이상 Skip 할 곳이 없으므로 읽기를 중단합니다. 즉, Logical Reads 는 4 가 됩니다.

4. 사용자가 이번에는 다음과 같은 Predicate 를 사용합니다.

```
select ... from t1 where c1 = 'A'
```

4. 위의 경우에 인덱스 N2(C2, C1)를 Index Skip Scan 으로 읽으면 다음과 같이 됩니다.

| 1 | 1 | 2 | 2 | 3 | 3 | 4 | 4 | 5 | 5 |
|---|---|---|---|---|---|---|---|---|---|
| A | B | A | B | A | B | A | B | A | B |

(1, A), (1, B) 값을 읽고 나면 더 이상 C1 = 'A' 조건을 만족하지 않는다고 가정하고 Branch Block 을 참조해서 (2, A) 값으로 이동합니다. (2, A), (2, B) 값을 읽고 나면 역시 더 이상 C1 = 'A' 조건을 만족하지 않는다고 가정하고 Branch Block 을 참조해서 (3, A) 값으로 이동합니다. 이런 방식으로 인덱스의 마지막까지 읽게 됩니다. 즉 Logical Reads 는 10 + α(Branch Block 을 참조해야 하므로)가 됩니다. 이것은 Index Leaf Block 전체를 모두 읽는 것보다도 더 비효율적입니다.

5. 위의 논의를 확장해보면 Index Skip Scan 을 사용할 필요가 있는 경우에는 Distinct Count 가 낮은 컬럼이 선두에 오는 것이 더 유리하다는 결론을 내릴 수 있습니다.

위의 두 경우(모든 컬럼이 Equal 조건으로 사용되는 경우와 선두 컬럼이 Predicate 에 없어서 Index Skip Scan 을 선택해야 하는 경우)를 고려해보면 질문과는 완전히 반대의 결론, 즉 **Distinct Count 가 낮은 컬럼이 인덱스 키의 제일 앞에 오는 것이 오히려 합리적인 선택일수도 있다는 재미있는 결론**에 도달합니다. 물론 이것은 명확한 설명을 위해 단순화한 상황에서의 결론이며 복잡한 현장에서는 더욱 많은 요소를 고려해야 할 것입니다.

위의 논의 내용과 함께 추가적인 답변 내용을 정리해보겠습니다.

- 인덱스 키가 복수 개의 컬럼으로 구성된 경우, 모든 키가 Equal 조건으로 사용된다면 키를 구성하는 컬럼의 순서는 성능과 전혀 무관합니다.

- 만일 Index Skip Scan 을 사용한다면 Distinct Count 가 낮은 컬럼을 앞에 두는 것이 오히려 성능에 유리할 수 있습니다.

- 위의 내용은 Index 를 읽는데 있어서의 성능에 국한되며, 인덱스에서 ROWID 를 추출해서 테이블을 읽는 오퍼레이션의 성능에는 또 다른 고려 사항이 있습니다. 바로 클러스터링 팩터(Clustering Factor)입니다. 즉, 클러스터링 팩터에 의해 테이블로 가는 일량의 차이가 발생할 수 있습니다.

- 인덱스 키의 순서를 결정하는데 있어서 또 하나의 고려 사항은 인덱스 크기와 인덱스 분할 (Index Split)입니다. 인덱스 키의 순서에 따라 인덱스의 크기가 변할 수 있고, 인덱스 분할 의 회수와 패턴이 변할 수 있습니다.

몇 가지 테스트 예제를 통해 보다 구체적인 설명을 진행하도록 하겠습니다.

## 테스트

### 테스트 환경

아래와 같이 테이블 T1 을 생성합니다. 컬럼 C1 은 'A', 'B' 두 개의 Distinct Count 를 가집니다. 반면에 컬럼 C2 는 1000 개의 Distinct Count 를 가집니다.

```
SQL> create table t1(c1, c2)
  2  as
  3  select decode(mod(level,2),0,'A','B'), mod(level, 1000)
  4  from dual
  5  connect by level <= 100000;

Table created.

SQL> exec dbms_stats.gather_table_stats(user, 't1');

PL/SQL procedure successfully completed.
```

인덱스 **T1_N1** 은 (C1, C2)의 순서입니다. 즉, Distinct Count 가 낮은 컬럼이 제일 앞에 위치합니다.

```
SQL> create index t1_n1 on t1(c1, c2);

Index created.
```

인덱스 **T1_N2** 는 (C2, C1)의 순서입니다. 즉, Distinct Count 가 높은 컬럼이 제일 앞에 위치합니다.

```
SQL> create index t1_n2 on t1(c2, c1);

Index created.
```

### 사례 1: Index Range Scan일 때

{ C1 = 'A' and c2 = 10 }의 Predicate 를 가진 SQL 문장의 읽기 성능을 비교해보겠습니다.

먼저 인덱스 **T1_N1**(C1, C2)을 경유하는 경우입니다.

```
SQL> select /*+ gather_plan_statistics index(t1 t1(c1, c2)) */
  2    count(*)
  3  from t1
  4  where c1 = 'A' and c2 = 10;
COUNT(*)
----------
       100

SQL> select * from table(dbms_xplan.display_cursor(null, null, 'allstats last'));
```

---------------------------------------------------------------------
| Id | Operation          | Name  | Starts | E-Rows | A-Rows | Buffers |
---------------------------------------------------------------------
|  1 |  SORT AGGREGATE    |       |    1   |    1   |    1   |    2    |
|* 2 |   INDEX RANGE SCAN | T1_N1 |    1   |  100   |  100   |    2    |
---------------------------------------------------------------------

```
Predicate Information (identified by operation id):
---------------------------------------------------

   2 - access("C1"='A' AND "C2"=10)
```

인덱스에 대한 Logical Reads 가 2(Buffers = 2)라는 것을 알 수 있습니다.

다음은 인덱스 T1_N2(C2, C1)을 경유하는 경우입니다.

```
SQL> select /*+ gather_plan_statistics index(t1 t1(c2, c1)) */
  2     count(*)
  3   from t1
  4   where c1 = 'A' and c2 = 10;
  COUNT(*)
----------
       100


-----------------------------------------------------------------------
| Id  | Operation          | Name  | Starts | E-Rows | A-Rows | Buffers |
-----------------------------------------------------------------------
|  1  |  SORT AGGREGATE    |       |    1   |    1   |    1   |    2   |
|* 2  |   INDEX RANGE SCAN | T1_N2 |    1   |  100   |  100   |    2   |
-----------------------------------------------------------------------

Predicate Information (identified by operation id):
---------------------------------------------------

   2 - access("C2"=10 AND "C1"='A')
```

이 경우에도 Logical Reads 는 2(Buffers = 2)입니다. 즉 인덱스 T1_N1(C1, C2)을 경유하든, 인덱스 T1_N2(C2, C1)를 경유하든 읽기의 성능은 동일합니다. 앞서 언급한 원리를 이해했다면 이것은 이상한 현상이 아니라 너무나 당연한 현상입니다. 컬럼의 값이 어떻게 바뀌어도(가령 C1 = 'B' and C2 = 5) 두 인덱스는 동일한 성능을 보여줍니다.

## 사례 2: Index Skip Scan일 때

이번에는 Index Skip Scan 의 성능을 비교해보겠습니다. Index Skip Scan 은 인덱스 키에서 앞에 위치하는 컬럼이 조건절에서 빠져 있을 때 선택 가능한 오퍼레이션입니다. 예를 들어 인덱스가 (C1, C2)로 구성되어 있을 때 { Where C2 = 1 } 과 같은 조건절이 사용되는 경우가 이에 해당합니다. 같은 원리로 인덱스가 (C1, C2, C3)로 구성되어 있을 때 { Where C1 = 1 and C3= 1 }과 같은 조건절이 사용되는 경우에도 Index Skip Scan 이 선택되기도 합니다.

Index Skip Scan 의 성능을 결정하는 요소는 조건절에 빠져 있는 컬럼의 Distinct Count 입니다. Distinct Count 가 낮으면 Skip 의 효율성이 좋아져 그만큼 성능에 유리합니다.

테이블 T1 을 Table Full Scan 으로 읽는 경우 일량은 157 블록(Buffers=157)입니다.

```
SQL> select /*+ gather_plan_statistics full(t1) */
  2    count(*)
  3  from t1;
  COUNT(*)
----------
    100000

-----------------------------------------------------------------------
| Id  | Operation          | Name | Starts | E-Rows | A-Rows | Buffers |
-----------------------------------------------------------------------
|   1 |  SORT AGGREGATE    |      |      1 |      1 |      1 |    157 |
|   2 |   TABLE ACCESS FULL| T1   |      1 |   100K |   100K |    157 |
-----------------------------------------------------------------------
```

{ C2 = 10 } 조건절을 처리하기 위해 인덱스 T1_N1(C1, C2)을 Index Skip Scan 을 통해 읽는 경우 일량은 불과 6 블록(Buffers=6)에 불과합니다. 인덱스 키의 선행 컬럼인 C1 이 누락되어 있음에도 불과하고 매우 뛰어난 성능을 보여줍니다. 컬럼 C1 의 Distinct Count 가 "2"로 매우 낮기 때문입니다.

```
SQL> select /*+ gather_plan_statistics index_ss(t1 t1(c1, c2)) */
  2    count(*)
  3  from t1
  4  where c2 = 10;
  COUNT(*)
```

```
----------
       100

--------------------------------------------------------------------
| Id  | Operation          | Name  | Starts | E-Rows | A-Rows | Buffers |
--------------------------------------------------------------------
|   1 |  SORT AGGREGATE    |       |      1 |      1 |      1 |       6 |
|*  2 |   INDEX SKIP SCAN  | T1_N1 |      1 |    100 |    100 |       6 |
--------------------------------------------------------------------
```

반면에 { C1 = 'A' } 조건절을 처리하기 위해 인덱스 T1_N2(C2, C1)를 Index Skip Scan 으로 읽는 경우의 일량은 무려 237 블록(Buffers=237)으로 Table Full Scan 의 157 블록보다도 훨씬 많습니다. 인덱스 키의 선행 컬럼인 C2 의 Distinct Count 가 높기 때문에 Skip 의 효율성이 매우 낮기 때문입니다.

```
SQL> select /*+ gather_plan_statistics index_ss(t1 t1(c2, c1)) */
  2    count(*)
  3  from t1
  4  where c1 = 'A';
  COUNT(*)
----------
     50000

--------------------------------------------------------------------
| Id  | Operation          | Name  | Starts | E-Rows | A-Rows | Buffers |
--------------------------------------------------------------------
|   1 |  SORT AGGREGATE    |       |      1 |      1 |      1 |     237 |
|*  2 |   INDEX SKIP SCAN  | T1_N2 |      1 |  50000 |  50000 |     237 |
--------------------------------------------------------------------
```

## 사례 3: 인덱스 키 순서와 인덱스의 크기

Insert 에 의해 동일한 양의 데이터가 동일한 컬럼이지만 순서만 다른 두 개의 인덱스에 추가되더라도 두 인덱스의 크기에는 큰 차이가 있을 수 있습니다. 아래의 두 가지 경우를 비교해보시기 바랍니다.

첫째, 테이블 T1 에 데이터를 추가하되 **ORDER BY 1, 2** 구문을 이용하여 인덱스 **T1_N1**(C1, c2)의 순서로 추가합니다.

```
SQL> truncate table t1;

Table truncated.

SQL> insert into t1
  2  select decode(mod(level,2),0,'A','B'), mod(level, 1000)
  3  from dual
  4  connect by level <= 500000
  5  order by 1, 2;

500000 rows created.

SQL> exec dbms_stats.gather_table_stats(user, 't1');
```

이 경우, 인덱스 **T1_N1**(C1, C2)의 크기(Leaf Block 개수)는 1,106 블록이고 **T1_N2**(C2, C1)의 크기는 1,965 블록입니다. 거의 2 배에 가까운 크기입니다.

```
SQL> select index_name, leaf_blocks from user_indexes where table_name = 'T1'
order by 1;
INDEX_NAME           LEAF_BLOCKS
-------------------- -----------
T1_N1                       1106
T1_N2                       1965
```

이번에는 거꾸로 **ORDER BY 2, 1** 구문을 이용하여 인덱스 **T1_N2**(C2, C1)의 순서로 데이터를 추가합니다.

```
SQL> truncate table t1;

Table truncated.

SQL> insert into t1
  2  select decode(mod(level,2),0,'A','B'), mod(level, 1000)
  3  from dual
```

```
  4   connect by level <= 500000
  5   order by 2, 1;

500000 rows created.

SQL> exec dbms_stats.gather_table_stats(user, 't1');
```

이 경우에는 거꾸로 인덱스 **T1_N1(C1, C2)**의 크기가 1,583 블록으로 1,105 블록의 인덱스 **T1_N2(C2, C1)**보다 훨씬 큽니다.

```
SQL> select index_name, leaf_blocks from user_indexes where table_name = 'T1'
order by 1;
INDEX_NAME           LEAF_BLOCKS
-------------------- -----------
T1_N1                       1583
T1_N2                       1105
```

이런 현상이 발생하는 이유는 인덱스 분할(Index Split) 때문입니다. 인덱스의 키 순서와 데이터가 추가되는 순서가 동일하면 90:10 분할이 주로 발생합니다. 90:10 분할이 많이 발생하면 인덱스 리프 블록을 가능한 많이 채우는 경향(90 이 이에 해당)이 있습니다. 반면에 인덱스 키 순서와 무관한 순서로 데이터가 추가되면 50:50 분할이 주로 발생합니다. 50:50 분할이 많이 발생하면 인덱스 리프 블록을 반 정도만 채우는 경향(50 이 이에 해당)이 있습니다.

따라서, 90:10 분할이 많이 발생하면 인덱스의 크기가 작습니다. 거꾸로 50:50 분할이 많이 발생하면 인덱스의 크기가 커집니다. 이렇게 보면 90:10 분할이 항상 유리할 것 같지만 상황에 따라 일부러 50:50 분할을 유도하는 경우도 있습니다. 이 문제는 다음 번 주제에서 더 상세하게 다루게 될 것입니다.

중요한 것은 인덱스를 구성하는 컬럼의 순서로 인해 90:10 분할과 50:50 분할의 발생 빈도가 바뀔 수 있다는 것입니다. 매우 빈번한 DML 로 인해 인덱스 성능 문제가 발생하는 경우에는 이러한 요소에 의해 성능이 변하는 경우가 있습니다.

## 정리

인덱스 키를 구성하는 컬럼의 순서를 결정하는데 의외로 많은 요소를 고려해야 한다는 사실을 알 수 있는 주제였습니다. 이 질문과 함께 또 하나의 가장 보편적인 질문은 "인덱스 키로 어떤 컬럼을 선정해야 하는가"입니다. 두 질문을 합치면 **"인덱스를 만들 때 어떤 컬럼을 키로 사용하며, 복수 개의 컬럼을 사용할 때 순서를 어떻게 지정해야 하는가?"** 라는 질문이 됩니다. 이 질문이야말로 인덱스 관리에서 있어서 가장 보편적이고 가장 중요한 질문이 될 것입니다. 이번 주제를 통해 몇 가지 고려 사항을 살펴 보았고, 다음 기회에 더욱 보편적이고 명확한 답변을 할 기회가 있을 것으로 봅니다.

## [ 질문 3. 인덱스 분할(Index Split)에 의한 성능 문제를 해결하는 방법에는 무엇이 있나요? ]

### 문제 개요

특정 인덱스에서 인덱스 분할에 의한 경합이 발생하는 경우가 종종 있습니다. 이런 경우 *enq: TX - index contention* 이라는 대기 이벤트가 발생합니다. 그리고 성능이 저하되곤 합니다. 인덱스 분할에 의한 성능 문제를 해결하기 위해 사용할 수 있는 방법에는 어떤 것이 있나요?

### 해답

우선 인덱스 분할의 정확한 의미를 짚어보고 넘어가야 겠습니다. 인덱스 분할(Index Split)이란 인덱스의 리프 블록 혹은 브랜치 블록이 꽉 차서 해당 블록의 내용을 프리 블록(Free Block)과 나누어 가진다(Split) 는 것을 의미합니다. 리프 블록이 분할될 수도 있고 브랜치 블록이 분할될 수도 있습니다. 리프 블록이 분할되는 방식에는 두 가지가 있습니다.

- **90:10 분할:** 인덱스 리프 노드의 제일 오른쪽(가장 큰 값들이 모여있는) 블록이 꽉 찬 상태에서 최대값이 추가될 때의 분할 방식입니다. 이 경우 새로운 프리 블록을 할당받고 프리 블록에는 새롭게 추가될 최대값을 저장합니다. 그리고 이 새로운 프리 블록이 인덱스 리프 노드의 제일 오른쪽 블록이 됩니다. 즉 기존 블록에는 대부분의 데이터가 남아있고 새롭게 할당받은 블록에는 최소한의 새로운 데이터만 추가합니다. 이런 이유 때문에 90:10 분할을 99:1 분할이라고 부르는 경우도 있습니다.

- **50:50 분할:** 위의 경우를 제외한 모든 경우에는 50:50 분할 방식이 사용됩니다. 새로운 프리 블록을 할당받고, 이 블록에 기존 데이터의 50%를 옮깁니다. 그리고 나머지 50%는 원래 블록에 가지고 있습니다. 이런 이유로 50:50 분할이라고 부릅니다.

브랜치 블록은 위의 규칙이 무의미하기 때문에 항상 50:50 분할을 합니다.

90:10 분할이 많이 발생하는 경우에는 인덱스의 크기가 상대적으로 작습니다. 항상 기존 블록을 거의 100% 사용하기 때문입니다. 하지만 50:50 분할이 많이 발생하는 경우에는 인덱스의 크기가 상대적으로 커집니다. 비워 놓은 50%가 사용되지 않을 경우가 있기 때문입니다.

인덱스 분할에 의해 경합이 발생하는 것은 주로 90:10 분할과 관련 있습니다. 90:10 분할이 많이 발생한다는 것은 항상 인덱스의 제일 오른쪽 블록에 데이터가 추가된다는 의미입니다. 만일 많은 수의 프로세스가 모두 동일하게 인덱스의 제일 오른쪽 블록에 데이터를 추가한다면 특정 프로세스가 인덱스 분할을 하고 있는 도중에 다른 인덱스가 해당 블록에 데이터를 추가해야 하는 일이 빈번하게 발생합니다. 이런 경우에는 인덱스 분할이 끝날 때까지 *enq: TX - index contention* 이벤트를 대기하게 됩니다.

90:10 분할은 인덱스의 제일 오른쪽 블록에 최대값이 추가될 때 발생합니다. 즉 현재 인덱스 키 값의 최대값보다 큰 새로운 최대값이 추가될 때 발생합니다. 시퀀스 값을 인덱스 키로 사용하는 경우나 날짜 값을 인덱스 키로 사용하는 경우가 여기에 해당합니다.

## 테스트

### 테스트 환경

아래와 같이 네 개의 테이블 T1, T2, T3, T4 를 만들고, 각 테이블에 인덱스를 하나씩 만듭니다. 테이블 T3 에는 리버스 인덱스(Reverse Index)를 만듭니다. 테이블 T4 는 해시 파티션 (Hash Partition)으로 구성되어 있습니다.

```
create table t1(c1 number, c2 number);
create table t2(c1 number, c2 number);
```

```
create table t3(c1 number, c2 number);
create table t4(c1 number, c2 number) partition by hash(c1) partitions 4;

create index t1_right_idx on t1(c1);
create index t2_random_idx on t2(c1);
create index t3_reverse_idx on t3(c1) reverse;
create index t4_hashp_idx on t4(c1) local;
```

## 사례 1: 인덱스 유형별 Insert 성능

이제 네 개의 테이블에 다음과 같은 패턴으로 20 만건의 데이터를 Insert 합니다.

- 테이블 T1 에는 인덱스 키와 동일한 순서로 Insert 합니다. 따라서 인덱스에서는 항상 90:10 분할이 발생할 것입니다.

- 테이블 T2 에는 인덱스 키와 무관하게 완전히 랜덤하게 Insert 합니다. 따라서 인덱스에서는 50:50 분할이 주로 발생할 것입니다.

- 테이블 T3 에는 인덱스 키와 동일한 순서로 Insert 합니다. 하지만 인덱스 T3_REVERSE_IDX 는 리버스 인덱스입니다. 따라서 인덱스에 대해서는 랜덤 Insert 가 발생하며 50:50 분할이 주로 발생할 것입니다.

- 테이블 T4 에는 인덱스 키와 동일한 순서로 Insert 합니다. 해시 파티션으로 구성되어 있기 때문에 매번 다른 파티션으로 Insert 가 됩니다. 로컬 인덱스 T4_HASHP_IDX 에도 역시 매번 다른 파티션으로 키가 Insert 됩니다. 하지만 키가 순서대로 들어온다는 사실에는 변함이 없으므로 개별 파티션 레벨에서는 테이블 T1 과 마찬가지로 항상 90:10 분할이 발생할 것입니다.

네 개의 테이블에 동일하게 20 만건의 데이터를 Insert 한 후 다음 네 개의 지표를 **티팩**을 통해 비교해봅니다.

- **redo size:** 바이트 단위. 리두의 크기가 클수록 DML 의 부하가 크다는 것을 의미합니다.
- **DB Time:** 센티세컨드(1/100 초) 단위. 수행하는데 이 값이 클수록 DML 의 성능이 느리다는 것을 의미합니다.

- **leaf node splits:** 리프 노드에서 분할이 발생한 회수. 이 회수는 90:10 분할과 50:50 분할을 모두 포함합니다.
- **leaf node 90-10 splits:** 리프 노드에서 90:10 분할이 발생한 회수.

아래에 수행 결과가 있습니다.

```
exec tpack.begin_session_snapshot;

-- right handed insertion
insert into t1 select level, 1 from dual connect by level <= 200000;
commit;

exec tpack.add_session_snapshot;

-- random insertion
insert into t2 select level, 1 from dual connect by level <= 200000 order by
dbms_random.random;
commit;

exec tpack.add_session_snapshot;

-- reverse insertion
insert into t3 select level, 1 from dual connect by level <= 200000;
commit;

exec tpack.add_session_snapshot;

-- hashp insertion
insert into t4 select level, 1 from dual connect by level <= 200000;
commit;

exec tpack.add_session_snapshot;
```

네개의 테이블에 대한 Insert 의 성능을 **redo size, DB time, leaf node splits, leaf node 90-10 splits** 네 개의 성능 지표 관점에서 비교해보면 다음과 같습니다.

```
SQL> select * from table(tpack.session_snapshot_report)
where item like '%splits%' or item like '%redo size%' or item = 'DB time';
```

```
TYPE       ITEM                       DELTAS
---------- -------------------------- ----------------------------------------
STAT       redo size                  17882236->56289032->53188428->77784256
STAT       DB time                    186->756->691->996
STAT       leaf node splits           398->538->511->396
STAT       leaf node 90-10 splits     398->0->0->396
```

위의 결과를 해석해보면 아래와 같습니다.

- 테이블 T1 의 인덱스 T1_NORMAL_IDX 에 대해서는 100% 90:10 분할만이 발생했습니다. 그 결과로 리두의 생성도 가장 적고, 수행 시간도 가장 빠릅니다. 하지만 그 반대급부로 동시에 많은 수의 프로세스가 Insert 작업을 한다면 가장 오른쪽 리프 노드에서는 인덱스 분할에 의한 경합이 발생할 것입니다.

- 테이블 T2, T3 의 인덱스 T2_RANDOM_IDX 와 T3_REVERSE_IDX 에 대해서는 50:50 분할만이 발생했습니다. 분할의 회수도 증가했습니다. 덕분에 리두의 생성이 3 배 이상으로 늘어나고 수행 시간이 느려졌습니다. 완벽한 랜덤 Insert 이기 때문입니다. 하지만 그만큼 인덱스 분할에 의한 경합은 줄어들 가능성이 있습니다.

- 테이블 T4 는 해시 파티션으로 구성되어 있습니다. 따라서 인덱스 T4_HASHP_IDX 의 경우 인덱스 키의 순서대로 데이터가 Insert 된다고 하더라도 매번 다른 인덱스 파티션으로 데이터가 추가됩니다. 따라서 분산 효과가 있다고 할 수 있습니다. 하지만 데이터가 순서대로 들어온다는 사실 자체에는 변화가 없기 때문에 개별 파티션 레벨에서는 항상 90:10 분할만 발생합니다.

여기서 인덱스 분할과는 무관하지만 성능에 영향을 주는 한가지 현상을 발견할 수 있습니다. 테이블 T4 에 대한 Insert 가 대량의 리두를 생성한다는 것입니다. 테이블 T4 에 대한 Insert 는 인덱스 관점에서는 90:10 분할만 발생하므로 리두의 생성이 테이블 T1 의 그것과 비슷해야 정상입니다. 왜 유독 T4 에서만 대량의 리두가 생성되는걸까요? 그것은 **배치 프로세싱**이 동작하지 않기 때문입니다. 배치 프로세싱이 동작하려면 여러 개의 로우가 하나의 블록에 한꺼번에 Insert 되어야 합니다. 하지만 테이블 T4 의 경우 해시 파티션으로 구성되어 있기 때문에 각 로우가 다른 블록으로 Insert 됩니다. 그만큼 배치 프로세싱의 효과가 없어지고 그 결과로 리두의 양이 증가하는 것입니다. 이것은 파티션에 의한 것으로 인덱스 분할과는 전혀 무관한 현상입니다.

또 하나의 고려 사항은 **인덱스의 크기**입니다. 50:50 분할이 주로 발생하면 그만큼 인덱스의 크기는 커지며 90:10 분할이 주로 발생하면 그만큼 인덱스의 크기는 작아집니다. 통계 정보를 수집해서 각 인덱스의 리프 블록 수를 비교해보겠습니다.

```
exec dbms_stats.gather_table_stats(user, 't1');
exec dbms_stats.gather_table_stats(user, 't2');
exec dbms_stats.gather_table_stats(user, 't3');
exec dbms_stats.gather_table_stats(user, 't4');
```

인덱스 **T1_RIGHT_IDX** 는 90:10 분할만 발생하므로 크기가 가장 작습니다. 랜덤 Insert 가 발생하는 인덱스 **T2_RANDOM_IDX** 와 **T3_REVERSE_IDX** 는 50:50 분할만 발생하므로 크기가 좀 더 큽니다. 인덱스 **T4_HASHP_IDX** 의 경우에도 90:10 분할이 주로 발생하기 때문에 인덱스 **T1_NORMAL_IDX** 와 크기가 거의 동일합니다.

```
SQL> select index_name, leaf_blocks
  2  from dba_ind_statistics
  3  where owner = user and table_name in ('T1', 'T2', 'T3', 'T4')
  4  and partition_name is null;

INDEX_NAME              LEAF_BLOCKS
--------------------    -----------
T1_RIGHT_IDX                    399
T2_RANDOM_IDX                   539
T3_REVERSE_IDX                  512
T4_HASHP_IDX                    400
```

## 사례 2: 인덱스 유형별 읽기 성능

Index Range Scan 을 통해서 1~10000 까지의 데이터를 읽어들일 경우 Logical Reads 의 차이를 비교해보겠습니다.

인덱스 **T1_RIGHT_IDX** 를 경유하는 경우 Logical Reads 는 20 입니다. 인덱스의 크기가 가장 작으므로 가장 최적의 Logical Reads 일 것으로 예상할 수 있습니다.

```
SQL> select /*+ gather_plan_statistics index(t1) */ count(*)
```

```
  2  from t1
  3  where c1 between 1 and 10000;

  COUNT(*)
----------
    10000

SQL> select * from table(dbms_xplan.display_cursor(null, null, 'allstats
last'));

-----------------------------------------------------------
| Id | Operation          | Name         | Starts | Buffers |
-----------------------------------------------------------
|  1 | SORT AGGREGATE     |              |    1   |   20    |
|* 2 |  INDEX RANGE SCAN  | T1_RIGHT_IDX |    1   |   20    |
-----------------------------------------------------------
```

인덱스 **T2_RANDOM_IDX** 를 경유하는 경우 Logical Reads 는 24 입니다. 인덱스 **T2_RANDOM _IDX** 는 50:50 분할이 주로 발생했기 때문에 리프 블록이 다소 비어있는 상태입니다. 따라서 읽어야할 블록의 수가 다소 들어난다는 것을 알 수 있습니다.

```
SQL> select /*+ gather_plan_statistics index(t2) */ count(*)
  2  from t2
  3  where c1 between 1 and 10000;

  COUNT(*)
----------
    10000

------------------------------------------------
| Id | Operation          | Name          | Buffers |
------------------------------------------------
|  1 | SORT AGGREGATE     |               |   24    |
|* 2 |  INDEX RANGE SCAN  | T2_RANDOM_IDX |   24    |
------------------------------------------------
```

인덱스 **T3_REVERSE_IDX** 를 경유하는 경우의 Logical Reads 는 513 입니다. Logical Reads 가 증가한 이유는 Index Range Scan 이 아닌 Index Full Scan 이 선택되었기 때문입니다. 리버

스 인덱스(Reverse Index)는 인덱스 키가 역으로 들어가 있다는 특성 때문에 BETWEEN 과 같은 범위 연산을 처리할 때 Index Range Scan 을 사용할 수 없습니다.

```
SQL> select /*+ gather_plan_statistics index(t3) */ count(*)
  2  from t3
  3  where c1 between 1 and 10000;

  COUNT(*)
----------
     10000


---------------------------------------------------
| Id  | Operation          | Name            | Buffers |
---------------------------------------------------
|  1  |  SORT AGGREGATE    |                 |   513  |
|* 2  |   INDEX FULL SCAN  | T3_REVERSE_IDX  |   513  |
---------------------------------------------------
```

인덱스 **T4_HASHP_IDX** 를 경유하는 경우에는 파티션 방문에 따른 약간의 오버헤드를 제외하면 인덱스 **T1_RIGHT_IDX** 를 경유하는 경우와 동일하다는 것을 알 수 있습니다.

```
SQL> select /*+ gather_plan_statistics index(t4) */ count(*)
  2  from t4
  3  where c1 between 1 and 10000;

  COUNT(*)
----------
     10000


---------------------------------------------------
| Id  | Operation          | Name            | Buffers |
---------------------------------------------------
|  1  |  SORT AGGREGATE    |                 |    24  |
|  2  |   PARTITION HASH ALL|                |    24  |
|* 3  |    INDEX RANGE SCAN | T4_HASHP_IDX   |    24  |
---------------------------------------------------
```

인덱스만을 읽는 경우가 아니라 인덱스를 경유해서 테이블까지 방문해야 하는 경우에는 클러스터링 팩터를 고려해야 합니다. 클러스터링 팩터란 인덱스와 테이블이 얼마나 서로 비슷한 순서로 배치되었는가를 의미합니다. 클러스터링 팩터가 낮으면(테이블의 블록 수에 가까워지면) 인덱스와 테이블의 순서가 비슷하다는 의미입니다. 클러스터링 팩터가 높으면(테이블의 로우 수에 가까워지면) 인덱스와 테이블의 순서가 랜덤하다는 것을 의미합니다. 네 개의 인덱스의 클러스터링 팩터는 다음과 같습니다.

```
SQL> select index_name, clustering_factor
  2  from dba_ind_statistics
  3  where owner = user and table_name in ('T1', 'T2', 'T3', 'T4') and
partition_name is null;

INDEX_NAME           CLUSTERING_FACTOR
-------------------- -----------------
T1_RIGHT_IDX                       357
T2_RANDOM_IDX                   199443
T3_REVERSE_IDX                  199989
T4_HASHP_IDX                       383
```

90:10 분할이 주로 발생한 경우에는 클러스터링 팩터가 매우 우수하고(테이블의 블록수와 거의 일치), 50:50 분할이 주로 발생한 경우에는 클러스터링 팩터가 매우 불량(테이블의 로우수와 거의 일치)합니다. 클러스터링 팩터가 우수하면 인덱스를 경유해서 테이블을 읽을 때 최근에 읽은 테이블 블록을 계속해서 다시 읽기 때문에(인덱스를 읽는 순서와 테이블을 읽는 순서가 일치하기 때문에) 그만큼 Reads 수가 줄어듭니다. 반면에 클러스터링 팩터가 불량하면 인덱스를 경유해서 테이블을 읽을 때 매번 다른 테이블 블록을 읽어야 하기 때문에(인덱스를 읽는 순서와 테이블을 읽는 순서가 완전히 무관하기 때문에) 그만큼 Reads 수가 늘어납니다.

이는 아래 테스트 결과에서도 명백하게 나타납니다. 클러스터링 팩터가 우수한 인덱스 **T1_RIGHT_IDX** 와 **T4_HASHP_IDX** 를 경유해서 테이블을 읽을 경우의 *Logical Reads* 가 클러스터링 팩터가 불량한 인덱스 **T2_RANDOM_IDX** 와 **T3_REVERSE_IDX** 를 경유해서 테이블을 읽을 경우의 *Logical Reads* 에 비해 상당히 뛰어난 것을 알 수 있습니다.

```
SQL> select /*+ gather_plan_statistics index(t1) */ count(c2)
```

```
  2  from t1
  3  where c1 between 1 and 10000;

 COUNT(C2)
----------
     10000
```

```
-----------------------------------------------------------------
| Id | Operation                      | Name          | Buffers |
-----------------------------------------------------------------
|  1 | SORT AGGREGATE                 |               |     37 |
|  2 |   TABLE ACCESS BY INDEX ROWID  | T1            |     37 |
|* 3 |     INDEX RANGE SCAN           | T1_RIGHT_IDX  |     20 |
-----------------------------------------------------------------
```

```
SQL> select /*+ gather_plan_statistics index(t2) */ count(c2)
  2  from t2
  3  where c1 between 1 and 10000;

 COUNT(C2)
----------
     10000
```

```
-----------------------------------------------------------------
| Id | Operation                      | Name          | Buffers |
-----------------------------------------------------------------
|  1 | SORT AGGREGATE                 |               |   9993 |
|  2 |   TABLE ACCESS BY INDEX ROWID  | T2            |   9993 |
|* 3 |     INDEX RANGE SCAN           | T2_RANDOM_IDX |     24 |
-----------------------------------------------------------------
```

```
SQL> select /*+ gather_plan_statistics index(t3) */ count(c2)
  2  from t3
  3  where c1 between 1 and 10000;

 COUNT(C2)
----------
     10000
```

```
-----------------------------------------------------------------
| Id | Operation                      | Name          | Buffers |
-----------------------------------------------------------------
```

```
-----------------------------------------------------------------
|   1 |  SORT AGGREGATE              |                |   2384 |
|   2 |   TABLE ACCESS BY INDEX ROWID| T3             |   2384 |
|*  3 |    INDEX FULL SCAN           | T3_REVERSE_IDX |    513 |
-----------------------------------------------------------------


SQL> select /*+ gather_plan_statistics index(t4) */ count(c2)
  2  from t4
  3  where c1 between 1 and 10000;

 COUNT(C2)
----------
     10000

---------------------------------------------------
| Id  | Operation                        | Buffers |
---------------------------------------------------
|   1 |  SORT AGGREGATE                  |      48 |
|   2 |   PARTITION HASH ALL             |      48 |
|   3 |    TABLE ACCESS BY LOCAL INDEX ROWID|   48 |
|*  4 |     INDEX RANGE SCAN             |      24 |
---------------------------------------------------
```

## 정리

인덱스에 관련된 성능 문제를 이해하는데 가장 필수적인 지식을 꼽으라면 단연 인덱스 분할이라고 할 수 있습니다. 특히 DML 이 인덱스에 미치는 영향을 분석하고 이해하는데 필수적인 지식이라고 할 수 있습니다. 위에서 소개한 테스트 사례를 잘 분석하셔서 반드시 그 기본 개념과 동작 원리를 철처하게 이해하시기 바랍니다.

[ 질문 4. 비트맵 인덱스를 이용하면 IS NULL 조건을 빠른 속도로 처리할 수 있다고 합니다. 그런데 실제로 테스트를 해보면 오히려 성능이 불량합니다. 그 이유는 무엇인가요? ]

## 문제 개요

비트맵 인덱스(Bitmap Index)는 비트리 인덱스(B*Tree Index)와는 달리 NULL 값을 저장하고 있습니다. 따라서 IS NULL 조건의 경우 비트맵 인덱스를 이용하면 훨씬 효율적인 처리가 가능하다고 알고 있습니다. 하지만 실제로 테스트를 해보면 오히려 성능이 더 안좋은 경우도 있습니다. 그 이유는 무엇인가요?

## 해답

비트맵 인덱스를 이용할 경우 WHERE ... IS NULL 조건을 좀 더 효율적으로 처리할 수 있다는 오해는 비트맵 인덱스가 NULL 값을 저장하기 때문에 나왔다고 봅니다. NULL 값을 저장하고 있다고 해서 항상 효율적이라는 것을 의미하는지 않습니다.

중요한 것은 비트맵 인덱스를 경유한다는 것 자체가 효율적인 성능을 보장한다는 것은 아니라는 것입니다. 극단적인 예를 들어서 테이블에 100만건의 로우가 존재하고 그중 99만건이 NULL 이라고 가정해보겠습니다. IS NULL 조건을 처리하기 위해 Table Full Scan 을 하는 경우에는 블록 수만큼의 I/O 가 발생합니다. 만일 해당 컬럼에 비트맵 인덱스가 있는 경우에는 인덱스를 통해 읽는 99만건의 NULL 값에 대해 일일이 테이블을 방문해야 합니다. 즉 99만건의 랜덤 I/O 가 발생하게 됩니다. 이것은 오히려 성능에 치명적인 결과를 가져올 수 있습니다. 만일 비트맵 인덱스만 읽고 테이블을 방문할 필요가 없다면? 99만번의 랜덤 I/O 가 사라지므로 대단히 효율적인 결과가 나올 것입니다. 즉, **비트맵 인덱스의 효과를 극대화하려면 쿼리가 동작하는 방식에 대한 전반적인 이해**가 필요하다고 하겠습니다.

**비트맵 인덱스 효과의 극대화는 Bitmap Operation 이 효과적으로 동작할 때** 이루어집니다. 가령 { C1 = 1 } 조건의 결과가 100 만건, { C2 = 1 } 조건의 결과가 10 만건인데 반해 { C1 = 1 and C2 = 1 } 조건의 결과는 10 건이라고 가정해보겠습니다. 이 경우 컬럼 C1, 컬럼 C2 에 각각 비트맵 인덱스가 존재한다면 Bitmap And Operation 에 의해 10 건만의 데이터를 필터링한 후 테이블로 방문하게 됩니다. 즉 테이블로 방문하는 회수가 10 건으로 줄어듭니다. 반면 컬럼 C1 에 대한 인덱스만 이용한다면 100 만번, 컬럼 C2 에 대한 인덱스만 이용한다면 10 만번의 방문이 이루어집니다. Bitmap And Operation 이 효과적으로 동작하는 경우 엄청난 효율성을 기대할 수 있다는 의미가 됩니다(비트리 인덱스에서도 Bitmap Conversion 이라는 기법을 통해 이러한 동작 방식을 흉내낼 수 있습니다). 만일 { C1 = 1 and C2 = 1 } 조건의 결과가 10 건이 아니라 10 만건이라고 하면 Bitmap Operation 을 사용하는 것이 오히려 비효율적입니다. 불필요하게 인덱스를 더 읽어야 하기 때문입니다. 이 경우에도 인덱스의 절대 원칙, 즉 테이블로 가는 회수를 얼마나 줄이느냐가 중요한 결정 요소가 된다는 것을 알 수 있습니다.

비트맵 인덱스와 관련해서 빼놓을 수 없는 이야기가 DML 입니다. Bitmap 인덱스는 그 구조적인 특징상 **동시 DML 에 취약**합니다. 비트맵 인덱스의 설계 사상이 OLTP 가 아닌 OLAP 환경에 맞추어져 있기 때문입니다. 따라서 비트맵 인덱스를 생성할 필요가 생길 때는 동시 DML 에 의한 경합이 발생할 우려가 없는지 잘 검토해야 합니다.

간단한 사례를 통해 비트맵 인덱스의 성능 문제에 대해 논의하겠습니다.

## 테스트

### 사례 1: 비트맵 인덱스와 NULL 조건

다음과 같이 테이블 T1 을 만듭니다.

- 테이블 T1 은 총 100,000 건의 로우를 가지고 있습니다.

- 컬럼 C1 의 Density 는 약 9%이며, NULL 값 또한 9% 정도 존재합니다.
- 컬럼 C1 에 대해 비트맵 인덱스 T1_B1 을 가지고 있습니다.
- 컬럼 C2 는 10,000 개의 Distinct Count 를 가지며, 비트맵 인덱스 T1_B2 를 가지고 있습니다.

```
SQL> create table t1
  2  as
  3  select
  4    to_number(decode(mod(level, 11), 0, NULL, mod(level, 10))) as c1,
  5    mod(level, 10000) as c2,
  6    rpad('x', 10, 'x') as dummy
  7  from dual
  8  connect by level <= 100000;

Table created.

SQL> create bitmap index t1_b1 on t1(c1);

Index created.

SQL> create bitmap index t1_b2 on t1(c2);

Index created.

SQL> exec dbms_stats.gather_table_stats(user, 't1');
```

WHERE C1 IS NULL 조건을 Table Full Scan 으로 읽을 때의 비용(Cost)은 93 입니다.

```
SQL> explain plan for
  2  select /*+ full(t1) */ *
  3  from t1
  4  where c1 is null;

Explained.

---------------------------------------------------------------
| Id  | Operation          | Name | Rows  | Bytes | Cost (%CPU)|
---------------------------------------------------------------
|   0 | SELECT STATEMENT   |      |  9090 |  150K |    93   (3)|
|*  1 |  TABLE ACCESS FULL | T1   |  9090 |  150K |    93   (3)|
---------------------------------------------------------------
```

반면에 비트맵 인덱스인 **T1_B1**을 경유할 경우의 비용은 89입니다. 인덱스 **T1_B1**은 비트맵 인덱스이므로 NULL 값을 저장하고 있습니다. 하지만 비용은 크게 줄지 않는 것을 알 수 있습니다.

```
SQL> explain plan for
  2   select /*+ index(t1 t1(c1)) */ *
  3   from t1
  4   where c1 is null;

Explained.

--------------------------------------------------------------------------
| Id  | Operation                    | Name  | Rows  | Bytes | Cost (%CPU)|
--------------------------------------------------------------------------
|   0 | SELECT STATEMENT             |       |  9090 |  150K |    89   (0)|
|   1 |  TABLE ACCESS BY INDEX ROWID | T1    |  9090 |  150K |    89   (0)|
|   2 |   BITMAP CONVERSION TO ROWIDS|       |       |       |            |
|*  3 |    BITMAP INDEX SINGLE VALUE | T1_B1 |       |       |            |
--------------------------------------------------------------------------
```

그 결정적인 이유는 테이블을 방문하는 비용이 높기 때문입니다. 아래는 위의 쿼리에 대한 10053 진단 이벤트의 결과입니다. Index Scan의 비용은 2에 불과하지만 테이블을 방문하는 비용이 87(89-2)로 비용의 대부분을 차지하는 것을 알 수 있습니다.

```
SINGLE TABLE ACCESS PATH
  Single Table Cardinality Estimation for T1[T1]
  Table: T1  Alias: T1
    Card: Original: 100000.000000  Rounded: 9090  Computed: 9090.00  Non Adjusted: 9090.00
  Access Path: TableScan
    Cost:  93.05  Resp: 93.05  Degree: 0
      Cost_io: 91.00  Cost_cpu: 19706554
      Resp_io: 91.00  Resp_cpu: 19706554
  ****** trying bitmap/domain indexes ******
  Access Path: index (AllEqRange)
    Index: T1_B1
    resc_io: 2.00  resc_cpu: 15893
    ix_sel: 0.090900  ix_sel_with_filters: 0.090900
```

```
      Cost:   2.00  Resp:   2.00  Degree:  0
  Access path: Bitmap index - accepted
     Cost: 89.117098  Cost_io: 88.743360  Cost_cpu: 3587880.513638  Sel: 0.090900
     Not Believed to be index-only
  ****** finished trying bitmap/domain indexes ******
  Best::  AccessPath: IndexBitmap
         Cost: 89.12  Degree: 1  Resp: 89.12  Card: 9090.00  Bytes: 0
```

**WHERE C1 IS NOT NULL** 조건을 비트맵 인덱스 **T1_B1** 을 경유하도록 할 경우의 비용은 무려 323 으로 급증합니다. 우선 NOT 조건이 사용되었기 때문에 인덱스를 Full Scan 하는 데서 비용이 증가합니다. 그리고 인덱스를 경유한 결과 테이블로 90,910 번을 방문해야 하기 때문에(즉 IS NOT NULL 조건을 만족하는 로우가 90,910 건이라고 예상되기 때문에) 테이블을 방문하는 비용도 크게 증가합니다.

```
SQL> explain plan for
  2   select /*+ index(t1 t1(c1)) */ *
  3   from t1
  4   where c1 is not null;

Explained.

---------------------------------------------------------------------------
| Id  | Operation                    | Name  | Rows  | Bytes | Cost (%CPU)|
---------------------------------------------------------------------------
|   0 | SELECT STATEMENT             |       | 90910 | 1509K |   323   (2)|
|   1 |  TABLE ACCESS BY INDEX ROWID | T1    | 90910 | 1509K |   323   (2)|
|   2 |   BITMAP CONVERSION TO ROWIDS|       |       |       |            |
|*  3 |    BITMAP INDEX FULL SCAN    | T1_B1 |       |       |            |
---------------------------------------------------------------------------
```

10053 진단 이벤트의 결과를 보면 비트맵 인덱스 **T1_B1** 을 읽는 비용은 23 이지만, 테이블을 방문하는 비용이 300(=323-23)입니다.

```
SINGLE TABLE ACCESS PATH
  Single Table Cardinality Estimation for T1[T1]
  Table: T1  Alias: T1
```

```
      Card: Original: 100000.000000  Rounded: 90910  Computed: 90910.00  Non
Adjusted: 90910.00
  Access Path: TableScan
    Cost:  93.39  Resp: 93.39  Degree: 0
      Cost_io: 91.00  Cost_cpu: 22979354
      Resp_io: 91.00  Resp_cpu: 22979354
  ****** trying bitmap/domain indexes ******
  Access Path: index (FullScan)
    Index: T1_B1
    resc_io: 23.00  resc_cpu: 172593
    ix_sel: 1.000000  ix_sel_with_filters: 1.000000
    Cost: 23.02  Resp: 23.02  Degree: 0
  Access Path: index (FullScan)
    Index: T1_B1
    resc_io: 23.00  resc_cpu: 172593
    ix_sel: 1.000000  ix_sel_with_filters: 1.000000
    Cost: 23.02  Resp: 23.02  Degree: 0
  Access path: Bitmap index - accepted
    Cost: 322.823121 Cost_io: 319.200000 Cost_cpu: 34781963.648000 Sel:
 1.000000
    Not Believed to be index-only
  ****** finished trying bitmap/domain indexes ******
  Best:: AccessPath: IndexBitmap
         Cost: 322.82  Degree: 1  Resp: 322.82  Card: 90910.00  Bytes: 0
```

위의 테스트 결과가 의미하는 것은 **비트맵 인덱스에 의해 인덱스를 읽는 비용이 줄어드는 것도 중요하지만 테이블로 방문하는 회수를 얼마나 줄여주느냐**가 또 하나의 중요한 고려 사항이라는 것입니다. 즉, 비록 비트맵 인덱스가 비트리 인덱스와는 전혀 다른 속성을 지니고 있지만, 인덱스 고유의 목적인 테이블 방문 회수의 감소에서는 완전히 동일한 원리를 지닌다는 것이 핵심입니다.

컬럼 C1 의 경우 Density 가 높기 때문에 비록 비트맵 인덱스를 이용한다고 하더라도 테이블로 방문하는 회수가 증가하면서 전반적으로 비용이 높아지는 것입니다. 같은 원리로 컬럼 C2 의 경우에는 Density 가 낮기 때문에 상대적으로 비용이 낮아질 것으로 예측할 수 있습니다.

C2 IS NULL 조건의 경우 최소의 비용인 1 로 계산됩니다. 컬럼 C2 에는 NULL 데이터가 없기 때문입니다.

```
SQL> explain plan for
  2  select /*+ index(t1 t1(c2)) */ *
  3  from t1
  4  where c2 is null;

Explained.

---------------------------------------------------------------------------
| Id  | Operation                     | Name  | Rows | Bytes | Cost (%CPU)|
---------------------------------------------------------------------------
|   0 | SELECT STATEMENT              |       |    1 |    17 |    1   (0)|
|   1 |  TABLE ACCESS BY INDEX ROWID  | T1    |    1 |    17 |    1   (0)|
|   2 |   BITMAP CONVERSION TO ROWIDS |       |      |       |           |
|*  3 |    BITMAP INDEX SINGLE VALUE  | T1_B2 |      |       |           |
---------------------------------------------------------------------------
```

거꾸로 C2 IS NOT NULL 조건의 경우 모든 데이터를 다 읽어야 하므로 비용이 크게 증가합니다.

```
SQL> explain plan for
  2  select /*+ index(t1 t1(c2)) */ *
  3  from t1
  4  where c2 is not null;

Explained.

---------------------------------------------------------------------------
| Id  | Operation                     | Name  | Rows | Bytes | Cost (%CPU)|
---------------------------------------------------------------------------
|   0 | SELECT STATEMENT              |       | 100K | 1660K |  374   (2)|
|   1 |  TABLE ACCESS BY INDEX ROWID  | T1    | 100K | 1660K |  374   (2)|
|   2 |   BITMAP CONVERSION TO ROWIDS |       |      |       |           |
|*  3 |    BITMAP INDEX FULL SCAN     | T1_B2 |      |       |           |
---------------------------------------------------------------------------
```

비트맵 인덱스라고 하더라도 인덱스의 절대 의무인 **테이블로 가는 비용을 줄인다는 요구 사항을 만족하지 않으면 안된다는 것**을 알 수 있습니다. 이는 거꾸로 말하면 **테이블로 가지 않아도 된다고 하면 비트맵 인덱스의 효과가 극대화될 것**이라는 것입니다. 보통 COUNT(*) 류의 집계성 쿼리에서 비트맵 인덱스를 즐겨 사용하게 되는 이유가 이것입니다.

아래는 비트맵 인덱스를 경유해서 테이블까지 방문하는 경우의 실제 일량을 비교해본 것입니다. 비트맵 인덱스 자체에 대한 일량도 중요하지만 전체 성능을 결정하는 것은 테이블로 가는 회수라는 것을 알 수 있습니다.

```
-- Full Table Scan 의 경우. 일량은 319
SQL> select /*+ gather_plan_statistics full(t1) */
  2     count(dummy)
  3  from t1
  4  where c1 is null;

COUNT(DUMMY)
------------
        9090


---------------------------------------------------
| Id  | Operation          | Name | A-Rows | Buffers |
---------------------------------------------------
|   1 |  SORT AGGREGATE    |      |      1 |    319 |
|*  2 |   TABLE ACCESS FULL| T1   |   9090 |    319 |
---------------------------------------------------

-- 비트맵 인덱스 T1_B1 을 경유하는 경우. IS NULL 인 경우 일량은 318
SQL> select /*+ gather_plan_statistics index(t1 t1(c1)) */
  2     count(dummy)
  3  from t1
  4  where c1 is null;

COUNT(DUMMY)
------------
        9090


-----------------------------------------------------------------
| Id  | Operation                           | Name | A-Rows | Buffers |
-----------------------------------------------------------------
```

```
|   1 |   SORT AGGREGATE              |       |      1 |    318 |
|   2 |    TABLE ACCESS BY INDEX ROWID| T1    |   9090 |    318 |
|   3 |     BITMAP CONVERSION TO ROWIDS|      |   9090 |      3 |
|*  4 |      BITMAP INDEX SINGLE VALUE| T1_B1 |      4 |      3 |
-----------------------------------------------------------------
```

-- 비트맵 인덱스 T1_B1 을 경유하는 경우. IS NOT NULL 인 경우 일량은 3173
```
SQL> select /*+ gather_plan_statistics index(t1 t1(c1)) */
  2    count(dummy)
  3  from t1
  4  where c1 is not null;

COUNT(DUMMY)
------------
       90910
```

```
-----------------------------------------------------------------
| Id  | Operation                     | Name  | A-Rows | Buffers |
-----------------------------------------------------------------
|   1 |   SORT AGGREGATE              |       |      1 |   3173 |
|   2 |    TABLE ACCESS BY INDEX ROWID| T1    |  90910 |   3173 |
|   3 |     BITMAP CONVERSION TO ROWIDS|      |  90910 |     23 |
|*  4 |      BITMAP INDEX FULL SCAN   | T1_B1 |     40 |     23 |
-----------------------------------------------------------------
```

-- 비트맵 인덱스 T1_B2 를 경유하는 경우. IS NULL 인 경우 일량은 2
```
SQL> select /*+ gather_plan_statistics index(t1 t1(c2)) */
  2    count(dummy)
  3  from t1
  4  where c2 is null;

COUNT(DUMMY)
------------
           0
```

```
-----------------------------------------------------------------
| Id  | Operation                     | Name  | A-Rows | Buffers |
-----------------------------------------------------------------
|   1 |   SORT AGGREGATE              |       |      1 |      2 |
|   2 |    TABLE ACCESS BY INDEX ROWID| T1    |      0 |      2 |
|   3 |     BITMAP CONVERSION TO ROWIDS|      |      0 |      2 |
```

```
|*  4 |      BITMAP INDEX SINGLE VALUE | T1_B2 |      0 |      2 |
----------------------------------------------------------------
```

-- 비트맵 인덱스 T1_B2 를 경유하는 경우. IS NOT NULL 인 경우 일량은 100,000
```
SQL> select /*+ gather_plan_statistics index(t1 t1(c2)) */
  2    count(dummy)
  3  from t1
  4  where c2 is not null;

COUNT(DUMMY)
------------
      100000


----------------------------------------------------------------
| Id  | Operation                      | Name  | A-Rows | Buffers |
----------------------------------------------------------------
|  1  | SORT AGGREGATE                 |       |     1 |   100K|
|  2  |  TABLE ACCESS BY INDEX ROWID   | T1    |  100K |   100K|
|  3  |   BITMAP CONVERSION TO ROWIDS  |       |  100K |    74 |
|* 4  |    BITMAP INDEX FULL SCAN      | T1_B2 | 10000 |    74 |
----------------------------------------------------------------
```

즉, 비트맵 인덱스가 NULL 을 포함한다는 사실 자체는 큰 의미가 없으며, 결국 중요한 것은 그것이 일량을 줄이는 데 얼마나 기여하느냐입니다.

테이블로 방문할 필요가 없이 비트맵 인덱스를 읽는 것만으로 작업이 끝나는 경우에는 비트맵 인덱스가 대단히 효율적인 결과를 보여줍니다.

-- Table Full Scan 의 경우. 일량은 319
```
SQL> select /*+ gather_plan_statistics full(t1) */
  2    count(*)
  3  from t1
  4  where c1 is null;

COUNT(*)
--------
    9090
```

```
----------------------------------------------------
| Id | Operation          | Name | A-Rows | Buffers |
----------------------------------------------------
|  1 |  SORT AGGREGATE    |      |      1 |    319  |
|* 2 |   TABLE ACCESS FULL| T1   |   9090 |    319  |
----------------------------------------------------
```

-- 비트맵 인덱스 T1_B1 을 경유하는 경우. IS NULL 인 경우 일량은 3
```
SQL> select /*+ gather_plan_statistics index(t1 t1(c1)) */
  2    count(*)
  3    from t1
  4   where c1 is null;

  COUNT(*)
----------
      9090
```

```
---------------------------------------------------------------
| Id | Operation                   | Name  | A-Rows | Buffers |
---------------------------------------------------------------
|  1 |  SORT AGGREGATE             |       |      1 |      3  |
|  2 |   BITMAP CONVERSION COUNT   |       |      4 |      3  |
|* 3 |    BITMAP INDEX SINGLE VALUE| T1_B1 |      4 |      3  |
---------------------------------------------------------------
```

-- 비트맵 인덱스 T1_B1 을 경유하는 경우. IS NOT NULL 인 경우 일량은 23
```
SQL> select /*+ gather_plan_statistics index(t1 t1(c1)) */
  2    count(*)
  3    from t1
  4   where c1 is not null;

  COUNT(*)
----------
     90910
```

```
---------------------------------------------------------
| Id | Operation                | Name  | A-Rows | Buffers |
---------------------------------------------------------
|  1 |  SORT AGGREGATE          |       |      1 |     23  |
|  2 |   BITMAP CONVERSION COUNT|       |     40 |     23  |
|* 3 |    BITMAP INDEX FULL SCAN| T1_B1 |     40 |     23  |
---------------------------------------------------------
```

-- 비트맵 인덱스 T1_B2 를 경유하는 경우. IS NULL 인 경우 일량은 2
```
SQL> select /*+ gather_plan_statistics index(t1 t1(c2)) */
  2    count(*)
  3  from t1
  4  where c2 is null;

  COUNT(*)
----------
         0
```

```
---------------------------------------------------------------
| Id | Operation                    | Name  | A-Rows | Buffers |
---------------------------------------------------------------
|  1 |  SORT AGGREGATE              |       |      1 |       2 |
|  2 |    BITMAP CONVERSION COUNT   |       |      0 |       2 |
|* 3 |     BITMAP INDEX SINGLE VALUE| T1_B2 |      0 |       2 |
---------------------------------------------------------------
```

-- 비트맵 인덱스 T1_B2 를 경유하는 경우. IS NOT NULL 인 경우 일량은 74
```
SQL> select /*+ gather_plan_statistics index(t1 t1(c2)) */
  2    count(*)
  3  from t1
  4  where c2 is not null;

  COUNT(*)
----------
    100000
```

```
-----------------------------------------------------------
| Id | Operation                 | Name  | A-Rows | Buffers |
-----------------------------------------------------------
|  1 |  SORT AGGREGATE           |       |      1 |      74 |
|  2 |    BITMAP CONVERSION COUNT|       |  10000 |      74 |
|* 3 |     BITMAP INDEX FULL SCAN| T1_B2 |  10000 |      74 |
-----------------------------------------------------------
```

## 사례 2: 비트맵 오퍼레이션

다음과 같이 테이블 T1 을 만듭니다.

- 테이블 T1 은 총 100,000 건의 로우를 가지고 있습니다.
- 컬럼 C1 과 C2 는 모두 100 개의 Distinct Count 를 가집니다.
- 단, 컬럼 C1 과 C2 는 서로 일치하는 경우가 없습니다. 즉 { C1 = 1 and C2 = 1 }과 같은 조건의 결과는 항상 0 건입니다. 이런 컬럼을 상호연관 되어있다 혹은 Correlated 되어있다고 부릅니다.
- 컬럼 C1 과 C2 모두 비트맵 인덱스를 가지고 있습니다.

```
SQL> create table t1
  2  as
  3  select
  4    mod(level, 100) as c1,
  5    100 - mod(level, 100) as c2,
  6    rpad('x', 10, 'x') as dummy
  7  from dual
  8  connect by level <= 100000;

Table created.

SQL> create bitmap index t1_b1 on t1(c1);

Index created.

SQL> create bitmap index t1_b2 on t1(c2);

Index created.

SQL> exec dbms_stats.gather_table_stats(user, 't1');

PL/SQL procedure successfully completed.
```

아래에 세 가지 경우(Table Full Scan vs. 하나의 비트맵 인덱스 경유 vs. Bitmap And Operation)에 대한 성능 비교 결과가 있습니다.

```
-- Table Full Scan. 일량은 308
SQL> select /*+ gather_plan_statistics full(t1) */
```

```
  2    count(dummy)
  3    from t1
  4    where c1 = 1 and c2 = 1;

COUNT(DUMMY)
------------
           0
```

```
-----------------------------------------------------
| Id  | Operation          | Name | A-Rows | Buffers |
-----------------------------------------------------
|  1  | SORT AGGREGATE     |      |     1  |    308  |
|* 2  |  TABLE ACCESS FULL | T1   |     0  |    308  |
-----------------------------------------------------
```

-- 하나의 비트맵 인덱스 T1_B1 을 경유. 일량은 306
```
SQL> select /*+ gather_plan_statistics index(t1 t1_b1) no_index(t1 t1_b2) */
  2    count(dummy)
  3    from t1
  4    where c1 = 1 and c2 = 1;

COUNT(DUMMY)
------------
           0
```

```
-------------------------------------------------------------------
| Id  | Operation                        | Name  | A-Rows | Buffers |
-------------------------------------------------------------------
|  1  | SORT AGGREGATE                   |       |     1  |    306  |
|* 2  |  TABLE ACCESS BY INDEX ROWID     | T1    |     0  |    306  |
|  3  |   BITMAP CONVERSION TO ROWIDS    |       |  1000  |      2  |
|* 4  |    BITMAP INDEX SINGLE VALUE     | T1_B1 |     1  |      2  |
-------------------------------------------------------------------
```

-- 두 개의 비트맵 인덱스에 대해 Bitmap And Operation. 일량은 불과 4!
```
SQL> select /*+ gather_plan_statistics index_combine(t1 t1_b1 t1_b2) */
  2    count(dummy)
  3    from t1
  4    where c1 = 1 and c2 = 1;
```

```
       COUNT(DUMMY)
       ------------
                  0

-------------------------------------------------------------------
| Id  | Operation                      | Name  | A-Rows | Buffers |
-------------------------------------------------------------------
|   1 |  SORT AGGREGATE                |       |      1 |      4 |
|   2 |   TABLE ACCESS BY INDEX ROWID  | T1    |      0 |      4 |
|   3 |    BITMAP CONVERSION TO ROWIDS |       |      0 |      4 |
|   4 |     BITMAP AND                 |       |      0 |      4 |
|*  5 |      BITMAP INDEX SINGLE VALUE | T1_B1 |      1 |      2 |
|*  6 |      BITMAP INDEX SINGLE VALUE | T1_B2 |      1 |      2 |
-------------------------------------------------------------------
```

Bitmap And Operation 이 효과적으로 동작할 경우 일량을 얼마나 줄일 수 있는지 알 수 있습니다. 단, 여기서도 인덱스의 절대 원칙, 즉 테이블로 가는 회수를 얼마나 줄이느냐가 성능을 결정하는 요소가 됩니다. 만일 { C1 = 1 } 조건과 { C2 = 1 } 조건을 AND 해도 결과 건수가 줄어들지 않는다면 Bitmap And Operation 의 효과는 없어지게 됩니다.

## 정리

비트맵 인덱스는 NULL 값을 저장한다는 특징, Distinct Count 가 낮은 컬럼에 대해서도 효율적으로 처리가 가능하다는 특징 등, 비트맵 인덱스와는 정반대의 특징들을 가지고 있습니다. 그 덕분에 복잡한 집계성 쿼리에서 사용해보고 싶은 욕심을 가지게 만듭니다. 하지만 비트맵 인덱스가 존재한다는 사실만으로는 높은 성능을 보장하는 것은 아니라는 것을 위의 테스트 사례에서 충분히 다루었습니다. 오라클에 제공하는 어떤 기능을 사용할 때는 항상 그 동작 원리를 이해한 후에 사용하는 습관이 필요하다고 하겠습니다.

# [ 질문 5. Insert나 Delete에 비해 Update가 인덱스에 주는 부하가 가장 크다고 합니다. 왜 그런가요? ]

## 문제 개요

Insert, Delete 에 비해 Update 가 인덱스에 가장 많은 부하를 준다고 합니다. 그 이유는 무엇인가요?

## 해답

매우 간단합니다. **인덱스 관점에서 Update 는 Delete 후 Insert 와 동일하기 때문**입니다. 따라서 Delete 에 의한 부하와 Insert 에 의한 부하가 동시에 나타날 수 있습니다. 그래서 Update 가 인덱스에 가장 많은 부하를 준다고 할 수 있습니다.

특히 Delete 후 Insert 라는 속성으로 인해 인덱스 공간 사용에 있어서 예상치 못한 문제를 유발할 수 있습니다. Delete 로 인해 생긴 여유 공간을 Insert 에서 재활용하느냐 못하느냐에 따라 인덱스의 공간 사용 효율성이 바뀔 수 있습니다.

간단한 사례를 통해 논의하겠습니다.

# 테스트

## 사례 1: 한 건의 Update와 인덱스 공간 관리

아래와 같이 테이블 T1 을 생성하고 컬럼 C1 에 대해 **인덱스 T1_N1** 을 생성합니다. 인덱스 T1_N1 이 Update 문의 발생에 따라 어떻게 공간을 활용하는지 살펴볼 것입니다.

```
SQL> create table t1(c1 number, c2 number);

Table created.

SQL> create index t1_n1 on t1(c1);

Index created.

SQL> create index t1_n2 on t1(c2);

Index created.
```

한건의 로우를 Insert 하고 인덱스 트리 덤프(Index Tree Dump)를 통해 Insert 된 로우를 담고 있는 인덱스 리프 블록을 찾습니다.

```
SQL> insert into t1 values(1, 1);

1 row created.

SQL> commit;

Commit complete.

SQL> col dba new_value dba
SQL> select regexp_replace(column_value,
  2     'leaf:
0x[[:xdigit:]]+[[:space:]]+([[:digit:]]+)[[:space:]]+[[:print:]]+',
  3     '\1') as dba
  4  from table(tpack.index_tree_dump(user, 'T1_N1'))
```

```
  5  where regexp_like(column_value, 'leaf:
0x[[:xdigit:]]+[[:space:]]+[[:digit:]]+');

DBA
----------------------------------------------------------------------
16777996
```

인덱스 리프 블록의 DBA 가 16777996 입니다. 인덱스 트리 덤프는 아래와 같은 내용을 담고 있는데, 0x100030c(16 진수) 혹은 16777996(10 진수)이 DBA 입니다. 현재 인덱스에는 블록이 하나만 존재하므로 이 하나의 블록이 루트 블록이자 브랜치 블록이자 리프 블록이 됩니다.

```
----- begin tree dump
leaf: 0x100030c 16777996 (0: nrow: 1 rrow: 1)
----- end tree dump
```

10 진수의 DBA 값을 **DBMS_UTILITY** 패키지를 이용해서 파일 번호와 블록 번호로 변환합니다.

```
SQL> col file_no new_value file_no
SQL> col block_no new_value block_no
SQL> select
  2    dbms_utility.data_block_address_file(&dba) as file_no,
  3    dbms_utility.data_block_address_block(&dba) as block_no
  4  from dual;
old   2:      dbms_utility.data_block_address_file(&dba) as file_no,
new   2:      dbms_utility.data_block_address_file(16777996) as file_no,
old   3:      dbms_utility.data_block_address_block(&dba) as block_no
new   3:      dbms_utility.data_block_address_block(16777996) as block_no

   FILE_NO   BLOCK_NO
---------- ----------
         4        780
```

DBA (4, 780) 값을 이용해서 블록 덤프(Block Dump)를 수행하면 다음과 같이 하나의 로우가 저장되어 있습니다. COL 0 항목이 컬럼 C1 을 의미하며, COL 1 은 테이블의 로우를 찾아갈 수 있는 ROWID 값입니다.

```
SQL> select *
  2  from table(tpack.block_dump(&file_no, &block_no, 0))
  3  where
  4    (column_value like 'row#%'
  5        or column_value like 'col%');
old   2: from table(tpack.block_dump(&file_no, &block_no, 0))
new   2: from table(tpack.block_dump(         4,       780, 0))

COLUMN_VALUE
----------------------------------------
row#0[8024] flag: ------, lock: 2, len=12
col 0; len 2; (2):  c1 02
col 1; len 6; (6):  01 00 03 04 00 00
```

이제 컬럼 C1 의 값을 1 에서 2 로 Update 합니다.

```
SQL> update t1 set c1 = 2 where c1 = 1;

1 row updated.

SQL> commit;

Commit complete.
```

컬럼 **C1** 의 값이 1 에서 2 로 Update 되었다는 것은 인덱스 **T1_N1** 의 관점에서 보면 1 의 값을 삭제하고 2 의 값을 추가했다는 것을 의미합니다. 이로 인해 Update 후 인덱스 리프 블록에는 2 개의 로우가 존재하게 됩니다.

```
SQL> select *
  2  from table(tpack.block_dump(&file_no, &block_no, 0))
  3  where column_value like 'row#%' or column_value like 'col%';
old   2: from table(tpack.block_dump(&file_no, &block_no, 0))
new   2: from table(tpack.block_dump(         4,       780, 0))

COLUMN_VALUE
--------------------------------------------------------------------------
row#0[8024] flag: ---D--, lock: 2, len=12
col 0; len 2; (2):  c1 02
```

```
col 1; len 6; (6):  01 00 03 04 00 00
row#1[8012] flag: ------, lock: 2, len=12
col 0; len 2; (2):  c1 03
col 1; len 6; (6):  01 00 03 04 00 00
```

Row#0은 1의 값을 지녔지만 지금은 삭제(D)된 상태이고, Row#1은 새로 추가된 2의 값입니다. 여기서 한가지 의문을 가질 수 있습니다. 어차피 테이블의 로우가 변경된 것이 아니라면 왜 Row#0을 그대로 사용하지 않고 새로운 Row#1을 만드는가? 그것은 오라클이 인덱스의 여유 공간을 관리하는 방법때문입니다. [2.1 절의 테스트 사례 2: 트랜잭션에 따른 공간 관리의 차이]에서 **오라클은 동일 트랜잭션에서 생긴 인덱스의 여유 공간을 재활용하지 않는다**는 것을 증명한 바 있습니다. 그 원칙이 동일하게 적용된 것입니다. Update = Delete + Insert 인데 Delete와 Insert 사이에 커밋이 존재하지 않으므로(너무 당연한 이야기지만) Delete에 의해 생긴 여유 공간을 Insert는 사용하지 않습니다.

## 사례 2: 여러 건 Update와 인덱스 공간 관리

이제 사례 1에서 다룬 내용을 좀 더 확장해보겠습니다.

총 10,000건의 데이터에 대해 다음과 같은 세 가지 경우에 인덱스의 크기가 어떻게 변하는지 관찰해보겠습니다.

첫째, 총 10,000건을 건건이 Update 하면서 매번 커밋을 수행한다.

둘째, 총 10,000건을 건건이 Update 하고 마지막에 커밋을 수행한다.

셋째, 총 10,000건을 한꺼번에 Update 하고 커밋을 수행한다.

첫번째 경우입니다. 우선 총 10,000건의 데이터를 생성합니다.

```
SQL> truncate table t1;

Table truncated.

SQL> insert into t1 select level, level from dual connect by level <= 10000;
```

```
10000 rows created.

SQL> commit;

Commit complete.
```

**ANALYZE INDEX ... VALIDATE STRUCTURE** 명령을 이용해 인덱스의 크기를 측정합니다.

```
SQL> analyze index t1_n1 validate structure;

Index analyzed.

SQL> select blocks, lf_blks, del_lf_rows from index_stats;

    BLOCKS    LF_BLKS DEL_LF_ROWS
---------- ---------- -----------
        24         19           0
```

이제 총 10,000 건을 건건이 Update 하되 매번 커밋을 수행합니다. 매번 커밋을 수행하기 때문에 Delete 에 의해 생기는 공간이 결국은 재활용될 것입니다.

```
SQL> begin
  2    for idx in 1 .. 10000 loop
  3            update /*+ index(t1) */ t1 set c1 = c1 + 1 where c2 = idx;
  4            commit;
  5    end loop;
  6  end;
  7  /

PL/SQL procedure successfully completed.
```

인덱스의 크기를 다시 측정합니다. 리프 블록의 숫자가 19 개에서 37 개로 늘어나고, 삭제된 로우 수가 38 개로 늘어났습니다.

```
SQL> analyze index t1_n1 validate structure;

Index analyzed.
```

```
SQL> select blocks, lf_blks, del_lf_rows from index_stats;

    BLOCKS    LF_BLKS DEL_LF_ROWS
---------- ---------- -----------
        48         37          38
```

상당 부분 재활용이 일어났지만 삭제된 공간이 100% 재활용되지는 않았다는 것을 알 수 있습니다. 38 개의 로우는 삭제된 이후 재활용되지 않았습니다. 왜 이런 현상이 생겼을까요?

이것은 **특정 로우는 자신이 들어갈 자리에만 들어갈 수 있다**는 인덱스의 고유의 특징 때문입니다. 아래와 같은 상황을 가정해보시면 쉽게 이해가 될 것입니다. (4)는 브랜치 블록이며 첫번째 리프 블록에는 (1,2,3)의 값이, 두번째 리프 블록에는 (4,5,6)의 값이 들어가 있습니다. 각 리프 블록에는 최대 3 개의 값만 들어갈 수 있다고 가정합니다.

　　　　(4)

(1,2,3)　(4,5,6)

이 상황에서 3 의 값을 4 로 Update 한다고 가정해보면, 우선 3 은 삭제(D)됩니다. 그리고 4 를 새로 추가합니다. 브랜치 블록이 4 의 값을 가지고 있기 때문에 4 는 두번째 리프 블록으로 Insert 되어야 합니다. 그런데 두 번째 리프 블록은 현재 꽉찬 상태입니다. 따라서 인덱스 분할이 생깁니다. 즉 인덱스의 상태는 다음과 같이 됩니다.

　　　　(4, 5)

(1,2,D)　(4,4)　(5,6)

삭제된 공간 D 에는 4 보다 작은 값이 이외에는 들어올 수가 없습니다. 즉 이 삭제된 공간은 영원히 재활용되지 않을 수도 있습니다. 이런 삭제된 공간 때문에 매번 커밋을 수행함에도 불구하고 인덱스에 재활용되지 않는 삭제 공간이 남아 있는 것입니다. 이것은 인덱스 고유의 메커니즘이며, 실제 상황에서는 거의 문제가 되지 않습니다.

두번째 경우입니다. 동일한 순서로 작업을 수행하되 건건이 커밋을 수행하지 않고 Update 가 끝난 후에 커밋을 수행합니다.

```
SQL> -- with commit for the whole update
SQL> truncate table t1;

Table truncated.

SQL> insert into t1 select level, level from dual connect by level <= 10000;

10000 rows created.

SQL> commit;

Commit complete.

SQL> analyze index t1_n1 validate structure;

Index analyzed.

SQL> select blocks, lf_blks, del_lf_rows from index_stats;

    BLOCKS    LF_BLKS DEL_LF_ROWS
---------- ---------- -----------
        24         19           0

SQL> begin
  2    for idx in 1 .. 10000 loop
  3        update /*+ index(t1) */ t1 set c1 = c1 + 1 where c2 = idx;
  4    end loop;
  5    commit;
  6  end;
  7  /

PL/SQL procedure successfully completed.
```

인덱스의 크기가 첫번째 경우에 비해 크게 증가합니다. 무엇보다 눈에 띄는 것은 삭제된 로우 수(DEL_LF_ROWS)가 9,844 건에 이른다는 것입니다. 총 10,000 건을 Update 했으므로 거의 대부분의 Update 에 대해 Delete 된 공간을 재활용하지 못한다는 것을 알 수 있습니다.

```
SQL> analyze index t1_n1 validate structure;

Index analyzed.

SQL> select blocks, lf_blks, del_lf_rows from index_stats;

    BLOCKS    LF_BLKS DEL_LF_ROWS
---------- ---------- -----------
        64         56        9844
```

세번째 경우입니다. 두번째 경우와는 Update를 건건이 하지 않고 한꺼번에 수행한다는 차이가 있습니다.

```
SQL> truncate table t1;

Table truncated.

SQL> insert into t1 select level, level from dual connect by level <= 10000;

10000 rows created.

SQL> commit;

Commit complete.

SQL> analyze index t1_n1 validate structure;

Index analyzed.

SQL> select blocks, lf_blks, del_lf_rows from index_stats;

    BLOCKS    LF_BLKS DEL_LF_ROWS
---------- ---------- -----------
        24         19           0

SQL> update t1 set c1 = c1 + 1;

10000 rows updated.

SQL> analyze index t1_n1 validate structure;
```

```
Index analyzed.
```

두번째 경우와 거의 동일한 정도로 공간을 재활용하지 못한다는 것을 알 수 있습니다.

```
SQL> select blocks, lf_blks, del_lf_rows from index_stats;

    BLOCKS    LF_BLKS DEL_LF_ROWS
---------- ---------- -----------
        64         56        9592
```

## 정리

Update 문을 포함한 DML 과 인덱스의 상관 관계를 이해하려면 인덱스의 특징을 잘 이해할 필요가 있습니다. 이미 질문 1, 질문 3 등에서 인덱스의 고유의 특징들이 DML 과 어떤 관계가 있는지 논의한 바있습니다. 이번 질문에서도 Update 문에 의해 인덱스가 어떤 영향을 받는지를 공간 관리 차원에서 논의했습니다. Update 는 Delete 후 Insert 와 같다는 사실과 Delete 에 의해 확보된 인덱스의 여유 공간은 트랜잭션이 종료되기 전에는 재활용되지 않는다는 사실을 다시 한번 기억하시기 바랍니다.

## 질문 6. 인덱스를 리빌드하면 Logical Reads가 증가하는 버그가 있다고 합니다. 언제 이런 버그가 발생하며 그 이유는 무엇인지요?

### 문제 개요

인덱스를 리빌드하면 Logical Reads 가 증가하는 버그가 있다는 말을 들었습니다. 이런 버그가 실제로 존재하는지, 존재한다면 구체적으로 어떤 상황에서 발생하는지 알고 싶습니다.

### 해답

MOS(구 메타링크) 버그 번호 6455161 에 해당하는 버그입니다. 조금 구체적으로 말하면 인덱스 리빌드 후 해당 인덱스에 대해 Nested Loops Join 으로 액세스하면 Buffer Pinning 효과가 줄어들면서 Logical Reads 가 증가하는 버그입니다. 이 버그는 10.1 ~ 10.2.0.4 사이의 버전에 공통적으로 존재합니다.

버그를 설명하기 위해 이 문제를 고른 것이 아닙니다. 두 가지 목적으로 이 문제를 선택했습니다. 첫째는 **Buffer Pinning** 이 이루어지는 것을 어떻게 관찰하는가입니다. 둘째는 이런 유형의 문제를 분석하기 위한 일련의 **트러블슈팅 과정**을 소개하기 위한 것입니다.

구체적인 사례를 통해 논의를 진행하겠습니다.

# 테스트

## 테스트 환경

오라클 버전을 확인합니다. 10.2.0.1 임을 알 수 있습니다.

```
SQL> select * from v$version where rownum = 1;
BANNER
----------------------------------------------------------------
Oracle Database 10g Enterprise Edition Release 10.2.0.1.0 - Prod
```

다음과 같이 두 개의 테이블 T1, T2 를 만듭니다. 그리고 테이블 T2 에는 인덱스 T2_N1 을 만 듭니다. 각 테이블은 200,000 건의 로우를 가집니다.

```
SQL> create table t1(c1 int, c2 int);

Table created.

SQL> create table t2(c1 int, c2 int);

Table created.

SQL> create index t2_n1 on t2(c1);

Index created.

SQL> insert into t1
  2  select level, level
  3  from dual
  4  connect by level <= 200000;

200000 rows created.

SQL> insert into t2
  2  select level, level
  3  from dual
  4  connect by level <= 200000;
```

```
200000 rows created.

SQL> commit;

Commit complete.

SQL> exec dbms_stats.gather_table_stats(user, 't1');

PL/SQL procedure successfully completed.

SQL> exec dbms_stats.gather_table_stats(user, 't2');

PL/SQL procedure successfully completed.
```

## 사례 1: 인덱스 리빌드 전후의 Plan Statistics 비교

테이블 T1 을 선행으로 해서 인덱스 T2_N1 을 거쳐 테이블 T2 를 액세스하는 실행 계획을 가진 쿼리를 수행합니다.

우선 인덱스 T2_N1 을 리빌드하기 전의 Plan Statistics 결과입니다.

```
SQL> -- before index rebuild
SQL> select /*+ gather_plan_statistics
  2              leading(t1) use_nl(t2) index(t2) */
  3     count(t2.c2)
  4   from
  5     t1, t2
  6   where t1.c1 = t2.c1
  7       and t1.c1 > 0
  8  ;
COUNT(T2.C2)
------------
      200000

1 row selected.

SQL> select * from table(dbms_xplan.display_cursor(null, null, 'allstats
last'));
```

```
---------------------------------------------------------------
| Id | Operation                      | Name  | A-Time      | Buffers |
---------------------------------------------------------------
|  1 |  SORT AGGREGATE                |       |00:00:04.55 |   201K|
|  2 |   TABLE ACCESS BY INDEX ROWID| T2    |00:00:09.60 |   201K|
|  3 |    NESTED LOOPS                |       |00:00:02.83 |   200K|
|* 4 |     TABLE ACCESS FULL          | T1    |00:00:00.80 |    436|
|* 5 |     INDEX RANGE SCAN           | T2_N1 |00:00:02.85 |   200K|
---------------------------------------------------------------
```

인덱스 T2_N1 을 읽는 5 번 단계에서의 Logical Reads(Buffers)가 200,000 입니다. 이 값이 이상하게 보이지 않습니까? 인덱스 T2_N1 의 높이는 2 입니다. 즉 하나의 루트 블록이 존재하고 그 밑으로 많은 수의 리프 블록이 매달려 있는 모습입니다.

```
SQL> analyze index t2_n1 validate structure;

Index analyzed.

SQL> select height from index_stats;
    HEIGHT
----------
         2
```

테이블 T1 에서 읽는 로우 수가 200,000 건이므로 그만큼 인덱스 T2_N1 을 액세스한다면 Logical Reads = 200,000 * 인덱스 높이 = 200,000 * 2 = 400,000 이 되어어 합니다. 하지만 실제 Logical Reads 는 200,000 에 불과합니다. 어떻게 이런 일이 가능할까요? 이것을 **Buffer Pinning** 효과라고 부릅니다. Buffer Pinning 이란 한번의 Fetch Call 에서 두번 연속 Access 하는 블록에 대해서는 cache buffers chains 래치를 획득하는 과정없이 해당 블록을 읽는 것을 말합니다. cache buffers chains 래치를 획득하지 않으면 Logical Reads 를 증가시키지 않습니다. 위의 예에서 인덱스 T2_N1 의 루트 블록은 계속해서 연속적으로 액세스가 됩니다. 따라서 추가적인 Logical Reads 없이(정확하게 말하면 cache buffers chains 래치의 획득없이) 루트 블록을 읽습니다. 덕분에 루트 블록에 대한 Logical Reads 가 크게 줄어들게 됩니다.

인덱스를 리빌드한 후의 Plan Statistics 입니다.

```
SQL> -- rebuild the index
SQL> alter index t2_n1 rebuild;

Index altered.

SQL> select /*+ gather_plan_statistics
  2                leading(t1) use_nl(t2) index(t2) */
  3     count(t2.c2)
  4  from
  5     t1, t2
  6  where t1.c1 = t2.c1
  7        and t1.c1 > 0
  8  ;
COUNT(T2.C2)
------------
      200000

1 row selected.


---------------------------------------------------------------------
| Id | Operation                      | Name  | A-Time      | Buffers |
---------------------------------------------------------------------
|  1 |  SORT AGGREGATE                |       |00:00:05.15 |   401K|
|  2 |   TABLE ACCESS BY INDEX ROWID  | T2    |00:00:10.03 |   401K|
|  3 |    NESTED LOOPS                |       |00:00:06.43 |   400K|
|* 4 |     TABLE ACCESS FULL          | T1    |00:00:00.80 |   436 |
|* 5 |     INDEX RANGE SCAN           | T2_N1 |00:00:03.30 |   400K|
---------------------------------------------------------------------
```

동일한 쿼리이지만 Logical Reads 가 400,000 으로 증가했습니다. 400,000 이라는 숫자에서 알 수 있듯이 루트 블록에 대한 Buffer Pinning 효과가 없어진 것을 알 수 있습니다. 이것이 이 버그의 핵심입니다.

## 사례 2: Session Snapshot Report

티팩이 제공하는 Session Snapshot Report 를 이용해 인덱스 리빌드 전후의 성능 지표를 비교해보겠습니다.

우선 인덱스를 초기화합니다.

```
SQL> -- 세션 #1
SQL> drop index t2_n1;

Index dropped.

SQL> create index t2_n1 on t2(c1);

Index created.
```

세션 #1 에서 첫번째 Snapshot 을 생성합니다.

```
SQL> -- Begin Session Snapshot
SQL> exec tpack.begin_session_snapshot;

PL/SQL procedure successfully completed.

SQL> select /*+ gather_plan_statistics
  2              leading(t1) use_nl(t2) index(t2) */
  3    count(t2.c2)
  4  from
  5    t1, t2
  6  where t1.c1 = t2.c1
  7       and t1.c1 > 0
  8  ;
COUNT(T2.C2)
------------
      200000

1 row selected.

SQL> -- Add Session Snapshot
SQL> exec tpack.add_session_snapshot;
```

세션 #2 에서 인덱스를 리빌드합니다.

```
SQL> -- 세션 #2
SQL> alter index t2_n1 rebuild;
```

```
Index altered.

PL/SQL procedure successfully completed.
```

세션 #1 에서 두번째 Snapshot 을 생성합니다.

```
SQL> select /*+ gather_plan_statistics
  2               leading(t1) use_nl(t2) index(t2) */
  3     count(t2.c2)
  4  from
  5    t1, t2
  6  where t1.c1 = t2.c1
  7        and t1.c1 > 0
  8  ;
COUNT(T2.C2)
------------
      200000

1 row selected.

SQL> -- Add Session Snapshot
SQL> exec tpack.add_session_snapshot;

PL/SQL procedure successfully completed.
```

Session Snapshot Report 를 생성합니다.

```
SQL> -- Report Session Snapshot
SQL> col type format a10
SQL> break on type skip 1
SQL> col item format a20
SQL> col deltas format a20
SQL>
SQL> select * from table(tpack.session_snapshot_report);
```

아래에 그 결과가 있습니다(가독성을 위해 필요한 부분만을 발췌했습니다).

```
TYPE        ITEM                    TOTAL_DELTA DELTAS
----------  ----------------------  ----------- -------------------
STAT        no work - consistent       202920   1476->201444
            read gets
            buffer is not pinned       201390   743->200647
            count
...

LATCH       cache buffers chains      1235213   420401->814812
            simulator hash latch        25487   12877->12610
...

BUFF GET    kdiwh09: kdiixs            400092   200092->200000
            kdiwh42: kdiixs            200003   4->199999
...

305 rows selected.
```

*buffer is not pinned count* 지표 값이 200,000 정도 증가한 것에 주목하시기 바랍니다. 이 값 만큼 Logical Reads 가 증가했습니다. Buffer Pinning 의 효과가 없어지면서 Logical Reads 가 증가했다는 결정적인 증거인 셈입니다. cache buffers chains 래치의 획득 회수도 2 배 증가한 것에 주목하시기 바랍니다.

Session Snapshot Report 만으로도 버그의 성격(Buffer Pinning 이 이루어지지 않는다는 것)을 명확하게 알 수 있습니다. **Session Snapshot Report 가 제공하는 데이터들은 성능 문제의 트러블슈팅에 있어서 가장 기본적이고 중요한 도구**입니다. 티팩을 이용하지 않더라도 V$SES[SYS]STAT 뷰, V$LATCH 뷰 등을 이용하면 동일한 데이터를 추출할 수 있습니다. 여기서 논의를 확장해서 cache buffers chains 래치의 획득을 분석해보겠습니다. 이 래치의 획득이 크게 증가했으므로 어떤 오브젝트에 대해 주로 획득되었는지를 분석해볼 필요가 있습니다. 만일 Session Snapshot Report 의 분석 결과대로 인덱스 루브 블록에 대한 Buffer Pinning 효과가 없어진 것이라면, 인덱스 루트 블록에 대한 래치 획득이 가장 많이 관찰될 것입니다.

### 사례 3: Latch Profile Report

티팩이 제공하는 Latch Profile Report 를 이용하면 특정 세션에 대해 특정 래치(여기서는 cache bufers chains 래치)의 획득 정도를 알 수 있습니다.

우선 다음과 같이 인덱스를 초기화합니다.

```
SQL> drop index t2_n1;

Index dropped.

SQL> create index t2_n1 on t2(c1);

Index created.
```

세션 #1 에서 V$SESSON.CLIENT_INFO 를 설정합니다. 세션 #2 가 세션 #1 의 세션 아이디를 찾기 쉽도록 하기 위한 것입니다.

```
SQL> -- session #1
SQL> exec dbms_application_info.set_client_info('SESSION1');

PL/SQL procedure successfully completed.
```

세션 #2 에서는 다음과 같이 세션 #1 의 세션 아이디를 얻을 수 있습니다.

```
SQL> -- session #2
SQL> col sid new_value sid
SQL> select sid from v$session where client_info = 'SESSION1';

   SID
-----
   148
```

세션 #2 에서 Latch Profile Report 를 수행합니다. TPACK.WAIT_FOR_SIGNAL 프로시저를 호출해서 세션 #1 이 쿼리를 수행할 때까지 기다리게 합니다. 세션 #1 이 깨워주면 즉시 Latch Profile Report 작업이 수행됩니다.

```
SQL> -- session #2
SQL> exec tpack.wait_for_signal;

PL/SQL procedure successfully completed.

SQL> col sid format 9999
SQL> col latch_name format a30
SQL> col obj_why format a15
SQL> set lines 200
SQL> select * from table(tpack.latch_profile_report(&sid, 'LATCH_NAME, OBJ_WHY',
'cache buffers chains'));
```

세션 #1 에서 **TPACK.SIGNAL** 프로시저를 호출해서 세션 #2 를 깨우고 쿼리를 수행합니다. 쿼리를 수행하는 동안 세션 #1 에 의해 Latch Profile Report 가 수집될 것입니다.

```
SQL> -- session #1
SQL> exec tpack.signal;

PL/SQL procedure successfully completed.

SQL> select /*+ gather_plan_statistics
  2              leading(t1) use_nl(t2) index(t2) */
  3    count(t2.c2)
  4  from
  5    t1, t2
  6  where t1.c1 = t2.c1
  7     and t1.c1 > 0
  8  ;
COUNT(T2.C2)
------------
      200000

1 row selected.
```

인덱스 **T2_N1** 을 리빌드한 후 같은 방법으로 Latch Profile Report 를 수집합니다.

```
SQL> alter index t2_n1 rebuild;

Index altered.
```

인덱스 리빌드를 수행하기 전의 Latch Profile Report 입니다.

```
SID LATCH_NAME              OBJ_WHY    HELD_PCT   HELD_TIME  AVG_HELD_TIME
----- --------------------  --------   ---------- ---------- -------------
  148 cache buffers chains  4/1563             0        3.8              0
  148 cache buffers chains  4/2120             0        2.6              0
  148 cache buffers chains  4/2317             0        2.5              0
  148 cache buffers chains  4/2093             0        2.5              0
  148 cache buffers chains  4/2128             0        2.4              0
```

인덱스 리빌드를 수행한 후의 Latch Profile Report 입니다.

```
SID LATCH_NAME              OBJ_WHY    HELD_PCT   HELD_TIME  AVG_HELD_TIME
----- --------------------  --------   ---------- ---------- -------------
  148 cache buffers chains  4/1660            .6       30.3             .1
  148 cache buffers chains  0/0                0        .9              0
  148 cache buffers chains  4/2749             0        .9              0
  148 cache buffers chains  4/2677             0        .8              0
  148 cache buffers chains  4/2719             0        .8              0
```

인덱스 리빌드를 수행한 후 DBA (4/1660) 인 블록에 대한 래치 획득이 크게 증가한 것을 알 수 있습니다. 만일 이 블록이 인덱스 루트 블록이라면 "인덱스 루트 블록에 대한 Buffer Pinning 효과가 없어짐으로써 Logical Reads 가 증가"한다는 사실을 뒷받침하는 결정적인 증거가 되는 셈입니다. 인덱스 루트 블록은 항상 세그먼트 헤더 블록(Segment Header Block) 다음에 위치합니다. 아래 결과를 보면 세그먼트 헤더 블록은 (4/1659)입니다. 즉 (4/1660)은 인덱스 루트 블록입니다.

```
SQL> select header_file, header_block from dba_segments where owner =
  user and segment_name = 'T2_N1';

HEADER_FILE HEADER_BLOCK
----------- ------------
          4         1659
```

티팩이 제공하는 리포트들을 잘 활용하면 매우 과학적으로 문제를 분석할 수 있다는 것을 알 수 있습니다.

## 정리

이번 질문은 버그를 소개하기 위한 것이 아니라는 것을 다시 한번 강조합니다. Buffer Pinning이 어떻게 관찰되는지를 사례를 통해 알아보는 것이 첫번째 목적이고, 무엇보다 중요한 것은 이러한 성능 이상 현상이 발생했을 때 어떤 데이터를 통해서 그 원인을 분석할 것인가 입니다. 위의 사례에서는 티팩을 사용했지만, 오라클 성능 모니터링에 대한 기본적인 지식만 있다면 자신만의 고유의 기법들을 얼마든지 발굴할 수 있습니다. 성능 문제의 전문가가 되려면 분석에 필요한 데이터를 충분히 수집하고 이를 기반으로 분석하는 자세가 필요합니다.

## 질문 7. 인덱스 재생성보다는 인덱스 리빌드가 더 효과적이라고 합니다. 그 이유는 무엇인가요?

### 문제 개요

인덱스를 삭제 후 재생성하는 것보다 인덱스를 리빌드하는 것이 더 효과적이라고 합니다. 그리고 오프라인 인덱스 리빌드가 온라인 인덱스 리빌드보다 더 효과적이라고 합니다. 그 이유가 무엇인가요?

### 해답

CREATE INDEX 명령을 수행하면 오라클은 테이블을 Full Scan 하고 그 결과를 소팅해서 인덱스를 생성합니다. 반면 ALTER INDEX ... REBUILD 명령을 수행하면 인덱스를 Fast Full Scan 하고 그 결과를 소팅해서 인덱스를 생성합니다. 일반적으로 인덱스의 크기가 테이블보다 작기 때문에 인덱스 리빌드가 성능에 더 유리하기 마련입니다.

단, 위의 가정은 인덱스의 크기가 테이블보다 작을 때만 성립됩니다. 오라클도 이런 문제를 알기 때문에 인덱스의 크기가 테이블보다 크다고 의심되면 Index Fast Full Scan 이 아닌 Table Full Scan 을 선택합니다.

또 한가지 함정은 인덱스가 UNUSABLE 상태일 때는 인덱스 리빌드라고 하더라도 항상 Table Full Scan 가 사용된다는 것입니다. 인덱스가 믿을 수 없는 상태에 있기 때문에 당연한 현상입니다.

오라클은 오프라인 인덱스 리빌드인 경우에는 가능한 Index Fast Full Scan 을 선택합니다. 하지만 온라인 인덱스 리빌드인 경우에는 Table Full Scan 을 선택하게 됩니다. 따라서 온라인 인덱스 리빌드가 오프라인 인덱스 리빌드보다 항상 성능면에서 더 불리합니다.

## 테스트

### 사례 1: 인덱스 리빌드와 Index Fast Full Scan

다음과 같이 NUMBER 타입의 세 개의 컬럼을 가지는 테이블 T1 을 생성합니다. "세 개"라는 숫자에 주목하시기 바랍니다.

```
SQL> create table t1(c1 number, c2 number, c3 number);

Table created.

SQL> insert into t1
  2  select
  3    level as c1,
  4    level as c2,
  5    level as c3
  6  from dual
  7  connect by level <= 10000;

10000 rows created.
```

잘 알려지지 않은 사실이지만 DDL 문에 대해서도 EXPLAIN PLAN 명령을 통해서 실행 계획을 볼 수 있습니다. 컬럼 C1 에 대해 인덱스를 생성하는 경우의 실행 계획은 다음과 같습니다. Table Full Scan 이 선택된 것을 알 수 있습니다.

```
SQL> explain plan for
  2  create index t1_n1 on t1(c1);

Explained.

SQL> select * from table(dbms_xplan.display);

---------------------------------------------------------------
| Id  | Operation              | Name  | Rows | Bytes | Cost (%CPU)|
---------------------------------------------------------------
|   0 | CREATE INDEX STATEMENT |       |   82 | 1066  |    3   (0)|
|   1 |  INDEX BUILD NON UNIQUE| T1_N1 |      |       |           |
```

```
|   2 |   SORT CREATE INDEX    |      |   82 | 1066 |          |
|   3 |    TABLE ACCESS FULL   | T1   |   82 | 1066 |    2   (0)|
----------------------------------------------------------------

Note
-----
   - estimated index size: 65536  bytes
```

이제 인덱스를 생성합니다.

```
SQL> create index t1_n1 on t1(c1);

Index created.
```

그리고 인덱스 리빌드에 대한 실행 계획을 조회해보면 Index Fast Full Scan 이 선택된 것을 알 수 있습니다.

```
SQL> explain plan for
  2  alter index t1_n1 rebuild;

Explained.


----------------------------------------------------------------
| Id | Operation             | Name | Rows | Bytes | Cost (%CPU)|
----------------------------------------------------------------
|  0 | ALTER INDEX STATEMENT |      |   82 | 1066 |    2   (0)|
|  1 |  INDEX BUILD NON UNIQUE| T1_N1 |      |       |           |
|  2 |   SORT CREATE INDEX   |      |   82 | 1066 |           |
|  3 |    INDEX FAST FULL SCAN| T1_N1 |      |       |           |
----------------------------------------------------------------
```

반면에 온라인 인덱스 리빌드일 경우에는 Index Fast Full Scan 이 아닌 Table Full Scan 이 선택됩니다.

```
SQL> explain plan for
  2  alter index t1_n1 rebuild online;
```

```
Explained.

-------------------------------------------------------------------
| Id  | Operation                  | Name  | Rows | Bytes | Cost (%CPU)|
-------------------------------------------------------------------
|  0  | ALTER INDEX STATEMENT      |       |   82 |  1066 |    2   (0)|
|  1  |  INDEX BUILD NON UNIQUE    | T1_N1 |      |       |           |
|  2  |   SORT CREATE INDEX        |       |   82 |  1066 |           |
|  3  |    TABLE ACCESS FULL       | T1    |   82 |  1066 |    2   (0)|
-------------------------------------------------------------------
```

인덱스가 UNUSABLE 상태인 경우에는 오프라인 리빌드라고 하더라도 항상 Table Full Scan 이 선택됩니다.

```
SQL> alter index t1_n1 unusable;

Index altered.

SQL> explain plan for
  2  alter index t1_n1 rebuild;

Explained.

-------------------------------------------------------------------
| Id  | Operation                  | Name  | Rows | Bytes | Cost (%CPU)|
-------------------------------------------------------------------
|  0  | ALTER INDEX STATEMENT      |       | 2288 | 29744 |    9   (0)|
|  1  |  INDEX BUILD NON UNIQUE    | T1_N1 |      |       |           |
|  2  |   SORT CREATE INDEX        |       | 2288 | 29744 |           |
|  3  |    TABLE ACCESS FULL       | T1    | 2288 | 29744 |    9   (0)|
-------------------------------------------------------------------
```

## 사례 2: 인덱스 리빌드와 Table Full Scan

이번에는 NUMBER 타입의 두 개의 컬럼을 가지는 테이블 T1 을 대상으로 동일한 테스트를 수행해보겠습니다.

```
SQL> create table t1(c1 number, c2 number);

Table created.

SQL>
SQL> insert into t1
  2  select
  3    level as c1,
  4    level as c2
  5  from dual
  6  connect by level <= 10000;

10000 rows created.
```

컬럼 C1 에 대해 인덱스를 생성합니다.

```
SQL> create index t1_n1 on t1(c1);

Index created.
```

오프라인 인덱스 리빌드의 실행 계획을 조회해보면 놀랍게도 Index Fast Full Scan 이 아닌 Table Full Scan 을 선택합니다.

```
SQL> explain plan for
  2  alter index t1_n1 rebuild;

Explained.

--------------------------------------------------------------------
| Id  | Operation             | Name  | Rows | Bytes | Cost (%CPU)|
--------------------------------------------------------------------
|   0 | ALTER INDEX STATEMENT |       |   82 |  1066 |    2   (0)|
|   1 |  INDEX BUILD NON UNIQUE| T1_N1|      |       |           |
|   2 |   SORT CREATE INDEX   |       |   82 |  1066 |           |
|   3 |    TABLE ACCESS FULL  | T1    |   82 |  1066 |    2   (0)|
--------------------------------------------------------------------
```

테이블이 두 개의 NUMBER 타입의 컬럼으로 이루어져 있고, 인덱스는 NUMBER 타입의 하나의 컬럼으로 이루어져 있습니다. 그런데 인덱스는 ROWID를 추가적으로 가지고 있습니다. 따라서 인덱스의 크기가 테이블의 크기보다 더 커질 위험성이 있습니다.

실제로 테이블 T1 과 인덱스 T1_N1 의 세그먼트 크기를 비교해보면 인덱스 T1_N1 의 크기가 더 큰 것을 알 수 있습니다.

```
SQL> select segment_name, bytes
  2  from dba_segments
  3  where segment_name in ('T1', 'T1_N1') and owner = user;

SEGMENT_NAME              BYTES
-------------------- ----------
T1_N1                    262144
T1                       196608
```

오라클은 위와 같은 정보를 종합적으로 판단해서 가장 최적의 성능을 낼 수 있는 오퍼레이션을 선택한다고 할 수 있습니다.

## 정리

몇 가지 간단한 테스트를 통해 인덱스 재생성과 인덱스 리빌드, 오프라인 인덱스 리빌드와 온라인 인덱스 리빌드의 차이에 대해서 알아 보았습니다. 더불어 오프라인 인덱스 리빌드임에도 불구하고 Index Fast Full Scan 이 아닌 Table Full Scan 을 선택하는 현상이 왜 발생하는지도 살펴 보았습니다. DDL 문의 실행계획 또한 EXPLAIN PLAN 명령으로 조회할 수 있다는 사실도 기억하시기 바랍니다.

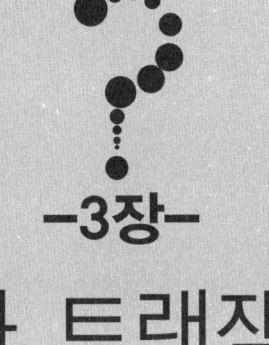

-3장-
# IO와 트랜잭션

## [ 질문 1. 로우 체이닝은 언제 발생하고 어떻게 해결할 수 있나요? ]

### 문제 개요

로우 체이닝(Row Chaining)이 많이 발생하면 I/O(Logical Reads)가 늘어나고 성능이 저하된다고 합니다. 로우 체이닝이 발생했다는 것을 알 수 있는 방법은 무엇인가요? 또 로우 체이닝은 왜 발생하며, 어떻게 해결할 수 있습니까?

### 해답

이 문제에 대한 해답을 하려면 우선 우리가 "로우 체이닝(Row Chaining)"이라고 부르는 현상은 엄밀하게 구분해서 "로우 마이그레이션(Row Migration)"과 "로우 체이닝(Row Chaining)"으로 나눌 수 있다는 사실을 이해해야 합니다.

**로우 마이그레이션**이란 말 그대로 특정 블록 안에 있던 로우가 크기가 커서서 더 이상 현재의 블록 안에 머무르지 못할 때 다른 블록으로 이주(마이그레이션)한다는 것을 의미합니다. 원래 로우가 있던 자리에서는 "나는 여기 없고 다른 블록으로 이동했다"는 표시만 남깁니다.

**로우 체이닝**이라는 말 그대로 하나의 로우가 하나의 블록 안에 다 못들어가기 때문에 여러 블록에 나누어져서(체인 형태로) 존재한다는 것을 의미합니다. 가령 8K 크기의 블록에 15K

크기의 로우를 추가하려면 하나의 블록에 8K, 다른 하나의 블록에 7K 의 로우를 넣고 서로를 체인처럼 연결해주어야 할 것입니다.

로우 체이닝의 특별한 형태로 **인트라 블록 로우 체이닝**이라는 현상이 있습니다. 로우 체이닝은 하나의 로우의 크기가 커서 여러 개의 블록에 걸쳐 존재하는 현상인데 반해, 인트라 블록 로우 체이닝은 로우의 컬럼 수가 너무 많아서 하나의 블록 내에서 여러 군데 걸쳐서 존재하는 현상입니다. 더 정확하게 **말하면 블록 레벨에서(딕셔너리 레벨이 아닌) 하나의 로우가 저장할 수 있는 최대 컬럼 수는 255 개입니다.** 따라서 하나의 로우가 255 개 이상의 컬럼 수를 가지게 되면 블록 레벨에서는 여러 개의 로우에 나누어 저장하게 됩니다. 이런 현상을 인트라 블록 로우 체이닝이라고 부릅니다.

위의 설명을 이해했다면 로우 마이그레이션은 UPDATE 에 의해 주로 발생하고(크기가 커져야 하므로), 로우 체이닝은 INSERT 에 의해 주로 발생할 것이라는 것을 짐작할 수 있습니다.

로우 마이그레이션은 **로우의 크기가 원래 크기보다 커질 때** 발생합니다. 따라서 블록의 여유 공간(PCTFREE)을 미리 충분히 확보함으로써 어느 정도 그 발생빈도를 줄일 수 있습니다. 또한 DELETE 후 재 INSERT 하거나, 테이블을 재구축(ALTER TABLE ... MOVE)하면 대부분 해소됩니다.

반면에 로우 체이닝은 DELETE 후 INSERT 나 테이블 재구축으로는 해결되지 않습니다. **원래의 로우 크기가 블록보다 크기 때문에** 위치를 옮기는 것은 도움이 되지 않습니다. 블록의 여유 공간(PCTFREE)을 줄이면 어느 정도 도움이 되지만, 로우의 크기가 지나치게 큰 경우에는 역시 도움이 되지 않습니다. 로우 체이닝을 줄이는 것이 꼭 필요하다면 테이블을 분할하거나 LOB 같은 데이터 타입을 이용해서 로우의 크기 자체를 줄이는 것이 유일한 해결책이 됩니다.

로우 마이그레이션과 로우 체이닝의 차이가 정확하게 무엇인지 그리고 어떻게 관찰하는지를 간단한 사례를 통해 논의하겠습니다.

# 테스트

## 사례 1: 로우 마이그레이션

우선 로우 마이그레이션(Row Migration)의 사례를 보겠습니다. 아래와 같이 테이블 **T_MIG** 를 생성합니다.

```
SQL> create table t_mig(
  2    c1 number,
  3    c2 varchar2(2000),
  4    c3 varchar2(1000)
  5  );

Table created.
```

총 1000 건의 로우를 추가합니다. 단, 매 3 번째마다 첫번째 로우(C1=1,4,7,10,...)는 컬럼 C2, C3 가 NULL 입니다.

```
SQL> -- insert non migrated rows
SQL> insert into t_mig
  2  select
  3    level,
  4    decode(mod(level,3), 1, null, rpad('x',2000,'x')),
  5    decode(mod(level,3), 1, null, rpad('x',1000,'x'))
  6  from dual
  7  connect by level <= 1000;

1000 rows created.
```

위와 같이 INSERT 하면 모든 로우가 블록에 안정적으로 자리잡습니다. 즉 로우 마이그레이션이 발생하지 않을 것입니다. **ANALYZE TABLE ... COMPUTE STATISTICS** 명령을 수행하면 DBA[USER]_TABLES 뷰의 CHAINT_CNT 컬럼에 로우 마이그레이션이나 로우 체이닝이 발생한 로우 수가 기록됩니다.

```
SQL> analyze table t_mig compute statistics;
```

```
Table analyzed.

SQL> select num_rows, blocks, chain_cnt
  2  from user_tables
  3  where table_name = 'T_MIG';

  NUM_ROWS     BLOCKS  CHAIN_CNT
---------- ---------- ----------
      1000        370          0
```

여기서 한가지 주의할 것은 **DBMS_STATS** 를 이용한 통계 정보 수집은 **CHAIN_CNT** 값을 기록하지 않다는 것입니다. 반드시 **ANALYZE** 명령을 이용해야 합니다.

이 상태에서 첫번째 데이터 블록을 덤프해서 각 로우들이 블록에 어떻게 자리잡고 있는지 눈으로 확인해보겠습니다. **DBMS_ROWID** 패키지를 이용해서 DBA(파일 번호 + 블록 번호)를 얻을 수 있습니다.

```
SQL> -- get the 1st block(c1 = 1)
SQL> col fno new_value fno
SQL> col bno new_value bno
SQL> select
  2    dbms_rowid.rowid_relative_fno(rowid) as fno,
  3    dbms_rowid.rowid_block_number(rowid) as bno
  4  from t_mig
  5  where c1 = 1;

       FNO        BNO
---------- ----------
         4        936
```

그리고 티팩이 제공하는 **BLOCK_DUMP** 함수를 이용해 블록 덤프 결과를 봅니다.

```
SQL> select * from table(tpack.block_dump(&fno, &bno, 1));
```

아래에 그 결과가 있습니다. 총 네 개의 로우(nrow=4)가 하나의 블록에 존재합니다. 즉 C1=1,2,3,4 의 네 개의 로우가 들어가 있습니다. C1=1,4 일 경우 C2, C3 가 NULL 이고, C1

=2,3 일 경우에는 C2 + C3 가 3000 바이트이므로 대략 6000 바이트 정도가 하나의 블록에 들어가 있는 것으로 해석할 수 있습니다.

row 0 ~ row 3 네 개의 로우가 존재하며, 각 **로우의 fb(flag byte)** 값이 모두 HFL 입니다. H=Header, F=First Piece, L=Last Piece 의 의미입니다. 즉 로우 마이그레이션이나 로우 체이닝이 없습니다.

```
data_block_dump,data header at 0x21694064
===============
tsiz: 0x1f98
hsiz: 0x1a
pbl: 0x21694064
     76543210
flag=--------
ntab=1
nrow=4
frre=-1
fsbo=0x1a
fseo=0x804
avsp=0x7e4
tosp=0x7e4
0xe:pti[0]    nrow=4    offs=0
block_row_dump:
tab 0, row 0, @0x804
tl: 6 fb: --H-FL-- lb: 0x1  cc: 1
col  0: [ 2]  c1 02 --> (C1(2) = 1)
tab 0, row 1, @0x80a
tl: 3012 fb: --H-FL-- lb: 0x1  cc: 3
col  0: [ 2]  c1 03
col  1: [2000]
 78 78 78 78 78 78 78 78 78 78 78 78 78 78 78 78 78 78 78 78
...
col  2: [1000]
 78 78 78 78 78 78 78 78 78 78 78 78 78 78 78 78 78 78 78 78
...
tab 0, row 2, @0x13ce
tl: 3012 fb: --H-FL-- lb: 0x1  cc: 3
col  0: [ 2]  c1 04
col  1: [2000]
```

```
     78 78 78 78 78 78 78 78 78 78 78 78 78 78 78 78 78 78 78 78
    ...
    col  2: [1000]
     78 78 78 78 78 78 78 78 78 78 78 78 78 78 78 78 78 78 78 78
    ...
    tab 0, row 3, @0x1f92
    tl: 6 fb: --H-FL-- lb: 0x1  cc: 1
    col  0: [ 2]  c1 05
    end_of_block_dump
```

이제 다음과 같이 NULL 이었던 컬럼에 값을 지정함으로써 로우의 크기를 키웁니다. 이미 블록이 꽉 찬 상태이기 때문에(6000 바이트 정도 사용 중) 현재의 블록에 머무르지 못합니다. 즉, 로우 마이그레이션이 발생할 것입니다.

```
SQL> -- make 1/3 of the rows migrated
SQL> update t_mig set
  2    c2 = rpad('x',2000,'x'),
  3    c3 = rpad('x',1000,'x')
  4  where
  5    mod(c1, 3) = 1
  6  ;

334 rows updated.
```

**ANALYZE TABLE ... COMPUTE STATISTICS** 명령을 수행하면 로우 마이그레이션 수가 334로 증가합니다. 위에서 UPDATE 한 로우가 전부 로우 마이그레이션되었다는 것을 의미합니다.

```
SQL> analyze table t_mig compute statistics;

Table analyzed.

SQL> select num_rows, blocks, chain_cnt
  2  from user_tables
  3  where table_name = 'T_MIG';

  NUM_ROWS     BLOCKS  CHAIN_CNT
---------- ---------- ----------
```

```
              1000          622          334
```

이 상태에서 다시 첫번째 블록을 덤프해서 로우 마이그레이션이 발생한 로우에 어떤 일이 발생했는지 확인해보겠습니다. 아래 결과에서 로우 마이그레이션이 발생한 C1=1, C1 = 4 에 해당하는 로우에 집중적으로 관찰하시기 바랍니다.

우선 fb(flag byte)가 HFL 에서 H 로 바뀌었습니다. 즉 **Header 만 존재하고 로우 데이터는 전혀 존재하지 않는다**는 것을 의미합니다. 즉 로우 마이그레이션이 발생했다는 의미입니다. 그리고 NRID 값이 존재합니다. NRID = Next ROWID 를 의미합니다. [0x01000611.0]에서 [01000611]는 블록 주소(DBA)입니다. 그리고 [0]은 첫번째 로우를 의미합니다. 즉 현재 블록에 있던 첫번째 로우는 [01000611]에 해당하는 블록의 첫번째 로우로 이주했다는 것을 의미합니다. C1=4 에 해당하는 로우의 NRID 는 [0x01000611.1]로 이주했습니다. [01000611]에 해당하는 블록의 두번째 로우로 이주했다는 것을 의미합니다.

```
SQL> select * from table(tpack.block_dump(&fno, &bno, 1));

data_block_dump,data header at 0x211aa064
===============
tsiz: 0x1f98
hsiz: 0x1a
pbl: 0x211aa064
     76543210
flag=--------
ntab=1
nrow=4
frre=-1
fsbo=0x1a
fseo=0x7f2
avsp=0x7e4
tosp=0x7e4
0xe:pti[0]     nrow=4    offs=0
block_row_dump:
tab 0, row 0, @0x7fb
tl: 9 fb: --H----- lb: 0x2  cc: 0
nrid:  0x01000611.0
tab 0, row 1, @0x80a
tl: 3012 fb: --H-FL-- lb: 0x0  cc: 3
```

```
col  0: [ 2]  c1 03
col  1: [2000]
 78 78 78 78 78 78 78 78 78 78 78 78 78 78 78 78 78 78 78 78 78 78
 ...
col  2: [1000]
 78 78 78 78 78 78 78 78 78 78 78 78 78 78 78 78 78 78 78 78 78 78
 ...
tab 0, row 2, @0x13ce
tl: 3012 fb: --H-FL-- lb: 0x0  cc: 3
col  0: [ 2]  c1 04
col  1: [2000]
 78 78 78 78 78 78 78 78 78 78 78 78 78 78 78 78 78 78 78 78 78 78
 ...
col  2: [1000]
 78 78 78 78 78 78 78 78 78 78 78 78 78 78 78 78 78 78 78 78 78 78
 ...
tab 0, row 3, @0x7f2
tl: 9 fb: --H----- lb: 0x2  cc: 0
nrid:  0x01000611.1
```

[01000611]는 십육진수이며 십진수로 변환하면 다음과 같습니다.

```
    NRID
----------
  16778769
```

**DBMS_UTILITY** 패키지를 이용하면 십진수의 DBA를 파일 번호, 블록 번호로 변환할 수 있습니다.

```
SQL> col fno new_value fno
SQL> col bno new_value bno
SQL> select
  2    dbms_utility.data_block_address_file(&nrid) as fno,
  3    dbms_utility.data_block_address_block(&nrid) as bno
  4  from dual;
old   2:       dbms_utility.data_block_address_file(&nrid) as fno,
new   2:       dbms_utility.data_block_address_file(  16778769) as fno,
old   3:       dbms_utility.data_block_address_block(&nrid) as bno
new   3:       dbms_utility.data_block_address_block(  16778769) as bno
```

```
      FNO        BNO
---------- ----------
         4       1553
```

이 파일 번호, 블록 번호를 이용해서 블록 덤프를 수행해서 마이그레이션의 대상이 된 로우들이 어떻게 저장되어 있는지 확인해보겠습니다.

우선 nrow=2 로 총 2 개의 로우가 이주해왔음을 알 수 있습니다. 첫번째 로우(row 0)의 fb (flag byte)는 FL 입니다. 즉, First Piece 이며 Last Piece 입니다. Header 는 다른 곳에 존재하지만, 로우 자체는 여기에 존재한다는 의미입니다. 즉 로우 마이그레이션이 발생했다는 것을 의미합니다. 두 번째 로우(row 1) 또한 마찬가지입니다.

```
SQL> select * from table(tpack.block_dump(&fno, &bno, 1));

data_block_dump,data header at 0x1f70a094
===============
tsiz: 0x1f68
hsiz: 0x16
pbl: 0x1f70a094
     76543210
flag=--------
ntab=1
nrow=2
frre=-1
fsbo=0x16
fseo=0x7d4
avsp=0x7be
tosp=0x7be
0xe:pti[0]    nrow=2    offs=0
block_row_dump:
tab 0, row 0, @0x139e
tl: 3018 fb: ----FL-- lb: 0x1  cc: 3
hrid: 0x010003a8.0
col  0: [ 2]  c1 02
col  1: [2000]
 78 78 78 78 78 78 78 78 78 78 78 78 78 78 78 78 78 78 78 78
  ...
col  2: [1000]
```

```
    78 78 78 78 78 78 78 78 78 78 78 78 78 78 78 78 78 78 78 78 78
  ...
tab 0, row 1, @0x7d4
tl: 3018 fb: ----FL-- lb: 0x1  cc: 3
hrid: 0x010003a8.3
col  0: [ 2]  c1 05
col  1: [2000]
    78 78 78 78 78 78 78 78 78 78 78 78 78 78 78 78 78 78 78 78 78
  ...
col  2: [1000]
    78 78 78 78 78 78 78 78 78 78 78 78 78 78 78 78 78 78 78 78 78
  ...
end_of_block_dump
```

로우 마이그레이션이 발생한 것을 확인하기 위해 ANALYZE TALBE ... COMPUTE STATISTICS 명령이 필요하다고 위에서 언급한 바 있습니다. ANALYZE 명령을 수행하는 부담(DDL 수행에 따른 부하 및 Cursor Invalidation 문제) 없이 로우 마이그레이션 발생 여부를 확인하는 방법은 없을까요?

V$SESSTAT(또는 V$SYSSTAT) 뷰에서 *table fetch continued row* 항목 값을 관찰하는 방법이 있습니다. 이 항목 값은 특정 로우를 읽는 과정에서 로우 마이그레이션이나 로우 체이닝이 발생하여 다른 블록으로 이동할 때 증가합니다. 즉 이 값의 증가치를 관찰하면 로우 마이그레이션이나 로우 체이닝이 얼마나 발생했는지 확인할 수 있습니다.

티팩이 제공하는 **Session Snapshot Report**를 이용해서 이 값을 관찰해보겠습니다.

```
SQL> -- table fetch continued row
SQL> exec tpack.begin_session_snapshot;

PL/SQL procedure successfully completed.

SQL> -- for table full scan
SQL> select /*+ full(t_mig) */ count(c2) from t_mig;

  COUNT(*)
----------
      1000
```

```
SQL> exec tpack.add_session_snapshot;

PL/SQL procedure successfully completed.

SQL> col type format a4
SQL> col item format a30
SQL> col deltas format a10
SQL> select * from table(tpack.session_snapshot_report)
  2  where type = 'STAT' and item like 'table fetch continued row';

no rows selected
```

우선 Table Full Scan 의 경우에는 *table fetch continued row* 항목 값이 증가하지 않습니다. 이것이 의미하는 것은 무엇일까요? Table Full Scan 을 수행하면서 마이그레이션이 발생한 로우를 만나면 이 로우를 읽기 위해서 다른 블록으로 이동하지 않는다는 것을 의미합니다. Table Full Scan 으로 계속 테이블을 읽다 보면 어차피 읽게 될 것을 알기 때문에 굳이 성능에 불리한 작업을 하지 않는 것입니다.

즉, Table Full Scan 의 경우에는 로우 마이그레이션으로 인한 부가적인 읽기 작업이 발생하지 않습니다. 반면에 인덱스를 경유해서 해당 로우를 읽을 경우에는 반드시 마이그레이션이 발생한 블록을 다시 방문해야 합니다. 따라서 아래 결과와 같이 *table fetch continued row* 항목 값이 로우 마이그레이션이 발생한 회수만큼 증가합니다.

```
SQL> -- for index lookup
SQL> create index t_mig_n1 on t_mig(c1);

Index created.

SQL> exec tpack.begin_session_snapshot;

PL/SQL procedure successfully completed.

SQL> select /*+ index(t_mig) */
  2     count(c2)
  3  from t_mig
  4  where c1 > 0;
```

```
    COUNT(C2)
----------
      1000

SQL> exec tpack.add_session_snapshot;

PL/SQL procedure successfully completed.

SQL> select * from table(tpack.session_snapshot_report)
  2  where type = 'STAT' and item like 'table fetch continued row';

TYPE ITEM                          START_VAL   END_VAL TOTAL_DELTA DELTAS
---- ----------------------------- --------- --------- ----------- ------
STAT table fetch continued row         10643     10977         334    334
```

V$SESSTAT 뷰를 잘 관찰하는 것이 매우 중요하다는 것을 다시 한번 알 수 있습니다.

로우 마이그레이션은 원래 있던 블록에 공간이 없어서 다른 블록으로 이동하는 현상이므로 테이블을 재구축(MOVE)하면 해소됩니다.

```
SQL> -- after table move
SQL> alter table t_mig move;

Table altered.

SQL> alter index t_mig_n1 rebuild;

Index altered.

SQL> exec tpack.begin_session_snapshot;

PL/SQL procedure successfully completed.

SQL> select /*+ index(t_mig) */
  2    count(c2)
  3  from t_mig
  4  where c1 > 0;

 COUNT(C2)
----------
```

```
        1000

SQL> exec tpack.add_session_snapshot;

PL/SQL procedure successfully completed.

SQL> select * from table(tpack.session_snapshot_report)
  2  where type = 'STAT' and item like 'table fetch continued row';

no rows selected
```

테이블 재구축 외에 로우 마이그레이션이 발생한 로우를 DELETE 후 다시 INSERT 해도 로우 마이그레이션은 해소 됩니다. `ANALYZE TABLE ... LIST CHAINED ROWS INTO ...` 명령을 이용해서 로우 마이그레이션이 발생한 로우를 찾으면 됩니다.

## 사례 2: 로우 체이닝

로우 체이닝(Row Chaining)의 사례를 보겠습니다. 다음과 같이 테이블 **T_CHN** 을 만듭니다.

```
SQL> create table t_chn(
  2     c1 number,
  3     c2 varchar2(2000),
  4     c3 varchar2(2000),
  5     c4 varchar2(2000),
  6     c5 varchar2(2000),
  7     c6 varchar2(2000)
  8  );

Table created.
```

총 1,000 건의 로우를 추가합니다. 각 로우의 크기가 대략 10,000 바이트 정도입니다. 따라서 8K 바이트의 블록 내에 들어가지 않습니다. 즉, 두 개의 블록으로 체이닝될 것입니다.

```
SQL> -- insert chinaged row
SQL> insert into t_chn
  2  select
```

```
  3    level,
  4    rpad('x',2000,'x'),
  5    rpad('x',2000,'x'),
  6    rpad('x',2000,'x'),
  7    rpad('x',2000,'x'),
  8    rpad('x',2000,'x')
  9  from dual
 10  connect by level <= 1000;

1000 rows created.
```

ANALAYZE 명령을 이용해서 로우 체이닝이 발생한 회수를 조사해보면 로우 건수와 동일한 1,000 건입니다. 즉 모든 로우에서 체이닝이 발생했다는 것을 알 수 있습니다.

```
SQL> analyze table t_chn compute statistics;

Table analyzed.

SQL> select num_rows, blocks, chain_cnt
  2  from user_tables
  3  where table_name = 'T_CHN';

  NUM_ROWS     BLOCKS  CHAIN_CNT
---------- ---------- ----------
      1000       2008       1000
```

첫번째 블록을 덤프해서 로우 체이닝이 발생한 로우가 어떻게 저장되는지 확인해보겠습니다.

```
SQL> -- block dump
SQL> -- get the 1st block(c1 = 1)
SQL> col fno new_value fno
SQL> col bno new_value bno
SQL> select
  2    dbms_rowid.rowid_relative_fno(rowid) as fno,
  3    dbms_rowid.rowid_block_number(rowid) as bno
  4  from t_chn
  5  where c1 = 1;
```

```
      FNO        BNO
---------- ----------
         4        772

SQL> select * from table(tpack.block_dump(&fno, &bno, 1));
```

하나의 로우(nrow=1)가 존재합니다. 첫번째 로우(nrow 0)의 fb(flag byte)는 **HF** 입니다. 즉 **이 로우가 Header 이며 First Piece** 입니다. 즉 로우 체이닝이 발생했으며 체인에서 첫번째 Row Piece 라는 것을 의미합니다. NRID 는 체인에서 다음 번 위치를 의미합니다.

```
data_block_dump,data header at 0x1dd26064
===============
tsiz: 0x1f98
hsiz: 0x14
pbl: 0x1dd26064
     76543210
flag=--------
ntab=1
nrow=1
frre=-1
fsbo=0x14
fseo=0xfe6
avsp=0xfd2
tosp=0xfd2
0xe:pti[0]    nrow=1   offs=0
block_row_dump:
tab 0, row 0, @0xfe6
tl: 4018 fb: --H-F--- lb: 0x1  cc: 3
nrid:  0x01000308.0
col  0: [ 2]  c1 02
col  1: [2000]
 78 78 78 78 78 78 78 78 78 78 78 78 78 78 78 78 78 78 78 78
 ...
col  2: [2000]
 78 78 78 78 78 78 78 78 78 78 78 78 78 78 78 78 78 78 78 78
 ...
end_of_block_dump
```

블록 주소 [01000308]을 십진수로 변환하고 이 값을 다시 파일 번호, 블록 번호로 변환합니다.

```
      NRID
----------
  16777992

SQL> col fno new_value fno
SQL> col bno new_value bno
SQL> select
  2    dbms_utility.data_block_address_file(&nrid) as fno,
  3    dbms_utility.data_block_address_block(&nrid) as bno
  4  from dual;
old   2:       dbms_utility.data_block_address_file(&nrid) as fno,
new   2:       dbms_utility.data_block_address_file(  16777992) as fno,
old   3:       dbms_utility.data_block_address_block(&nrid) as bno
new   3:       dbms_utility.data_block_address_block(  16777992) as bno

       FNO        BNO
---------- ----------
         4        776
```

블록의 내용은 다음과 같습니다. 역시 하나의 로우(nrow=1)가 존재하며 fb(flag byte) 값이 L=Last Piece 입니다. 즉 체이닝의 마지막 Row Piece 라는 것을 의미합니다.

```
SQL> select * from table(tpack.block_dump(&fno, &bno, 1));

data_block_dump,data header at 0x1f77207c
===============
tsiz: 0x1f80
hsiz: 0x14
pbl: 0x1f77207c
     76543210
flag=--------
ntab=1
nrow=1
frre=-1
fsbo=0x14
fseo=0x804
avsp=0x7f0
```

```
tosp=0x7f0
0xe:pti[0]      nrow=1     offs=0
block_row_dump:
tab 0, row 0, @0x804
tl: 6012 fb: -----L-- lb: 0x1  cc: 3
col  0: [2000]
 78 78 78 78 78 78 78 78 78 78 78 78 78 78 78 78 78 78 78 78
 ...
col  1: [2000]
 78 78 78 78 78 78 78 78 78 78 78 78 78 78 78 78 78 78 78 78
 ...
col  2: [2000]
 78 78 78 78 78 78 78 78 78 78 78 78 78 78 78 78 78 78 78 78
 ...
end_of_block_dump
```

Table Full Scan 의 경우 *table fetch contined row* 항목 값이 증가하는지 확인해보면, 로우 체이닝이 발생한 수와 동일하게 증가하는 것을 확인할 수 있습니다. Table Full Scan 으로 데이터를 읽는 경우 로우 마이그레이션에 대해서는 해당 로우를 찾기 위해 다른 블록으로 이동하지 않지만, 로우 체이닝에 대해서는 값을 확인하기 위해 필요한 경우에는 반드시 다른 블록으로 이동해야 합니다.

```
SQL> -- table fetch continued row
SQL> -- for table full scan
SQL> exec tpack.begin_session_snapshot;

PL/SQL procedure successfully completed.

SQL> select /*+ full(t_chn) */ count(c5) from t_chn;

 COUNT(C5)
----------
      1000

SQL> exec tpack.add_session_snapshot;

PL/SQL procedure successfully completed.

SQL> select * from table(tpack.session_snapshot_report)
```

```
  2   where type = 'STAT' and item like 'table fetch continued row'
  3   ;

TYPE ITEM                           START_VAL   END_VAL  TOTAL_DELTA  DELTAS
---- ------------------------------ ---------- ---------- ----------- --------
STAT table fetch continued row           10977      11976         999      999
```

인덱스를 경유해서 해당 로우를 읽는 경우에도 *table fetch contined row* 항목 값은 증가합니다.

```
SQL> -- for index lookup
SQL> create index t_chn_n1 on t_chn(c1);

Index created.

SQL> exec tpack.begin_session_snapshot;

PL/SQL procedure successfully completed.

SQL> select /*+ index(t_chn) */
  2     count(c5)
  3   from t_chn
  4   where c1 > 0;

 COUNT(C5)
----------
      1000

SQL> exec tpack.add_session_snapshot;

PL/SQL procedure successfully completed.

SQL> select * from table(tpack.session_snapshot_report)
  2   where type = 'STAT' and item like 'table fetch continued row';

TYPE ITEM                           START_VAL   END_VAL  TOTAL_DELTA  DELTAS
---- ------------------------------ ---------- ---------- ----------- --------
STAT table fetch continued row           11976      12976        1000     1000
```

로우 체이닝의 경우에는 테이블을 재구축(MOVE)하거나 DELETE 후 재 INSERT 해도 해소되지 않습니다. 따라서 *table fetch contined row* 항목 값도 줄어들지 않습니다.

```
SQL> -- after table move
SQL> alter table t_chn move;

Table altered.

SQL> -- table fetch continued row
SQL> -- for table full scan
SQL> exec tpack.begin_session_snapshot;

PL/SQL procedure successfully completed.

SQL> select /*+ full(t_chn) */ count(c5) from t_chn;

 COUNT(C5)
----------
      1000

SQL> exec tpack.add_session_snapshot;

PL/SQL procedure successfully completed.

SQL> select * from table(tpack.session_snapshot_report)
  2  where type = 'STAT' and item like 'table fetch continued row'
  3  ;

TYPE ITEM                         START_VAL   END_VAL TOTAL_DELTA DELTAS
---- ---------------------------- ---------- ---------- ----------- --------
STAT table fetch continued row        13975     15078        1103 1103

SQL> -- for index lookup
SQL> alter index t_chn_n1 rebuild;

Index altered.

SQL> exec tpack.begin_session_snapshot;

PL/SQL procedure successfully completed.
```

```
SQL> select /*+ index(t_chn) */
  2     count(c5)
  3   from t_chn
  4   where c1 > 0;

COUNT(C5)
----------
      1000

SQL> exec tpack.add_session_snapshot;

PL/SQL procedure successfully completed.

SQL> select * from table(tpack.session_snapshot_report)
  2   where type = 'STAT' and item like 'table fetch continued row';

TYPE ITEM                              START_VAL   END_VAL TOTAL_DELTA DELTAS
---- ------------------------------    ---------- --------- ----------- --------
STAT table fetch continued row             15078     16182        1104    1104
```

로우 체이닝을 줄이려면 테이블을 분할(1:1 테이블)하거나 큰 크기의 컬럼들을 Out-of-Line LOB(로우와는 별개로 저장되는 LOB)으로 선언하는 등의 방법을 사용해야 합니다.

### 사례 3: 인트라 블록 로우 체이닝

인트라 블록 로우 체이닝이 발생하는 경우입니다. 300 개의 컬럼을 가지는 테이블 T_CHN2 을 생성합니다. 편의를 위해서 모든 컬럼의 디폴트 값을 1 로 지정합니다.

```
SQL> declare
  2     v_sql              varchar2(20000);
  3   begin
  4     v_sql := 'create table t_chn2 (' || chr(10);
  5
  6     for idx in 1 .. 299 loop
  7         v_sql := v_sql || 'c' || idx || ' number default 1, ' || chr(10);
  8     end loop;
  9
```

```
 10    v_sql := v_sql || 'c300 number default 1)';
 11
 12    execute immediate v_sql;
 13  end;
 14  /

PL/SQL procedure successfully completed.
```

총 1000 건의 로우를 추가합니다. 컬럼 C1 을 제외한 나머지 컬럼들은 디폴트 값이 1 이 저장될 것입니다.

```
SQL> insert into t_chn2(c1)
  2  select
  3    level
  4  from dual connect by level <= 1000;

1000 rows created.
```

앞서 설명에 의하면 하나의 로우가 255 개보다 많은 수의 컬럼으로 이루어진 경우에는 블록 내에서 체이닝이 발생하게 됩니다. 첫번째 블록에 대해 덤프를 수행해서 어떤 형태로 체이닝이 발생하는지 살펴 보겠습니다.

```
SQL> col fno new_value fno
SQL> col bno new_value bno
SQL> select
  2    dbms_rowid.rowid_relative_fno(rowid) as fno,
  3    dbms_rowid.rowid_block_number(rowid) as bno
  4  from t_chn2
  5  where c1 = 1;

       FNO        BNO
---------- ----------
         4       1216
```

아래 결과를 보면 재미있는 사실을 알 수 있습니다. 300 개의 컬럼은 {**나머지 255 개의 컬럼 + 첫 45 개의 컬럼**}으로 체이닝된다는 것입니다. fg(flag byte)값이 L=Last Piece, H+F= Header+First Piece 인 것으로부터 추측할 수 있습니다.

```
SQL> select * from table(tpack.block_dump(&fno, &bno, 0));

tab 0, row 0, @0x1c80
tl: 768 fb: -----L-- lb: 0x1  cc: 255   <-- 첫번째 로우의 나머지 255 개 컬럼
col  0: [ 2]  c1 02
col  1: [ 2]  c1 02
...
col 254: [ 2]  c1 02
tab 0, row 1, @0x1bf0
tl: 144 fb: --H-F--- lb: 0x1  cc: 45    <-- 첫번째 로우의 첫 45 개 컬럼
nrid:  0x010004c0.0
col  0: [ 2]  c1 02
col  1: [ 2]  c1 02
...
col 44: [ 2]  c1 02
tab 0, row 2, @0x18f0
tl: 768 fb: -----L-- lb: 0x1  cc: 255   <-- 두번째 로우의 나머지 255 개 컬럼
col  0: [ 2]  c1 02
col  1: [ 2]  c1 02
...
col 254: [ 2]  c1 02
tab 0, row 3, @0x1860
tl: 144 fb: --H-F--- lb: 0x1  cc: 45    <-- 두번째 로우의 첫 45 개 컬럼
nrid:  0x010004c0.2
col  0: [ 2]  c1 03
col  1: [ 2]  c1 02
...
```

{나머지 255 개의 컬럼 + 첫 45 개의 컬럼}으로 체이닝이 이루어져 있으므로 첫 45 개의 컬럼을 읽을 때까지는 체이닝에 의해 *table fetch contined row* 항목 값이 증가하는 현상이 발생하지 않은 것입니다.

```
SQL> -- for table full scan(45th column)
```

```
SQL> exec tpack.begin_session_snapshot;

PL/SQL procedure successfully completed.

SQL> select /*+ full(t_chn2) */ count(c45) from t_chn2;

COUNT(C45)
----------
      1000

SQL> exec tpack.add_session_snapshot;

PL/SQL procedure successfully completed.

SQL> select * from table(tpack.session_snapshot_report)
  2  where type = 'STAT' and item like 'table fetch continued row'
  3  ;

no rows selected
```

반면에 46번째 컬럼을 액세스하게 되면 *table fetch contined row* 항목 값이 증가하게 됩니다. 불필요한 컬럼을 액세스하지 않아야 할 이유 중의 하나가 될 수 있겠습니다.

```
SQL> -- for table full scan (46th column)
SQL> exec tpack.begin_session_snapshot;

PL/SQL procedure successfully completed.

SQL> select /*+ full(t_chn2) */ count(c46) from t_chn2;

COUNT(C46)
----------
      1000

SQL> exec tpack.add_session_snapshot;

PL/SQL procedure successfully completed.

SQL> select * from table(tpack.session_snapshot_report)
  2  where type = 'STAT' and item like 'table fetch continued row'
```

```
      3  ;

TYPE   ITEM                           START_VAL   END_VAL  TOTAL_DELTA  DELTAS
-----  ----------------------------  ----------  --------  -----------  ------
STAT   table fetch continued row          9214      9368          154     154
```

테이블을 재구축(MOVE)하게 되면 어떻게 될까요? 로우 체이닝과 마찬가지로 인트라 블록 로우 체이닝또한 테이블을 재구축하는 것으로 해결되지 않을 것으로 추측할 수 있습니다. 단, 테이블 재구축에 의해 한가지 재미있는 현상이 발생합니다. 테이블을 재구축한 후 첫번째 블록을 덤프해보겠습니다.

```
SQL> -- after table move
SQL> alter table t_chn2 move;

Table altered.
```

재미있게도 300 개의 컬럼이 **{첫 255 개의 컬럼 + 나머지 45 개의 컬럼}**으로 체이닝되어 있습니다. 테이블 재구축 과정에서 체이닝의 순서가 바뀌는 것을 알 수 있습니다.

```
SQL> -- get the 1st block(c1 = 1)
SQL> col fno new_value fno
SQL> col bno new_value bno
SQL> select
  2    dbms_rowid.rowid_relative_fno(rowid) as fno,
  3    dbms_rowid.rowid_block_number(rowid) as bno
  4  from t_chn2
  5  where c1 = 1;

       FNO        BNO
---------- ----------
         4       2120

SQL> select * from table(tpack.block_dump(&fno, &bno, 0));

tab 0, row 0, @0x1c7a
tl: 774 fb: --H-F--- lb: 0x0  cc: 255
nrid:  0x01000848.1
col  0: [ 2]  c1 25
```

```
col  1: [ 2]  c1 02
col  2: [ 2]  c1 02
...
col 254: [ 2]  c1 02
tab 0, row 1, @0x1bf0
tl: 138 fb: -----L-- lb: 0x0  cc: 45
col  0: [ 2]  c1 02
col  1: [ 2]  c1 02
...
```

그 덕분에 이번에는 Table Full Scan 으로 255 번째의 컬럼까지만 읽을 때는 *table fetch contined row* 항목 값이 증가하지 않습니다.

```
SQL> -- 255th column
SQL> exec tpack.begin_session_snapshot;

PL/SQL procedure successfully completed.

SQL> select /*+ full(t_chn2) */ count(c255) from t_chn2;

COUNT(C255)
-----------
       1000

SQL> exec tpack.add_session_snapshot;

PL/SQL procedure successfully completed.

SQL> select * from table(tpack.session_snapshot_report)
  2  where type = 'STAT' and item like 'table fetch continued row'
  3  ;

no rows selected
```

반면에 256 번째의 컬럼을 액세스하는 순간 *table fetch contined row* 항목 값이 증가하게 됩니다.

```
SQL> -- 256th column
SQL> exec tpack.begin_session_snapshot;

PL/SQL procedure successfully completed.

SQL> select /*+ full(t_chn2) */ count(c256) from t_chn2;

COUNT(C256)
-----------
       1000

SQL> exec tpack.add_session_snapshot;

PL/SQL procedure successfully completed.

SQL> select * from table(tpack.session_snapshot_report)
  2  where type = 'STAT' and item like 'table fetch continued row'
  3  ;

TYPE  ITEM                             START_VAL   END_VAL TOTAL_DELTA DELTAS
----- -------------------------------- ---------- --------- ----------- -------
STAT  table fetch continued row             10578     10720         142 142
```

아무리 간단한 기능이라고 하더라도 실제의 동작 방식은 의외로 복잡하고 다양하다는 것을 알 수 있습니다.

## 정리

이번 질문에서는 로우 마이그레이션과 로우 체이닝이 발생하는 이유와 관찰 방법을 집중적으로 논의했습니다. 두 케이스가 발생 원인, 모니터링 방법, 그리고 해결 방법까지 전혀 다를 수 있다는 것을 예제를 통해서 살펴 보았습니다. 더불어서 로우 체이닝의 특별한 형태인 인트라 블록 로우 체이닝에 대해서 살펴 보았습니다. 이러한 원리를 잘 이해한다면 운영 시스템에서 이런 문제가 생겼을 때 보다 합리적으로 대처할 수 있을 것으로 기대합니다.

[ 질문 2. 데이터가 한 건도 없는 테이블인데도 Logical Reas가 3블록 발생합니다. 그 이유는 무엇인가요? ]

## 문제 개요

질문을 좀 더 자세하게 적으면 다음과 같습니다.

1. 테이블에 로우가 하나도 없을 때의 Physical Reads 는 1 블록이고, Logical Reads 는 3 블록입니다. 왜 그런가요?

```
SQL> select * from t1;

no rows selected

Statistics
----------------------------------------------------------
          1  recursive calls
          0  db block gets
          3  consistent gets
          1  physical reads
          0  redo size
        278  bytes sent via SQL*Net to client
        405  bytes received via SQL*Net from client
          1  SQL*Net roundtrips to/from client
          0  sorts (memory)
          0  sorts (disk)
          0  rows processed
```

2. 테이블에 로우가 단 하나 있을 때는 Physical reads 는 6 블록이고, Logical Reads 는 7 블록입니다. 왜 그런가요?

```
SQL> select * from t1;

C
-
1


Statistics
----------------------------------------------------------
          0  recursive calls
          0  db block gets
          7  consistent gets
          6  physical reads
          0  redo size
        415  bytes sent via SQL*Net to client
        416  bytes received via SQL*Net from client
          2  SQL*Net roundtrips to/from client
          0  sorts (memory)
          0  sorts (disk)
          1  rows processed
```

## 해답

굉장히 엉뚱하면서도 중요한 질문입니다. AUTOTRACE 나 TKPROF 가 제공하는 리포트를 볼 때 이런 의문을 가진 적이 없으시다면 호기심이 부족하신 겁니다.

질문은 간단하지만 대답은 상당히 복잡해집니다. 글로 풀어 적기에는 한계가 많아서 이에 대한 논의를 테스트 사례로 대신합니다. 테스트 사례와 함께 해설을 읽으시다 보면 위의 질문에 대한 대답을 스스로 생각하시게 될 것입니다.

## 테스트

### 테스트 환경

아래와 같이 테이블 T1 을 만듭니다.

```
SQL> create table t1(c1 char(1));

Table created.
```

테이블 T1 은 USERS 테이블스페이스에 위치합니다. 최초의 익스텐트 크기는 8K(8 개의 블록)입니다. 익스텐트 할당 유형(ALLOCATION_TYPE)이 SYSTEM 이기 때문입니다. 그리고 세그먼트 공간 관리 기법(SEGMENT_SPACE_MANAGEMENT)은 AUTO 입니다. 이러한 설정값이 완벽하게 일치할 때만 동일한 테스트 결과를 얻을 수 있습니다. 익스텐트 할당 유형이 다르거나(가령 UNIFORM), 세그먼트 공간 관리 기법이 MANUAL 이라면 전혀 다른 결과가 나올 수 있습니다.

```
SQL> select
  2      tablespace_name,
  3      initial_extent,
  4      allocation_type,
  5      segment_space_management
  6  from dba_tablespaces
  7  where tablespace_name = (
  8      select tablespace_name from user_tables where table_name = 'T1');

TABLESPACE_NAME      INITIAL_EXTENT ALLOCATIO SEGMEN
-------------------- -------------- --------- ------
USERS                         65536 SYSTEM    AUTO

SQL> exec dbms_stats.gather_table_stats(user, 't1');
```

하드 파스에 의한 불필요한 작업을 없애기 위해 미리 쿼리를 수행해둡니다.

```
SQL> -- to disable the side effect of the hard parse
SQL> select /* no_rows */ * from t1;

no rows selected

SQL> select /* 1 rows */ * from t1;

no rows selected
```

```
SQL> select /* many rows */ count(*) from t1;

  COUNT(*)
----------
         0

1 row selected.
```

## 사례 1: 로우가 하나도 없을 때

첫번째 경우로, 테이블에 로우가 하나도 없을 경우입니다. 우선 Physical Reads 를 발생시키기 위해 버퍼 캐시를 플러시합니다.

```
SQL> alter system flush buffer_cache;

System altered.
```

AUTOTRACE 를 활성화한 후 Table Full Scan 을 수행해보면, Logical Reads 는 3 블록, Physical Reads 는 1 블록만큼 발생합니다.

```
SQL> set autot on
SQL> select * from t1;

no rows selected


---------------------------------------------------------------------------
| Id  | Operation          | Name | Rows  | Bytes | Cost (%CPU)| Time     |
---------------------------------------------------------------------------
|   0 | SELECT STATEMENT   |      |     1 |     3 |     2   (0)| 00:00:01 |
|   1 |  TABLE ACCESS FULL| T1   |     1 |     3 |     2   (0)| 00:00:01 |
---------------------------------------------------------------------------


Statistics
----------------------------------------------------------
          1  recursive calls
          0  db block gets
          3  consistent gets
```

```
        1  physical reads
        0  redo size
      278  bytes sent via SQL*Net to client
      405  bytes received via SQL*Net from client
        1  SQL*Net roundtrips to/from client
        0  sorts (memory)
        0  sorts (disk)
        0  rows processed
```

우선 Physical Reads 가 어디서 발생하는지 확인해보겠습니다. 버퍼 캐시를 다시 플러시한 후 10046 진단 이벤트를 레벨 8 로 지정한 상태로 쿼리를 수행하면 트레이스 파일에 Physical Reads 정보가 기록됩니다. 단, 이때 작업의 편의를 위해 티팩을 사용합니다.

```
SQL> alter system flush buffer_cache;

System altered.

SQL> exec tpack.begin_diag_trace(userenv('sid'), 10046, 8);

PL/SQL procedure successfully completed.

SQL> select /* no_rows */ * from t1;

no rows selected

SQL> exec tpack.end_diag_trace(userenv('sid'), 10046);

PL/SQL procedure successfully completed.

SQL> select * from table(tpack.get_diag_trace(userenv('sid')));
```

트레이스 파일에 기록된 *db file sequential read* 이벤트와 *db file scattered read* 이벤트를 분석하면 Physical Reads 를 상세하게 분석할 수 있습니다.

```
=====================
PARSING IN CURSOR #17 len=30 dep=0 uid=118 oct=3 lid=118 tim=1189339903046
hv=1069717740 ad='21248c14' sqlid='ab25va8zw567c'
select /* no_rows */ * from t1
```

```
        END OF STMT
        ...
        WAIT #17: nam='db file sequential read' ela= 269 file#=4 block#=2115 blocks=1
        obj#=104645 tim=1189339903590
        ...
```

가령, 아래와 같이 정규식(Regular Expression)을 이용해서 트레이스 파일에 기록된 *db file sequential read* 이벤트와 *db file scattered read* 이벤트로부터 오브젝트 명, 파일 번호, 블록 번호, 한 번에 읽은 블록 수, 블록의 종류(Class)를 추출해보면 다음과 같습니다.

```
SQL> col object_name format a10
SQL> col file_no format a10
SQL> col block_no format a10
SQL> col blocks format a10
SQL> col class format a20
SQL> select
  2    (select object_name from dba_objects where data_object_id = obj_no) as object_name,
  3    file_no,
  4    block_no,
  5    blocks,
  6    (select w.class
  7         from v$bh b, (select rownum as r, class from v$waitstat) w
  8         where b.file# = file_no and b.block# = block_no and b.class#=w.r and rownum = 1) as class
  9   from (
 10    select
 11         substr(txt, 1, instr(txt,'.')-1) as file_no,
 12         substr(txt, instr(txt,'.')+1, instr(txt,'.',1,2)-instr(txt,'.')-1) as block_no,
 13         substr(txt, instr(txt,'.',1,2)+1, instr(txt,'.',1,3)-instr(txt,'.',1,2)-1) as blocks,
 14         substr(txt, instr(txt,'.',1,3)+1) as obj_no
 15     from (
 16         select
 17         regexp_replace(column_value,
 18             'WAIT #[[:digit:]]+: nam=''[[:print:]]+'' ela= [[:digit:]]+ file#=([[:digit:]]+) block#=([[:digit:]]+) blocks=([[:digit:]]+) obj#=([[:digit:]]+) tim=[[:digit:]]+',
```

```
 19                         '\1.\2.\3.\4') as txt
 20             from table(tpack.get_history_diag_trace)
 21             where column_value like '%db file%read%'
 22         )
 23  );

OBJECT_NAM  FILE_NO    BLOCK_NO   BLOCKS     CLASS
----------  ---------- ---------- ---------- --------------------
T1          4          2115       1          segment header
```

위의 결과를 보면 Physical Reads 1 블록은 세그먼트 헤더(Segment Header)에 해당한다는 것을 알 수 있습니다. 그렇다면 Logical Reads 3 블록은 어떻게 발생하는 것일까요? Physical Reads 가 세그먼트 헤더에 대해서 한번만 발생했으므로 이 3 블록의 Logical Reads 는 모두 세그먼트 헤더일 것입니다. 즉, 오라클은 세그먼트 헤더를 1 번 이상 읽는다는 것을 의미합니다. 이 경우에는 세그먼트 헤더를 실제로는 총 3 번 읽었으며, 최초의 읽기에서 Physical Reads 가 발생한 것입니다. 왜 세그먼트 헤더를 여러 번 읽느냐는 공식적으로 설명된 문서는 없습니다. 다만, 익스텐트 정보나 High Water Mark 정보등을 읽기 위해서일 것으로 추정하고 있습니다.

위와 같은 이유 때문에 **Table Full Scan 의 최소값은 3 블록**으로 인식되고 있습니다. 즉, 아무리 작은 크기의 테이블이라도 최소한 3 블록은 읽게 됩니다. 그 3 블록의 정체가 세그먼트 헤더라는 것이 위의 테스트 결과가 보여주는 것입니다.

여기서 또 한 가지 확인해야할 것이 있습니다. 테이블 T1 이 물리적으로 몇 개의 블록을 사용하고 있느냐입니다. 이것을 확인하는 가장 간편한 방법은 DBMS_SPACE 패키지를 이용하는 것입니다. 제 1 장의 질문 6, 사례 1 에서 소개한 SHOW_SPACE 프로시저를 이용해도 됩니다.

SHOW_SPACE 프로시저를 이용해서 테이블 T1 의 블록 사용 정도를 조회해보면 아래와 같습니다. 전체 8 블록(SYSTEM 할당 유형을 사용하며, 최초의 익스텐트는 8 블록임을 위에서 확인했습니다)이 할당되어 있고, 그 중 5 블록은 미 사용입니다. 즉 테이블이 실제로 사용하고 있는 블록은 3 개라는 것을 의미합니다. 3 개는 어떤 블록일까요? 세그먼트 공간 관리가 AUTO 일 경우 오라클은 최소한 3 개의 메타 블록을 필요로 합니다. 세그먼트 헤더와 L1 BMB, L2 BMB 입니다. 아직 한 건의 데이터도 추가되지 않았기 때문에 이 세 개의 블록만이 사용되고 있습니다. 하지만 데이터가 한 건도 없는 경우에는 L1 BMB 와 L2 BMB 에 대한 읽기 작업이 발생하지 않은 것을 알 수 있습니다. 그래서 Physical Reads 가 1 블록에 불과한 것입니다.

```
SQL> set serveroutput on
SQL> exec show_space('T1');
Free Blocks.............................
Total Blocks............................8
Total Bytes.........................65536
Total MBytes............................0
Unused Blocks...........................5
Unused Bytes........................40960
Last Used Ext FileId....................4
Last Used Ext BlockId................2113
Last Used Block.........................3
```

## 사례 2: 로우 수가 하나일 때

이제 하나의 로우를 추가하고 동일한 방식으로 정보를 확인합니다.

```
SQL> -- with one row
SQL> insert into t1 values('1');

1 row created.

SQL> commit;

Commit complete.
```

버퍼 캐시를 플러시하고 AUTOTRACE 로 Physical Reads 와 Logical Reads 를 확인합니다. 이번에는 Physical Reads 는 6 블록, Logical Reads 는 7 블록입니다.

```
SQL> alter system flush buffer_cache;

System altered.

SQL> set autot on
SQL> select * from t1;
```

```
  C
  -
  1

1 row selected.

--------------------------------------------------------------------------
| Id  | Operation          | Name | Rows  | Bytes | Cost (%CPU)| Time     |
--------------------------------------------------------------------------
|   0 | SELECT STATEMENT   |      |     1 |     3 |     2   (0)| 00:00:01 |
|   1 |  TABLE ACCESS FULL | T1   |     1 |     3 |     2   (0)| 00:00:01 |
--------------------------------------------------------------------------


Statistics
----------------------------------------------------------
          0  recursive calls
          0  db block gets
          7  consistent gets
          6  physical reads
          0  redo size
        415  bytes sent via SQL*Net to client
        416  bytes received via SQL*Net from client
          2  SQL*Net roundtrips to/from client
          0  sorts (memory)
          0  sorts (disk)
          1  rows processed
```

역시 동일한 방법(레벨 8의 10046 이벤트)으로 6의 Physical Reads가 어디서 발생했는지 확인해보겠습니다.

```
SQL> alter system flush buffer_cache;

System altered.

SQL>
SQL> exec tpack.begin_diag_trace(userenv('sid'), 10046, 8);

PL/SQL procedure successfully completed.
```

```
SQL> select /* 1 rows */ * from t1;

C
-
1

1 row selected.

SQL> exec tpack.end_diag_trace(userenv('sid'), 10046);

PL/SQL procedure successfully completed.

SQL> select * from table(tpack.get_diag_trace(userenv('sid')));

=====================
PARSING IN CURSOR #19 len=29 dep=0 uid=118 oct=3 lid=118 tim=1189343434064
hv=2697749229 ad='21c61114' sqlid='dzgmvtqhcssrd'
select /* 1 rows */ * from t1
END OF STMT
...
WAIT #19: nam='db file sequential read' ela= 4936 file#=4 block#=2115 blocks=1
obj#=104645 tim=1189343439268
WAIT #19: nam='db file scattered read' ela= 794 file#=4 block#=2116 blocks=4
obj#=104645 tim=1189343440172
WAIT #19: nam='db file sequential read' ela= 286 file#=4 block#=2120 blocks=1
obj#=104645 tim=1189343440526
FETCH #19:c=0,e=6282,p=6,cr=7,cu=0,mis=0,r=1,dep=0,og=1,tim=1189343440569
...
```

*db file sequential read* 이벤트와 *db file scattered read* 이벤트의 정보로부터 오브젝트 명, 파일 번호, 블록 번호, 블록 수, 블록 종류를 추출해보면 다음과 같습니다. Physical Reads 6 블록은 세그먼트 헤더(1) + 데이터 블록(5 = 4 + 1)으로 이루어져 있습니다. Physical Reads 가 6 인데 Logical Reads 가 7 이라는 것은 역시 세그먼트 헤더를 한번 더 읽었다는 것을 의미합니다.

```
OBJECT_NAM FILE_NO    BLOCK_NO   BLOCKS     CLASS
---------- ---------- ---------- ---------- --------------------
T1         4          2115       1          segment header
```

```
T1          4          2116          4          data block
T1          4          2120          1          data block
```

블록 사용 현황을 확인해보면 총 8 개의 블록이 할당되어 있고, 8 개의 블록이 모두 사용 중입니다. 이것은 Physical Reads 가 6 이라는 것과 일치합니다. 8 개의 블록 중 하나는 세그먼트 헤더, 하나는 L1 BMB, 하나는 L2 BMB, 그리고 나머지 5 개가 데이터 블록입니다. 이 중 세그먼트 헤더와 데이터 블록을 읽었기 때문에 Physical Reads 가 6 이 된 것입니다.

```
SQL> set serveroutput on
SQL> exec show_space('T1');
Free Blocks.............................
Total Blocks..........................8
Total Bytes...........................65536
Total MBytes..........................0
Unused Blocks.........................0
Unused Bytes..........................0
Last Used Ext FileId..................4
Last Used Ext BlockId.................2113
Last Used Block.......................8
```

## 사례 3: 로우 수가 많을 때

이번에는 총 10 만건의 데이터를 추가한 후 동일한 방법으로 분석해보겠습니다.

```
SQL> -- with many rows
SQL> insert into t1
  2  select '1' from dual
  3  connect by level <= 100000;

100000 rows created.

SQL> commit;

Commit complete.
```

AUTOTRACE 를 수행해보면 Physical Reads 는 200 블록, Logical Reads 는 204 블록입니다.

```
SQL> alter system flush buffer_cache;

System altered.

SQL> set autot on
SQL> select /* many rows */ count(*) from t1;

  COUNT(*)
----------
    100001

1 row selected.


---------------------------------------------------------------
| Id  | Operation          | Name | Rows  | Cost (%CPU)| Time     |
---------------------------------------------------------------
|   0 | SELECT STATEMENT   |      |     1 |     2   (0)| 00:00:01 |
|   1 |  SORT AGGREGATE    |      |     1 |            |          |
|   2 |   TABLE ACCESS FULL| T1   |     1 |     2   (0)| 00:00:01 |
---------------------------------------------------------------


Statistics
----------------------------------------------------------
          1  recursive calls
          1  db block gets
        204  consistent gets
        200  physical reads
        176  redo size
        420  bytes sent via SQL*Net to client
        416  bytes received via SQL*Net from client
          2  SQL*Net roundtrips to/from client
          0  sorts (memory)
          0  sorts (disk)
          1  rows processed
```

앞서 사례와 동일한 방법(레벨 8의 10046 이벤트)으로 Physical Reads를 분석합니다.

```
SQL> alter system flush buffer_cache;
```

```
System altered.

SQL> exec tpack.begin_diag_trace(userenv('sid'), 10046, 8);

PL/SQL procedure successfully completed.

SQL> select /* many rows */ count(*) from t1;

  COUNT(*)
----------
    100001

1 row selected.

SQL> exec tpack.end_diag_trace(userenv('sid'), 10046);

PL/SQL procedure successfully completed.

SQL> select * from table(tpack.get_diag_trace(userenv('sid')));

====================
PARSING IN CURSOR #18 len=39 dep=0 uid=118 oct=3 lid=118 tim=1189349554482
hv=2381385357 ad='21ea440c' sqlid='2mdgzn66z23nd'
select /* many rows */ count(*) from t1
END OF STMT
...
WAIT #18: nam='db file sequential read' ela= 378 file#=4 block#=2115 blocks=1
obj#=104645 tim=1189349555171
WAIT #18: nam='db file scattered read' ela= 494 file#=4 block#=2116 blocks=4
obj#=104645 tim=1189349555872
...
WAIT #18: nam='db file scattered read' ela= 427 file#=4 block#=1893 blocks=4
obj#=104645 tim=1189349625683
...
```

위의 정보를 이용해서 오브젝트 명, 파일 번호, 블록 번호, 블록 수, 블록 종류를 추출해보면 다음과 같습니다. 사용하는 블록 수가 많아지니까 비로소 L1 BMB(1st level bmb)와 L2 BMB (2nd level bmb)를 읽기 시작합니다.

```
OBJECT_NAM  FILE_NO    BLOCK_NO   BLOCKS     CLASS
----------  ---------- ---------- ---------- --------------------
T1          4          2115       1          segment header
T1          4          2116       4          data block
T1          4          2120       1          data block
...
T1          4          1725       4          data block
T1          4          1801       1          1st level bmb
T1          4          2114       1          2nd level bmb
T1          4          1802       1          1st level bmb
T1          4          1730       4          data block
...
T1          4          1893       4          data block
```

한편 테이블 T1 은 총 256 개의 블록을 사용 중입니다. 그리고 미사용 중인 블록(Unused Blocks)은 존재하지 않습니다.

```
SQL> set serveroutput on
SQL> exec show_space('T1');
Free Blocks.............................
Total Blocks............................256
Total Bytes.............................2097152
Total MBytes............................2
Unused Blocks...........................0
Unused Bytes............................0
Last Used Ext FileId....................4
Last Used Ext BlockId...................1801
Last Used Block.........................128
```

위의 블록 수 정보대로라면 Table Full Scan 에 의한 Physical Reads 는 256 블록 정도가 되어야 정상입니다. 하지만 실제 Physical Reads 는 200 블록에 불과합니다. 이것은 오라클이 L1 BMB, L2 BMB 와 같은 메타 블록 정보를 확인해서 불필요한 읽기를 줄인다는 것을 의미합니다. 예를 들어 위의 결과에서 (4, 1802)에 해당하는 L1 BMB 를 블록 덤프해보면 다음과 같은 내용을 볼 수 있습니다.

```
--------------------------------------------------------
 DBA Ranges :
--------------------------------------------------------
 0x01000749  Length: 64    Offset: 0

 0:unformatted      1:unformatted      2:unformatted      3:unformatted
 4:unformatted      5:unformatted      6:unformatted      7:unformatted
 8:unformatted      9:unformatted      10:unformatted     11:unformatted
 12:unformatted     13:unformatted     14:unformatted     15:unformatted
 16:75-100% free    17:75-100% free    18:75-100% free    19:75-100% free
 20:75-100% free    21:75-100% free    22:75-100% free    23:75-100% free
 24:25-50% free     25:75-100% free    26:75-100% free    27:75-100% free
 28:75-100% free    29:75-100% free    30:75-100% free    31:75-100% free
 32:unformatted     33:unformatted     34:unformatted     35:unformatted
 36:unformatted     37:unformatted     38:unformatted     39:unformatted
 40:unformatted     41:unformatted     42:unformatted     43:unformatted
 44:unformatted     45:unformatted     46:unformatted     47:unformatted
 48:unformatted     49:unformatted     50:unformatted     51:unformatted
 52:unformatted     53:unformatted     54:unformatted     55:unformatted
 56:unformatted     57:unformatted     58:unformatted     59:unformatted
 60:unformatted     61:unformatted     62:unformatted     63:unformatted
--------------------------------------------------------
```

L1BMB 는 실제 데이터 블록들의 분포를 관리합니다. 위의 정보를 보면 총 64 개의 블록 중 실제로 사용하고 있는 것은 16 ~ 31 의 16 개 블록에 불과한 것을 알 수 있습니다. 아마도 오라클은 이러한 정보를 이용해서 읽어야할 블록 수를 줄이는 것으로 생각됩니다.

## 정리

이 질문을 이번 책에 넣어야 할지는 고민이 필요했습니다. 실용성이라는 면에서 비판이 따를 것을 우려했기 때문입니다. 하지만 해답을 구하는 과정에서 사용되는 기법들과 블록 덤프 및 트레이스 파일을 해석하고 활용하는 방법 등이 좋은 이야기거리가 될 수 있을 것으로 생각되어서 싣게 되었습니다. 이런 관점에서 위의 테스트 결과들을 해석하시면 좋겠습니다.

이번 질문에 대해서는 100% 완벽한 답변을 하지는 못했지만, 어느 정도는 만족할 만한 내용이었을 것으로 생각합니다. 무엇보다 중요한 것은 어떤 데이터를 어떻게 추출해서 어떻게 해석할 것인가입니다.

## [ 질문 3. 정렬(Sort)을 수행할 때 오라클이 실제로 얼마의 메모리를 사용하는지 어떻게 모니터링하나요? ]

### 문제 개요

특정 쿼리가 정렬을 수행할 때 정렬 영역의 크기와 데이터의 크기에 따라 메모리에서 정렬이 이루어지기도 하고 디스크를 이용해 정렬이 이루어진다고 들었습니다. 정렬을 수행할 때 사용된 메모리 크기를 모니터링하는 방법은 무엇인가요? 또 디스크를 이용한 정렬을 하는 경우 어느 정도로 디스크를 사용했는지 모니터링하는 방법은 무엇인가요?

### 해답

특정 쿼리의 정렬 작업을 모니터링하는 방법을 정리해보면 다음과 같습니다.

- **Plan Statistics 의 이용:** GATHER_PLAN_STATISTICS 힌트를 부여하거나 STATISTICS_ LEVEL 파라미터 값을 ALL 로 지정하고 쿼리를 수행하며 V$SQL_PLAN_STATISTICS 뷰에 Logical Reads, Physical Reads, 메모리 사용량등이 기록됩니다. DBMS_XPLAN.DISPLAY_CURSOR 함수를 이용하면 이 값들을 간편하게 조회할 수 있습니다.

- **V$SQL_WORKAREA[_ACTIVE] 뷰 조회:** V$SQL_WORKAREA[_ACTIVE] 뷰를 조회하면 메모리 사용 정도와 디스크 사용 정도를 알 수 있습니다. Plan Statisics 도 이정보에서 메모리 사용량을 보여줍니다.

- **10032, 10033 진단 이벤트 사용:** 10032 진단 이벤트는 정렬 작업에 대한 요약 통계 정보를 보여주며, 10033 진단 이벤트는 디스크 정렬이 발생하는 경우 개별 정렬 작업(Sort Run 이라고 부름)을 보여줍니다.

어떤 방법을 이용하든 정확한 해석을 위해서는 몇 가지 용어를 이해할 필요가 있습니다.

- **Optimal 소트:** PGA 내의 정렬 영역 크기 내에서 정렬 작업이 이루어지는 것을 의미합니다.
- **One Pass 소트:** 한 단계의 머지(Merge)로 정렬 작업이 이루어지는 것을 의미합니다.
- **Multi Pass 소트:** 다 단계의 머지(Merge)로 정렬 작업이 이루어지는 것을 의미합니다.

오라클은 Optimal 소트가 불가능하다고 판단되면 데이터를 여러 개의 Sort Run 으로 나누어 각각 정렬을 수행합니다. Sort Run 에 의한 정렬 결과는 임시 세그먼트(Temporary Segment)에 저장되고, 이를 Sort Run 의 결과를 머지(Merge)해서 최종 정렬 결과를 만들어 냅니다. 머지 작업이 한 단계로 끝나는 것을 One Pass 소트라고 하고, 머지 작업 자체가 다 단계로 이루어지는 것을 Multi Pass 소트라고 합니다.

성능 면에서는 Optimal 소트가 가장 유리하지만, 대용량의 데이터를 PGA 의 정렬 영역 크기 내에서 처리하는 것이 불가능한 경우가 많습니다. 이런 경우에는 적절한 메모리를 할당하여 가능한 One Pass 소트로 유도할 필요가 있습니다. Multi Pass 소트에서는 디스크 I/O 가 많이 발생하기 때문에 성능이 크게 저하 될 수 있습니다.

PGA 의 정렬 영역 크기를 지정할 때 두 가지 방법이 사용됩니다.

- **자동 모드:** WORKAREA_SIZE_POLICY 파라미터 값이 AUTO(기본값이 AUTO 임)인 경우에는 PGA_AGGREGATE_TARGET 파라미터에 지정된 값을 고려하여 정렬 영역의 적절한 크기를 스스로 지정합니다. 자동으로 지정된 크기의 최대 값은 _SMM_MAX_SIZE 파라미터와 _SMM_PX_MAX_SIZE 파라미터(병렬 작업의 경우)로 확인할 수 있습니다. 이 두 파라미터는 KB(킬로바이트) 단위입니다.

- **수동 모드:** WORKAREA_SIZE_POLICY 파라미터 값이 MANUAL 인 경우에는 SORT_AREA_SIZE 파라미터 값을 이용해서 정렬 영역의 최대 크기를 지정할 수 있습니다.

간단한 예제를 통해 정렬 작업을 모니터링하는 방법을 소개하겠습니다.

# 테스트

## 테스트 환경

우선 WORKAREA_SIZE_POLICY 파라미터 값을 MANUAL 로 변경해서 수동 모드의 PGA 관리 기법을 사용합니다. SORT_AREA_SIZE 를 통해 정렬 작업의 크기를 자유롭게 변경함으로써 테스트를 좀 더 간편하게 수행하기 위해서입니다.

```
SQL> alter session set workarea_size_policy = manual;

Session altered.
```

정렬 작업에 사용할 테이블 T1 을 생성합니다.

```
SQL> create table t1(c1 char(1000));

Table created.
```

## 사례 1: Optimial 소트와 SORT_AREA_SIZE의 최소 크기

현재는 테이블에 데이터가 한건도 없는 상태입니다. 그리고 SORT_AREA_SIZE 파라미터 값을 0 으로 지정함으로써 정렬 영역의 크기도 최소로 지정합니다. 단, 이때 SORT_AREA_SIZE 파라미터 값을 변경하는 작업을 두 번 수행하는 것에 주목하시가 바랍니다. 오라클 특정 버전에서 옵티마이저와 관련된 파라미터를 세션 레벨에서 변경하려면 ALTER SESSION SET ... 명령을 두 번 이상 호출해주어야 하는 버그가 있습니다.

```
SQL> alter session set sort_area_size = 0;

Session altered.

SQL> alter session set sort_area_size = 0;

Session altered.
```

**Plan Statistics**를 통해 정렬 작업의 결과를 모니터링 해보겠습니다.
**GATHER_PLAN_STATISTICS** 힌트와 **DBMS_XPLAN.DISPLAY_CURSOR** 함수가 사용되는 것에 주목하시기 바랍니다.

```
SQL> -- plan statistics
SQL> select /*+ gather_plan_statistics */ *
  2  from (
  3    select rownum as r, c1
  4    from t1
  5    order by c1
  6  ) where r = 1;

no rows selected

SQL> select * from table(dbms_xplan.display_cursor(null, null, 'allstats last'));
```

아래 결과를 해석하려면 다음 항목의 의미를 이해해야 합니다.

- **0Mem:** Optimal 소트에 필요한 예상 정렬 작업 영역의 크기
- **1Mem:** One Pass 소트에 필요한 예상 정렬 작업 영역의 크기
- **Used-Mem:** 실제로 사용된 정렬 작업 영역의 크기

아래 결과를 보면 메모리는 전혀 사용되지 않았습니다. 데이터가 한 건도 없기 때문입니다. Optimal 소트와 One Pass 소트에 필요한 정렬 영역의 예상 크기는 72KB 입니다.

```
-----------------------------------------------------------
| Id  | Operation            | Name | OMem  | 1Mem  | Used-Mem |
-----------------------------------------------------------
|*  1 | VIEW                 |      |       |       |          |
|   2 |   SORT ORDER BY      |      | 73728 | 73728 |          |
|   3 |     COUNT            |      |       |       |          |
|   4 |       TABLE ACCESS FULL| T1 |       |       |          |
-----------------------------------------------------------
```

이번에는 **V$SQL_WORKAREA** 뷰를 통해서 정렬 작업을 모니터링해보겠습니다. 우선 아래와 같이 쿼리의 SQL ID 와 Child Number 를 알아냅니다.

```
SQL> col prev_sql_id new_value sql_id
SQL> col prev_child_number new_value child_number
SQL>
SQL> select /*+ gather_plan_statistics */ *
  2  from (
  3    select rownum as r, c1
  4    from t1
  5    order by c1
  6  ) where r = 1;

no rows selected

SQL> select prev_sql_id, prev_child_number
  2  from v$session
  3  where sid = userenv('sid');
PREV_SQL_ID      PREV_CHILD_NUMBER
-------------    -----------------
awq407xjq11r7                    1

1 row selected.
```

위에서 얻은 SQL ID 와 Child Number 를 이용해서 **V$SQL_WORKAREA** 뷰를 조회한 결과는 아래와 같습니다. Optimal 소트가 이루어진 것을 알 수 있으며, 예상 정렬 영역의 크기와 실제로 사용된 정렬 영역의 크기는 Plan Statistics 와 동일합니다.

```
SQL> set serveroutput on
SQL> exec print_table('select * from v$sql_workarea where sql_id = ''&sql_id''
-
>                    and child_number = &child_number');
ADDRESS                        : 2E33CBC4
HASH_VALUE                     : 1667270375
SQL_ID                         : awq407xjq11r7
CHILD_NUMBER                   : 1
WORKAREA_ADDRESS               : 2A351064
OPERATION_TYPE                 : SORT (v2)
```

```
    OPERATION_ID                    : 2
    POLICY                          : MANUAL
    ESTIMATED_OPTIMAL_SIZE          : 73728
    ESTIMATED_ONEPASS_SIZE          : 73728
    LAST_MEMORY_USED                : 0
    LAST_EXECUTION                  : OPTIMAL
    LAST_DEGREE                     : 1
    TOTAL_EXECUTIONS                : 2
    OPTIMAL_EXECUTIONS              : 2
    ONEPASS_EXECUTIONS              : 0
    MULTIPASSES_EXECUTIONS          : 0
    ACTIVE_TIME                     : 83
    MAX_TEMPSEG_SIZE                :
    LAST_TEMPSEG_SIZE               :
    -----------------
```

마지막으로 **10032 진단 이벤트**를 통해 정렬 작업을 모니터링 해보겠습니다.

```
SQL> -- 10032 event
SQL> exec tpack.begin_diag_trace(userenv('sid'), 10032, 1);

PL/SQL procedure successfully completed.

SQL> select /*+ gather_plan_statistics */ *
  2  from (
  3    select rownum as r, c1
  4    from t1
  5    order by c1
  6  ) where r = 1;

no rows selected

SQL> exec tpack.end_diag_trace(userenv('sid'), 10032);

PL/SQL procedure successfully completed.
```

아래에 10032 진단 이벤트의 결과가 있습니다.

```
SQL> select * from table(tpack.get_diag_trace(userenv('sid')));
```

```
---- Sort Parameters -----------------------------
sort_area_size                        98304
sort_area_retained_size               98304
sort_multiblock_read_count            2
max intermediate merge width          2
---- Sort Statistics -----------------------------
Input records                             1
Output records                            1
Total number of comparisons performed     0
Total amount of memory used            2048
Uses version 1 sort
---- End of Sort Statistics ----------------------
```

여기서 몇 가지 재미있는 사실을 알 수 있습니다.

- SORT_AREA_SIZE 파라미터의 실제 값은 96 KB 입니다. 즉, SORT_AREA_SIZE 파라미터 값을 "0" 으로 지정해도 오라클은 내부적으로 최소한의 정렬 영역을 확보한다는 것을 의미합니다. SORT_AREA_SIZE 파라미터의 최소값은 8 블록입니다. 즉 8 KB 사이트의 블록 크기를 사용하는 경우에는 64 KB 가 됩니다.

- max intermediate merge width 의 값이 2 입니다. 그리고 Input records 의 값은 1 입니다. max intermediate merge width 의 값이 Input records 값보다 크면 Optimal 소트가 됩니다. 반대의 경우에는 One Pass 소트나 Multi Pass 소트가 됩니다.

정렬 작업을 모니터링하는 방법에 따라 조금씩 다른 관점을 제공한다는 것을 알 수 있습니다.

### 사례 2: One Pass 소트

이제 총 10,000 건의 데이터를 추가합니다.

```
SQL> insert into t1
  2  select level from dual
  3  connect by level <= 10000;

10000 rows created.
```

```
SQL> commit;

Commit complete.
```

그리고 **SORT_AREA_SIZE** 의 크기를 10 MB 로 지정합니다.

```
SQL> alter session set workarea_size_policy = manual;

Session altered.

SQL> alter session set sort_area_size = 10485760;

Session altered.

SQL> alter session set sort_area_size = 10485760;

Session altered.
```

**Plan Statistics** 의 결과는 아래와 같습니다.

```
---------------------------------------------------------------------------
| Id  | Operation           | Name | OMem | 1Mem  | Used-Mem  | Used-Tmp|
---------------------------------------------------------------------------
|*  1 | VIEW                |      |      |       |           |         |
|   2 |  SORT ORDER BY      |      |  11M | 1283K | 9244K (1) |   10240 |
|   3 |   COUNT             |      |      |       |           |         |
|   4 |    TABLE ACCESS FULL| T1   |      |       |           |         |
---------------------------------------------------------------------------
```

Optimal 소트를 위한 예상 정렬 영역의 크기는 11 MB, One Pass 소트를 위한 예상 정렬 영역의 크기는 1.2 MB 정도입니다. 실제로 사용된 메모리는 9.2 MB 정도이며 "(1)"의 값은 One Pass 소트가 이루어졌다는 것을 의미합니다. One Pass 소트가 이루어지는 경우 머지(Merge)를 위해 임시 세그먼트를 이용하게 되는데 Used-Tmp 값이 이때 사용된 공간의 크기(KB 단위)를 의미합니다. 아래 결과는 대략 10 MB 정도의 임시 공간이 사용되었음을 의미합니다.

**V$SQL_WORKAREA** 뷰를 조회한 결과는 아래와 같습니다.

```
SQL> exec print_table('select * from v$sql_workarea where sql_id = ''&sql_id''
-
>                       and child_number = &child_number');
ADDRESS                       : 2EB989D8
HASH_VALUE                    : 4240365013
SQL_ID                        : 21v51xmybxpfp
CHILD_NUMBER                  : 2
WORKAREA_ADDRESS              : 29A77BA4
OPERATION_TYPE                : SORT (v2)
OPERATION_ID                  : 2
POLICY                        : MANUAL
ESTIMATED_OPTIMAL_SIZE        : 11547648
ESTIMATED_ONEPASS_SIZE        : 1313792
LAST_MEMORY_USED              : 9465856
LAST_EXECUTION                : 1 PASS
LAST_DEGREE                   : 1
TOTAL_EXECUTIONS              : 2
OPTIMAL_EXECUTIONS            : 0
ONEPASS_EXECUTIONS            : 2
MULTIPASSES_EXECUTIONS        : 0
ACTIVE_TIME                   : 1345057
MAX_TEMPSEG_SIZE              : 10485760
LAST_TEMPSEG_SIZE             : 10485760
-----------------
```

One Pass(1 PASS) 소트(LAST_EXECUTION)가 이루어진 것을 알 수 있으며, 실제 사용된 메모리(LAST_MEMORY_USED)는 9465856 입니다. 그리고 최종 사용된 임시 세그먼트의 크기(LAST_TEMPSEG_SIZE)는 10485760 입니다.

**10032 진단 이벤트**의 결과입니다.

```
-- 10032
---- Sort Parameters ------------------------------
sort_area_size                    10485760
sort_area_retained_size           10485760
sort_multiblock_read_count        2
max intermediate merge width      288
```

```
*** 2010-08-12 13:05:11.531
---- Sort Statistics ------------------------------
Initial runs                                    2
Number of merges                                1
Input records                                   10000
Output records                                  10000
Disk blocks 1st pass                            1253
Total disk blocks used                          1253
Total number of comparisons performed           95842
  Comparisons performed by in-memory sort       85850
  Comparisons performed during merge            9991
  Comparisons while searching for key in-memory 1
Temp segments allocated                         1
Extents allocated                               10
Uses version 2 sort
Uses asynchronous IO
      ---- Run Directory Statistics ----
Run directory block reads (buffer cache)        3
Block pins (for run directory)                  1
Block repins (for run directory)                2
      ---- Direct Write Statistics -----
Write slot size                                 524288
Write slots used during in-memory sort          2
Number of direct writes                         21
Num blocks written (with direct write)          1251
Block pins (for sort records)                   1251
Waits for async writes                          19
      ---- Direct Read Statistics ------
Size of read slots for output                   1048576
Number of read slots for output                 10
Number of direct sync reads                     6
Number of blocks read synchronously             228
Number of direct async reads                    9
Number of blocks read asynchronously            1023
Waits for async reads                           9
---- End of Sort Statistics -----------------------
```

여러 가지 추가적인 정보들을 알 수 있습니다. Input records 는 10,000 건인데 max intermediate merge width 는 288 입니다. 따라서 머지(Merge) 작업이 발생하게 됩니다. Sort

Run 의 개수는 총 2 개(Initial Runs)입니다. 즉 두 개의 Sort Run 이 각각 정렬을 수행하고 그 결과를 머지(Merge)했음을 알 수 있습니다.

**10033 진단 이벤트**는 개별 Sort Run 들의 작업에 대한 정보를 제공합니다. 아래에 그 결과가 있습니다.

```
-- 10033
Recording run at 407009 for 1155 blocks
Recording run at 40730d for 96 blocks
Merging run at 40730d for 96 blocks
Merging run at 407009 for 1155 blocks
Total number of blocks to read: 1251 blocks
```

이번에는 **티팩이 제공하는 Session Snapshot Report** 의 결과도 보겠습니다. Session Snapshot Report 를 이용하면 V$SESSTAT, V$SESSION_EVENT 등의 뷰를 다른 관점에서 다양한 정보를 얻을 수 있습니다.

```
SQL> -- session snapshot report
SQL> exec tpack.begin_session_snapshot;

PL/SQL procedure successfully completed.

SQL>
SQL> select /*+ gather_plan_statistics */ *
  2  from (
  3    select rownum as r, c1
  4    from t1
  5    order by c1
  6  ) where r = 10000;

SQL> exec tpack.add_session_snapshot;

PL/SQL procedure successfully completed.

SQL> col item format a50
SQL> select type, item, total_delta from table(tpack.session_snapshot_report);
```

Session Snapshot Report 의 결과에서 의미있는 데이터만을 요약해보면 아래와 같습니다.

```
TYPE    ITEM                                              TOTAL_DELTA
------  ------------------------------------------------  -----------
STAT    sorts (rows)                                            10028
STAT    sorts (memory)                                              2
STAT    sorts (disk)                                                1

WAIT    db file scattered read                                     53
WAIT    direct path read temp                                      53
WAIT    direct path write temp                                     40
```

*direct path read temp*, *direct path write temp* 대기이벤트로부터 머지(Merge)에 의한 Disk I/O 발생을 확인할 수 있습니다.

### 사례 3: Multi Pass 소트

마지막으로 Multi Pass 소트의 예를 보겠습니다. Multi Pass 소트를 유발하기 위해 SORT_AREA_SIZE 파라미터의 크기를 One pass 소트에서 지정했던 10 MB 보다 작은 512 KB 로 지정합니다.

```
SQL> alter session set workarea_size_policy = manual;

Session altered.

SQL> alter session set sort_area_size = 524288;

Session altered.

SQL> alter session set sort_area_size = 524288;

Session altered.
```

**Plan Statistics** 의 결과는 아래와 같습니다.

```
-------------------------------------------------------------------------
| Id  | Operation              | Name | OMem  | 1Mem  | Used-Mem | Used-Tmp|
-------------------------------------------------------------------------
|*  1 |  VIEW                  |      |       |       |          |         |
|   2 |   SORT ORDER BY        |      |  11M  | 1292K | 539K (2) |  11264  |
|   3 |    COUNT               |      |       |       |          |         |
|   4 |     TABLE ACCESS FULL  | T1   |       |       |          |         |
-------------------------------------------------------------------------
```

실제 사용된 정렬 영역의 크기는 539 KB 이며 Multi Pass 소트(2 단계의 머지)가 발생했음을 알 수 있습니다. 그리고 Disk I/O 에 사용된 임시 공간의 크기는 대략 11 MB 정도에 달합니다.

**V$SQL_WORKAREA** 뷰의 조회 결과는 다음과 같습니다.

```
SQL> exec print_table('select * from v$sql_workarea where sql_id = ''&sql_id''
-
>                         and child_number = &child_number');
ADDRESS                       : 2EB989D8
HASH_VALUE                    : 4240365013
SQL_ID                        : 21v51xmybxpfp
CHILD_NUMBER                  : 0
WORKAREA_ADDRESS              : 2990BA14
OPERATION_TYPE                : SORT (v2)
OPERATION_ID                  : 2
POLICY                        : MANUAL
ESTIMATED_OPTIMAL_SIZE        : 11759616
ESTIMATED_ONEPASS_SIZE        : 1324032
LAST_MEMORY_USED              : 551936
LAST_EXECUTION                : 2 PASSES
LAST_DEGREE                   : 1
TOTAL_EXECUTIONS              : 2
OPTIMAL_EXECUTIONS            : 0
ONEPASS_EXECUTIONS            : 0
MULTIPASSES_EXECUTIONS        : 2
ACTIVE_TIME                   : 2417842
MAX_TEMPSEG_SIZE              : 11534336
LAST_TEMPSEG_SIZE             : 11534336
-----------------
```

2단계의 Multi Pass 소트(LAST_EXECUTIONS)가 이루어졌으며, 실제로 사용된 정렬 영역의 크기는 551936 입니다. 그리고 사용된 임시 공간의 크기는 11534336 입니다.

**10032 진단 이벤트**의 결과입니다. Multi Pass 소트로 바뀌면서 Sort Runt 의 개수가 21 개로 늘어났습니다.

```
-- 10032
---- Sort Parameters ------------------------------
sort_area_size                          524288
sort_area_retained_size                 524288
sort_multiblock_read_count              2
max intermediate merge width            14

*** 2010-08-12 13:05:28.843
---- Sort Statistics ------------------------------
Initial runs                                    21
Intermediate runs                               1
Number of merges                                2
Input records                                   10000
Output records                                  10000
Disk blocks 1st pass                            1276
Total disk blocks used                          1408
Total number of comparisons performed           106972
  Comparisons performed by in-memory sort       69205
  Comparisons performed during merge            37747
  Comparisons while searching for key in-memory 20
Temp segments allocated                         1
Extents allocated                               11
Uses version 2 sort
Uses asynchronous IO
       ---- Run Directory Statistics ----
Run directory block reads (buffer cache)   24
Block pins (for run directory)             1
Block repins (for run directory)           23
       ---- Direct Write Statistics -----
Write slot size                            24576
Write slots used during in-memory sort     2
Number of direct writes                    541
Num blocks written (with direct write)     1606
Block pins (for sort records)              1606
```

```
     Waits for async writes                    473
         ---- Direct Read Statistics ------
     Size of read slots for merge phase        16384
     Number of read slots for merge phase      29
     Size of read slots for output             16384
     Number of read slots for output           32
     Number of direct sync reads               266
     Number of blocks read synchronously       288
     Number of direct async reads              666
     Number of blocks read asynchronously      1318
     Waits for async reads                     392
     ---- End of Sort Statistics ----------------------
```

**Session Snapshot Report** 의 결과는 아래와 같습니다.

```
SQL> select type, item, total_delta from table(tpack.session_snapshot_report);
TYPE    ITEM                                             TOTAL_DELTA
------  -----------------------------------------------  -----------
STAT    sorts (rows)                                           10028
STAT    sorts (memory)                                             2
STAT    sorts (disk)                                               1

WAIT    direct path write temp                                    81
WAIT    direct path read temp                                     78
WAIT    direct path read                                          72
```

*direct path write temp* 이벤트와 *direct path read temp* 이벤트에 대한 대기 시간이 증가하는 것을 알 수 있습니다. 여기서 한가지 주의할 점은 One Pass 소트의 경우에는 *db file scattered read* 이벤트를 대기했던 것에 반해, Multi Pass 소트인 경우에는 *direct path read* 이벤트를 대기하는 점입니다. 이것은 소트 방식과는 무관한 Oracle 11*g*의 새로운 기능인 **Serial Direct Path Read** 때문입니다. SORT_AREA_SIZE 크기가 작아지면서 오라클 내부적으로 Table Full Scan 을 할 때 버퍼 캐시에서 읽는 것보다는 데이터 파일에서 직접 읽는 것이 더 빠르다고 판단했다고 해석할 수 있습니다.

## 정리

이번 장에서는 쿼리의 정렬 작업을 모니터링하는 방법들에 대해서 논의했습니다. 각 모니터링 방법이 제공하는 결과를 이해하려면 Optimal, One Pass, Multi Pass 소트의 의미와 성능에 미치는 영향에 대해서도 기본적인 이해가 필요합니다. 세 개의 테스트 예제를 통해 각 모니터링 방법이 제공하는 결과를 해석하는데 필요한 기본적인 지식들을 충분히 습득할 수 있으리라 믿습니다.

## [ 질문 4. Direct Path로 INSERT를 할 때 Redo 데이터의 생성량을 최소화하려면 어떻게 해야하나요? ]

### 문제 개요

APPEND 힌트를 이용해서 Direct Path 모드로 INSERT를 수행하면 Redo 데이터의 생성이 최소화된다고 알고 있습니다. 하지만 어떤 경우에는 APPEND 힌트를 부여해서 INSERT를 해도 많은 양의 Redo 데이터가 생성되는 것을 목격할 때가 있습니다. 그 이유는 무엇인가요? 그리고 Redo 데이터의 생성량을 최소화할 수 있는 방법은 무엇인가요?

### 해답

Redo 데이터의 생성량은 DML의 성능을 좌우하는 요소입니다. 따라서 대용량의 DML 작업에서는 Redo 데이터의 생성을 최소화할 필요가 있습니다. 이를 위해서 INSERT 작업 시에 APPEND 힌트를 사용해서(즉, Direct Path I/O를 사용해서) Redo 생성을 억제합니다. 하지만 APPEND 힌트를 사용한다고 해서 항상 Redo 생성이 최소화되는 것은 아닙니다. 다음과 같은 요소에 영향을 받기 때문입니다.

- 데이터베이스가 ARCHIVELOG 모드인가, NOARCHIVELOG 모드인가?
- 테이블이 LOGGING 모드인가, NOLOGGING 모드인가?
- 인덱스가 존재하는가?

위의 기준에 따라 Redo 데이터 생성 정도를 표로 정리해보면 다음과 같습니다.

(O = Redo 데이터 최소, X = Redo 데이터 최대, △ = O와 X의 중간)

| 분류 | | NOARCHIVE | | ARCHIVE | |
|---|---|---|---|---|---|
| | | Logging | Nologging | Logging | Nologging |
| No Index | Conventional | X | X | X | X |
| | Direct | O | O | X | O |
| With Index | Conventional | X | X | X | X |
| | Direct | △ | △ | X | △ |

위의 표가 의미하는 바는 아래의 테스트 사례를 통해 상세하게 논의할 것입니다.

그 외에 Direct Path I/OP 와 Redo 데이터의 생성과 관련해 몇 가지 중요한 사항을 정리하면 다음과 같습니다.

- UPDATE 나 DELETE 문장은 Direct Path I/O 가 불가능하며 따라서 Redo 데이터의 양을 줄이는 것은 불가능합니다.

- INSERT ... VALUES 구문은 Oracle 10g 까지는 Direct Path INSERT 를 지원하지 않습니다. Oracle 11gR1 에서는 INSERT ... VALUES 구문에 APPEND 힌트를 부여하면 Direct Path INSERT 가 사용됩니다. Oracle 11gR2 부터는 APPEND 힌트가 아닌 APPEND_VALUES 힌트를 사용해야 INSERT ... VALUES 구문이 Direct Path INSERT 를 사용합니다.

- 인덱스에 대한 DML 은 Direct Path I/O 가 불가능하기 때문에 인덱스를 비활성화(UNUSABLE) 시킨 후 NOLOGGING 모드로 리빌드하는 방법으로 Redo 데이터의 생성을 최소화할 수 있습니다.

오라클이 11g 에서 INSERT ... VALUES 구문에 대해 Direct Path INSERT 를 지원하기로 한 것은 **PL/SQL 의 배치 INSERT 때문**으로 추측됩니다. 배치 INSERT 시에 보통 몇 만건 ~ 몇 십만건 정도의 데이터를 한번에 INSERT 하므로 Direct Path INSERT 가 가능하다면 성능 개선의 여지가 있기 때문입니다.

Direct Path INSERT 와 관련된 함정 중 하나는 세그먼트의 크기가 생각보다 커진다는 것입니다. 현재 세그먼트에 여유 공간이 많은 경우에도 Direct Path INSERT 는 High Water

Mark(HWM) 이후의 공간에 데이터를 추가(Append)하는 방식을 사용하기 때문입니다. 이런 이유 때문에 INSERT ... VALUES 구문에서는 Direct Path INSERT를 지원하지 않았던 것입니다.

이제 간단한 테스트 사례를 통해 Direct Path INSERT와 Redo 데이터 생성의 상관 관계를 살펴 보겠습니다.

## 테스트

### 사례 1: 설정 별 생성량

위의 내용을 검증하기 위해 아래와 같은 기준에 따라 Redo 생성량을 측정해보겠습니다.

| 분류 | | NOARCHIVE | | ARCHIVE | |
|---|---|---|---|---|---|
| | | Logging | Nologging | Logging | Nologging |
| No Index | Conventional | | | | |
| | Direct | | | | |
| With Index | Conventional | | | | |
| | Direct | | | | |

테스트 스크립트는 다음과 같습니다.

```
create table t_log_no_idx (c1 char(100)) logging;
create table t_log_with_idx (c1 char(100)) logging;
create table t_nolog_no_idx (c1 char(100)) nologging;
create table t_nolog_with_idx (c1 char(100)) nologging;

create index t_log_with_idx_n1 on t_log_with_idx(c1);
```

```sql
create index t_nolog_with_idx_n1 on t_nolog_with_idx(c1);

--------------------------------------------
-- case 1: noarchive log mode + no_index
select name, log_mode from v$database;

truncate table t_log_no_idx;
truncate table t_log_with_idx;
truncate table t_nolog_no_idx;
truncate table t_nolog_with_idx;

exec tpack.begin_session_snapshot;

insert into t_log_no_idx select 'x' from dual connect by level <= 100000;

exec tpack.add_session_snapshot;

insert /*+ append */ into t_log_no_idx select 'x' from dual connect by level <= 100000;

exec tpack.add_session_snapshot;

insert /*+ append */ into t_nolog_no_idx select 'x' from dual connect by level <= 100000;

exec tpack.add_session_snapshot;

col type format a6
col item format a30
col deltas format a30
select type, item, deltas
from table(tpack.session_snapshot_report)
where type = 'STAT' and item in ('redo size', 'redo entries')
;

--------------------------------------------
-- case 2: noarchive log mode + with_index
select name, log_mode from v$database;

truncate table t_log_no_idx;
truncate table t_log_with_idx;
```

```
truncate table t_nolog_no_idx;
truncate table t_nolog_with_idx;

exec tpack.begin_session_snapshot;

insert into t_log_with_idx select 'x' from dual connect by level <= 100000;

exec tpack.add_session_snapshot;

insert /*+ append */ into t_log_with_idx select 'x' from dual connect by level
<= 100000;

exec tpack.add_session_snapshot;

insert /*+ append */ into t_nolog_with_idx select 'x' from dual connect by
level <= 100000;

exec tpack.add_session_snapshot;

commit;

col type format a6
col item format a30
col deltas format a30
select type, item, deltas
from table(tpack.session_snapshot_report)
where type = 'STAT' and item in ('redo size', 'redo entries')
;


---------------------------------------------
-- alter database to archive log mode
connect sys/password as sysdba
shutdown immediate
startup mount
alter database archivelog;
alter database open;

conn user/password

---------------------------------------------
-- case 3: archive log mode + no_index
```

```
select name, log_mode from v$database;

truncate table t_log_no_idx;
truncate table t_log_with_idx;
truncate table t_nolog_no_idx;
truncate table t_nolog_with_idx;

exec tpack.begin_session_snapshot;

insert into t_log_no_idx select 'x' from dual connect by level <= 100000;

exec tpack.add_session_snapshot;

insert /*+ append */ into t_log_no_idx select 'x' from dual connect by level <= 100000;

exec tpack.add_session_snapshot;

insert /*+ append */ into t_nolog_no_idx select 'x' from dual connect by level <= 100000;

exec tpack.add_session_snapshot;

col type format a6
col item format a30
col deltas format a30
select type, item, deltas
from table(tpack.session_snapshot_report)
where type = 'STAT' and item in ('redo size', 'redo entries')
;

-------------------------------------------
-- case 4: archive log mode + with_index
select name, log_mode from v$database;

truncate table t_log_no_idx;
truncate table t_log_with_idx;
truncate table t_nolog_no_idx;
truncate table t_nolog_with_idx;

exec tpack.begin_session_snapshot;
```

```
insert into t_log_with_idx select 'x' from dual connect by level <= 100000;

exec tpack.add_session_snapshot;

insert /*+ append */ into t_log_with_idx select 'x' from dual connect by level
<= 100000;

exec tpack.add_session_snapshot;

insert /*+ append */ into t_nolog_with_idx select 'x' from dual connect by
level <= 100000;

exec tpack.add_session_snapshot;

commit;

col type format a6
col item format a30
col deltas format a30
select type, item, deltas
from table(tpack.session_snapshot_report)
where type = 'STAT' and item in ('redo size', 'redo entries')
;

-- alter database to noarchive log mode
connect sys/password as sysdba
shutdown immediate
startup mount
alter database noarchivelog;
alter database open;
```

아래에 측정 결과가 있습니다.

| 분류 | | NOARCHIVE | | ARCHIVE | |
|---|---|---|---|---|---|
| | | Logging | Nologging | Logging | Nologging |
| No Index | Conventional | 12,684,044 | 12,684,044 | 13,348,776 | 13,348,776 |

|  |  |  |  |  |  |
|---|---|---|---|---|---|
|  | Direct | 659,640 | 1,371,184 | 13,418,924 | 1,389,608 |
| With Index | Conventional | 80,943,092 | 8,094,3092 | 81,285,340 | 81,285,340 |
|  | Direct | 69,578,736 | 48,840,220 | 81,528,404 | 48,658,300 |

위의 결과를 정리해보면 다음과 같습니다.

- 데이터베이스가 NOARCHIVELOG 모드일 경우에는 테이블의 LOGGING 모드 여부에 상관 없이 Direct Path INSERT 는 항상 최소의 Redo 데이터를 생성합니다.

- 데이터베이스가 ARCHIVELOG 모드일 경우에는 테이블이 NOLOGGING 모드여야만 최소한의 Redo 데이터가 생성됩니다. 또는 INSERT 문을 실행할 때 NOLOGGING 옵션을 부여해도 됩니다.

- 인덱스가 존재할 경우에는 NOLOGGING 모드에서 Direct Path INSERT 를 수행하더라도 상당한 양의 Redo 데이터를 생성합니다. 테이블에 대해서는 Direct Path I/O 가 발생하더라도 인덱스를 유지하는 것은 여전히 필요하며 이 과정에서 많은 양의 리두가 발생하는 것입니다.

## 정리

Direct Path INSERT 라고 하더라도 여러 가지 조건에 따라 Redo 데이터의 생성량이 달라진다는 것을 살펴 보았습니다. 더불어 Oracle 11$g$에서 추가된 새로운 Direct Path INSERT 기능에 대해서도 살펴 보았습니다. Redo 데이터의 생성량이 DML 의 성능을 결정하는 중요한 요소입니다. 따라서 대량의 DML 을 수행할 경우에는 가능한 Direct Path I/O 를 사용할 수 있는 방법을 모색해서 최소한의 Redo 데이터를 생성할 수 있도록 고민할 필요가 있겠습니다.

[ 질문 5. ORA-01555의 발생을 테스트하고 분석해보고
싶습니다. 좋은 방법은 무엇인가요? ]

## 문제 개요

ORA-01555(Snapshot Too Old) 에러를 발생시키면서 좀 더 자세하게 분석해보고 싶습니다.
ORA-01555 에러를 발생시키는 방법과 해석하는 방법을 알 수 있을까요?

## 해답

ORA-01555 가 발생하는 원인을 오라클의 내부 동작 원리라는 관점에서 단순화해서 표현하면 다음 두 가지 정도로 요약할 수 있습니다.

- 언두 블록이 다른 DML 에 의해 덮어써진 경우
- 언두 세그먼트 헤더의 트랜잭션 테이블이 다른 DML 에 의해 덮어써진 경우

이런 간단한 원리가 실제 운영 상황에서 다양한 요소, 예를 들어 언두 테이블스페이스의 크기, 동시 트랜잭션의 수, Delayed Block Cleanout, 언두 테이블스페이스 공간 관리 기법 등에 의해 다양한 경우에 대해 ORA-01555 에러로 나타나게 됩니다. 이런 복잡성 때문에 실제로 운영 환경에서 ORA-01555 에러가 발생했을 경우 정확한 원인을 찾는 것이 어려운 경우가 많습니다. 정확한 개념 이해와 함께 다양한 경우에 대한 경험이 필요하다고 하겠습니다.

> 언두 세그먼트 헤더와 트랜잭션 테이블의 의미에 대해서는 [Transaction Internals in Oracle 10gR2]
> (김시연, 최영준 공저)를 참조하시기 바랍니다.

간단한 예제를 통해 ORA-01555 에러를 재현하고 그 결과를 분석해보겠습니다.

# 테스트

## 사례 1: 언두 데이터가 덮어써진 경우

언두 데이터 자체가 덮어써져서 없어져 버린 경우를 재현해보겠습니다. 우선 테스트의 편의를 위해 아래와 같이 조그만 크기(10M)의 언두 테이블스페이스를 만듭니다.

```
SQL> create undo tablespace small_undo
  2  datafile size 10m autoextend off;

Tablespace created.

SQL> -- set undo tablespace
SQL> alter system set undo_tablespace = small_undo scope=memory;

System altered.
```

테이블 T1 을 만들고 한 건의 로우를 생성합니다.

```
SQL> create table t1(c1 int, c2 char(2000), c3 char(2000), c4 char(2000));

Table created.

SQL> insert into t1 values(1, 'x', 'x', 'x');

1 row created.

SQL> commit;

Commit complete.
```

세션 #2 에서 테이블 T1 을 읽되, TPACK.F_WAIT_FOR_SIGNAL 함수를 이용해 세션 #1 이 깨워줄 때까지 기다리게 합니다.

```
-- session #2
SQL> select * from t1 where tpack.f_wait_for_signal = 1
  2  ;
```

세션 #2 가 대기하고 있는 동안 세션 #1 은 테이블 T1 에 대해 총 3,000 번의 DML 을 발생시키면 매번 한건의 로우를 업데이트합니다. 그리고 매 1,000 번마다 커밋을 수행합니다.

```
-- session #1
SQL> begin
  2    for idx in 1 .. 3000 loop
  3      update t1 set c2 = idx, c3 = idx, c4 = idx where c1 = 1;
  4      if mod(idx, 1000) = 0 then
  5        commit;
  6      end if;
  7    end loop;
  8  end;
  9  /

PL/SQL procedure successfully completed.

SQL> commit;

Commit complete.
```

업데이트가 끝난 후 TPACK.SIGNAL 프로시저를 호출해 대기하고 있던 세션 #2 를 깨워줍니다.

```
-- session #2
SQL> exec tpack.signal;
```

대기 상태에서 깨어난 세션 #1 은 한건의 로우를 읽을려고 시도할 것입니다. 하지만 다음과 같이 ORA-01555 에러가 발생합니다.

```
-- session #1
select * from t1 where tpack.f_wait_for_signal = 1
            *
ERROR at line 1:
ORA-01555: snapshot too old: rollback segment number 16 with name
"_SYSSMU16_1282023015$" too small
```

세션 #1 은 로우를 읽기 위해 테이블의 블록을 방문했을 것입니다. 하지만 쿼리(SELECT 문)이 시작된 이후로 해당 블록이 변경되었다는 것을 알고 쿼리가 시작한 시점(SCN)의 블록 이미지를 얻기 위해 롤백을 시도합니다. 즉 언두 블록에서 언두 데이터를 읽으면서 시간 순으로 이전 이미지를 가져옵니다. 하지만 과도한 DML(이 예제에서는 언두 테이블스페이스의 크기가 10M 정도로 매우 작기 때문에 3000 번의 DML 만으로도 언두가 덮어써져 버립니다)로 인해 해당 시점으로의 롤백이 불가능해진 것입니다. 이로 인해 ORA-01555 에러가 발생합니다.

SQL*Trace(10046 진단 이벤트)를 통해 ORA-01555 에러가 발생하는 경우 어떤 특이한 점이 있는지 확인해보겠습니다.

```
SQL> exec tpack.begin_diag_trace(userenv('sid'), 10046, 1);

PL/SQL procedure successfully completed.

SQL> select * from t1 where tpack.f_wait_for_signal = 1;
select * from t1 where tpack.f_wait_for_signal = 1
              *
ERROR at line 1:
ORA-01555: snapshot too old: rollback segment number 17 with name
"_SYSSMU17_1282023015$" too small


SQL> exec tpack.end_diag_trace(userenv('sid'), 10046);

PL/SQL procedure successfully completed.

SQL> select * from table(tpack.get_diag_trace(userenv('sid'), 'TKPROF'));

SQL ID : 0sqgctuctdg9j
select *
from
 t1 where tpack.f_wait_for_signal = 1

call     count       cpu    elapsed       disk      query    current       rows
-------  ------  --------  ---------  ---------  ---------  ---------  ---------
Parse         1      0.00       0.01          0          1          0          0
Execute       1      0.00      11.13          0          0          0          0
Fetch         1      0.00       0.02         17       1001          0          0
-------  ------  --------  ---------  ---------  ---------  ---------  ---------
total         3      0.00      11.16         17       1002          0          0
```

```
Misses in library cache during parse: 1
Optimizer mode: ALL_ROWS
Parsing user id: 118

Rows     Row Source Operation
-------  ---------------------------------------------------
     0   FILTER  (cr=0 pr=0 pw=0 time=0 us)
     0    TABLE ACCESS FULL T1 (cr=0 pr=0 pw=0 time=0 us cost=3 size=6019
card=1)
```

위의 결과를 보면 리턴되는 로우수(ROWS)는 0 건(한건도 가져오지 못하고 에러가 발생했으므로)임에도 불구하고 Consistent Read 에 의한 읽기는 무려 1001 블록에 달한다는 것을 알 수 있습니다. 이것든 DML 에 의해 변경된 블록을 롤백하기 위해 언두 블록에서 읽는 데이터를 이용해서 CR 블록을 생성하고 해당 블록을 읽었다는 것을 의미합니다.

이번에는 티팩이 제공하는 **Session Snapshot Report** 를 이용해서 동일한 상황에서 어떤 지표 값이 증가하는지 보겠습니다.

```
SQL> exec tpack.begin_session_snapshot;

PL/SQL procedure successfully completed.

SQL> select * from t1 where tpack.f_wait_for_signal = 1;
select * from t1 where tpack.f_wait_for_signal = 1
              *
ERROR at line 1:
ORA-01555: snapshot too old: rollback segment number 12 with name
"_SYSSMU12_1282023015$" too small

SQL> exec tpack.add_session_snapshot;

PL/SQL procedure successfully completed.

SQL> col item format a50
SQL> select type, item, total_delta from table(tpack.session_snapshot_report);

TYPE       ITEM                                               TOTAL_DELTA
---------- -------------------------------------------------- -----------
```

```
...
STAT        consistent gets                                    1250
STAT        consistent gets from cache                         1250
STAT        consistent gets - examination                      1152
STAT        data blocks consistent reads - undo records applie  999
            d
...
ROWCACHE    dc_tablespaces                                     4667
ROWCACHE    dc_rollback_segments                               3101
ROWCACHE    dc_segments                                         609
ROWCACHE    dc_users                                             16
ROWCACHE    global database name                                  6
```

위의 정보를 보면 *data blocks consistent reads - undo records applied* 라는 이름의 통계값이 *consistent gets* 통계값과 거의 비슷한 정도로 증가하는 것을 알 수 있습니다. 이름에서도 알 수 있는 것처럼 언두 블록에서 읽는 데이터를 이용해서 CR 블록을 생성하고 해당 블록을 읽었다는 것을 알 수 있습니다.

## 사례 2: 트랜잭션 테이블이 덮어써진 경우

이번에는 언두 세그먼트 헤더의 트랜잭션 테이블이 덮어써진 경우를 재현해보겠습니다. 우선 Delayed Block Cleanout 를 유도하기 위해 버퍼 캐시의 크기를 최소한으로 줄입니다.

```
SQL> -- make buffer cache small (for delayed block cleanout)
SQL> alter system set sga_target=0 scope=memory;

System altered.

SQL> alter system set db_cache_size=1m scope=memory;

System altered.
```

실제로는 8MB 크기의 버퍼 캐시가 할당됩니다.

```
SQL> show sga
```

```
Total System Global Area  209235968 bytes
Fixed Size                  1332188 bytes
Variable Size             192941092 bytes
Database Buffers            8388608 bytes
Redo Buffers                6574080 bytes
```

테이블 T1, 인덱스 T1_N1, 테이블 T2 를 만듭니다.

```
SQL> create table t1(c1 int, c2 char(100));

Table created.

SQL> create index t1_n1 on t1(c1);

Index created.

SQL> create table t2(c1 int);

Table created.
```

테이블 T1 에는 총 35,000 건의 로우를 생성하고, 테이블 T2 에는 한건의 로우를 생성합니다.

```
SQL> -- generate data
SQL> insert into t1
  2    select level, 'x'
  3    from dual
  4    connect by level <= 35000
  5  ;

35000 rows created.

SQL> commit;

Commit complete.

SQL> insert into t2 values(1);

1 row created.
```

```
SQL> commit;

Commit complete.
```

우선 테이블 **T1** 을 업데이트하고 커밋을 수행합니다. 테이블 **T1** 은 총 35,000 건의 로우를 가지고 있습니다. 버퍼 캐시의 크기가 매우 작기 때문에 커밋 여부는 언두 세그먼트 헤더의 트랜잭션 테이블에만 기록될 것입니다. 이런 메커니즘을 Fast Commit 이라고 부릅니다.

```
SQL> -- session #1
SQL> update t1 set c2 = 'y';

SQL> commit;
```

이 상태에서 세션 #2 가 인덱스를 **T1_N1** 을 경유해서 테이블 **T1** 을 방문하는 쿼리를 수행합니다. 테스트의 편의를 위해 **TPACK.SLEEP** 함수를 이용해 수행 속도를 지연시킵니다.

```
-- session #2
SQL> select /*+ index(t1) */ * from t1 where tpack.sleep(c1, 1) = 1 and c1 > 0;

        C1 C2
---------- --------------
         1 y
         2 y
         3 y
```

세션 #2 가 쿼리를 수행하는 동안 세션 #1 에서 **테이블 T2(테이블 T1 이 아닌)에 대해 많은 수의 트랜잭션**을 일으킵니다.

```
-- session #1
SQL> begin
SQL>   for idx in 1 .. 1000000 loop
SQL>     update t2 set c1 = c1 + 1;
SQL>     commit;
SQL>   end loop;
SQL> end;
SQL> /
```

테이블 T1 에 대한 업데이트는 이미 커밋까지 완료된 상태입니다. 따라서 세션 #1 이 테이블 T2 에 대해서 아무리 많은 트랜잭션을 발생시키더라도 테이블 T1 을 읽는데는 아무런 영향이 없어야 합니다. 하지만 예상과는 달리 보기 좋게 ORA-01555 에러가 발생하고 맙니다.

```
-- session #2
      ...
      64 y
      65 y
ERROR:
ORA-01555: snapshot too old: rollback segment number 19 with name
"_SYSSMU19_1282023528$" too small
```

그 이유는 세션 #1 이 테이블 T2 에 대해 일으키는 트랜잭션에 의해 언두 세그먼트 헤더의 트랜잭션 테이블이 덮어써지기 때문입니다. 테이블 T1 에 대한 UPDATE 작업은 Fast Commit 으로 처리되었기 때문에 실제 커밋 여부는 데이터 블록이 아닌 언두 세그먼트 헤더의 트랜잭션 테이블에 기록됩니다. UPDATE 후에 해당 블록을 방문하는 세션이 언두 세그먼트 헤더의 트랜잭션 테이블을 읽어서 실제 커밋 여부를 테이블 블록에 반영하는 작업을 하게 됩니다. 이것이 **Delayed Block Cleanout**(지연해서 데이버 블록에 커밋 시점을 반영)입니다. Delayed Block Cleanout 을 수행하려고 하는데 1) 트랜잭션 테이블이 덮어써져 원래의 정보가 존재하지 않고, 2) 덮어써진 시점이 쿼리가 시작한 이후라면 커밋 여부를 결정할 수 없기 때문에 ORA-01555 에러가 발생하고 마는 것입니다. 만일 덮어써진 시점이 쿼리가 시작하기 전이라면 정확하게 언제 커밋이 이루어졌는지는 알 수 없지만 적어도 쿼리가 시작하기 전에 커밋이 이루어진 것은 확실하므로 ORA-01555 에러를 발생시키지 않습니다.

SQL*Trace 를 통해 동일한 문장을 분석한 결과는 다음과 같습니다. 66 개의 로우를 리턴하기 위해 6,212 블록을 읽었다는 것을 알 수 있습니다. 이것은 언두 세그먼트 헤더에 대한 읽기(정확하게는 언두 세그먼트 헤더 블록에 대한 Consistent Read)가 반영된 결과입니다.

```
SQL ID : cw7p6s4a7w35k
select /*+ index(t1) */ *
from
 t1 where tpack.sleep(c1, 1) = 1 and c1 > 0
```

```
call     count       cpu    elapsed       disk      query    current       rows
------- ------  --------  ---------- ---------- ---------- ----------  --------
Parse        1      0.00       0.00          0          0          0          0
Execute      1      0.00       0.00          0          0          0          0
Fetch       34      0.04      67.39         93       6121          0         66
------- ------  --------  ---------- ---------- ---------- ----------  --------
total       36      0.04      67.40         93       6121          0         66

Misses in library cache during parse: 1
Optimizer mode: ALL_ROWS
Parsing user id: 118

Rows     Row Source Operation
-------  ---------------------------------------------------
     66  TABLE ACCESS BY INDEX ROWID T1 (cr=70 pr=3 pw=3 time=0 us cost=88 size=36750 card=350)
     67   INDEX RANGE SCAN T1_N1 (cr=35 pr=2 pw=2 time=1000198 us cost=82 size=0 card=350)(object id 105083)
```

티팩의 Session Snapshot Report 의 결과는 아래와 같습니다.

```
SQL> col item format a50
SQL> select type, item, total_delta from table(tpack.session_snapshot_report);

TYPE        ITEM                                               TOTAL_DELTA
----------  -------------------------------------------------- -----------
...
STAT        consistent gets                                          12702
STAT        transaction tables consistent reads - undo records        6048
              applied
...
LATCH       cache buffers chains                                   9322196
LATCH       undo global data                                       5353142
LATCH       enqueue hash chains                                    4277155
LATCH       row cache objects                                      4141630
...
ROWCACHE    dc_tablespaces                                          774052
ROWCACHE    dc_rollback_segments                                    446370
```

언두 데이터가 덮어써진 사례 1 의 경우에는 *data blocks consistent reads - undo records applied* 통계값이 증가한 반면, 트랜잭션 테이블이 덮어써진 이번 사례에서는 *transaction tables consistent reads - undo records applied* 통계값이 증가하는 것을 알 수 있습니다. Delayed Block Cleanout 을 수행하기 위해 언두 세그먼트 헤더의 트랜잭션 테이블을 읽은 시점에서 해당 데이터가 덮어써져 존재하지 않으면 언두 데이터로부터 롤백을 수행하면서 이전 시점의 트랜잭션 테이블을 구성해 읽게 됩니다. 그 값이 *transaction tables consistent reads - undo records applied* 통계값으로 나타납니다.

## 정리

이번 질문에서는 ORA-01555 에러를 발생시키는 재현 가능한 예제와 해당 현상을 분석하는 간단한 방법을 보았습니다. ORA-01555 를 완벽하게 이해하려면 오라클의 트랜잭션의 작동 방식에 대한 폭넓은 이해가 필요합니다. 지면 관계상 오라클 트랜잭션에 대한 상세한 설명은 불가능하겠습니다. 필자의 다른 책인 [Advanced Oracle Wait Interface]와 [Transaction Internals in Oracle 10gR2(김시연/최영준. 엑셈)]를 참조하시기 바랍니다.

# 질문 6. Table Full Scan을 하면 버퍼 캐시의 LRU 리스트에서 어떻게 관리되나요?

## 문제 개요

작은 크기의 테이블에 대해 Table Full Scan 을 수행하면 버퍼 캐시의 LRU 리스트의 중간 지점(Middle Point)에 위치시키고, 큰 크기의 테이블에 대해서는 LRU 리스트의 마지막(Cold End)에 위치시킨다고 들었습니다. "작은" 크기와 "큰" 크기의 구분은 어떻게 되나요? 그리고 어떻게 확인하나요?

## 해답

큰 크기의 테이블을 Table Full Scan(정확하게 말하면 Multi Block I/O)으로 읽으면 해당 테이블의 블록들은 LRU 리스트의 마지막에 위치시킵니다. LRU 리스트의 마지막에 위치한 블록들은 다음 번 프리 블록 요청에 의해 금방 재활용되기 때문에 버퍼 캐시에서 밀려납니다. 버퍼 캐시가 해당 테이블의 블록들로 꽉 차는 현상을 방지하기 위해서 고안된 방법입니다.

반면 작은 크기의 테이블은 이런 위험이 없기 때문에 Single Block I/O 에 의해 읽는 블록들과 동일하게 LRU 리스트의 중간에 위치시킵니다.

자료를 검색해보면 기준이 되는 테이블의 크기는 _SMALL_TABLE_THRESHOLD 파라미터라는 내용이 있습니다. 하지만 이 파라미터는 이전 버전의 오라클(8$i$ 또는 그 이전)에서만 해당 의미로 사용되었고 최신 버전의 오라클에서는 병렬 쿼리에서는 해당 테이블을 직렬로 읽을지 병렬로 읽을지를 결정하는 역할로 변경되었습니다.

필자가 테스트해 본 결과 "작은" 크기와 "큰" 크기의 기준은 버퍼 캐시의 대략 25% 정도(어디까지나 추정치입니다)로 보입니다. 하지만 이것은 필자의 테스트 환경에서만 검증된 것이고, 다른 환경에서는 보장할 수가 없습니다. 이 책을 읽으시는 여러분들이 직접 사용 중인 시스템에서 검증해주시면 더 좋겠습니다.

## 테스트

### 테스트 환경

버퍼 캐시의 크기(**DB_CACHE_SIZE**)를 100MB 로 지정합니다.

```
alter system set sga_target=0m;
alter system set shared_pool_size=100m;
alter system set db_cache_size=100m;

SQL> show sga

Total System Global Area  242733056 bytes
Fixed Size                  1332356 bytes
Variable Size             130026364 bytes
Database Buffers          104857600 bytes
Redo Buffers                6516736 bytes
```

### 사례 1: Table의 크기와 LRU List에서의 위치

100MB 의 버퍼 캐시에서 사용 가능한 최대 버퍼의 수는 12,450 개입니다.

```
SQL> col value new_value buffers
SQL> @para _db_block_buffers

NAME                           VALUE                IS_DEFAUL SES     SYS
------------------------------ -------------------- --------- ------- -----
_db_block_buffers              12450                TRUE      false   false
Number of database blocks cached in memory: hidden parameter
```

버퍼 캐시 크기와 비슷한 크기의 테이블 T_BIG, 버퍼 캐시 크기의 25%보다 다소 큰 T_BIG _25 테이블, 그리고 버퍼 캐시 크기의 25%보다 다소 작은 T_SMALL_25 테이블을 만듭니다.

```
SQL> -- table bigger than buffer cache to fill the buffer cache
SQL> create table t_big
  2  as
  3  select
  4    rpad('x', 2000) as c1,
  5    rpad('x', 2000) as c2,
  6    rpad('x', 2000) as c3
  7  from dual
  8  connect by level <= (&buffers - 100);
old   8: connect by level <= (&buffers - 100)
new   8: connect by level <= (12450 - 100)

Table created.

SQL> -- table a bit bigger that 25% of buffer_cache
SQL> create table t_big_25
  2  as
  3  select
  4    rpad('x', 2000) as c1,
  5    rpad('x', 2000) as c2,
  6    rpad('x', 2000) as c3
  7  from dual
  8  connect by level <= (0.25*&buffers + 300);
old   8: connect by level <= (0.25*&buffers + 300)
new   8: connect by level <= (0.25*12450 + 300)

Table created.

SQL> -- table a bit smaller than 25% of buffer_cache
SQL> create table t_small_25
  2  as
  3  select
  4    rpad('x', 2000) as c1,
  5    rpad('x', 2000) as c2,
  6    rpad('x', 2000) as c3
  7  from dual
  8  connect by level <= (0.25*&buffers - 100);
```

```
old     8: connect by level <= (0.25*&buffers - 100)
new     8: connect by level <= (0.25*12450 - 100)

Table created.

SQL> select segment_name, blocks, bytes
  2  from dba_segments
  3  where segment_name in ('T_BIG', 'T_BIG_25', 'T_SMALL_25');

SEGMENT_NAME              BLOCKS      BYTES
-------------------- ---------- ----------
T_BIG                     13312  109051904
T_BIG_25                   3584   29360128
T_SMALL_25                 2944   24117248
```

Oracle 11*g* 에서는 **10949 진단 이벤트를 이용해 Serial Direct Path Read 를 비활성화**시켜야 합니다. Oracle 11*g* 는 크기가 큰 테이블에 대한 직렬 Table Full Scan 에 대해 Direct Path I/O 를 사용하는 옵션이 추가되었습니다. 정확한 현상을 재현하기 위해 이 기능을 끌 필요가 있습니다.

```
SQL> -- disable serial direct path read
SQL> alter session set events '10949 trace name context forever, level 1';

Session altered.
```

우선 가장 큰 크기의 테이블 **T_BIG** 을 두번 연속 읽어서 각각 Physical Reads 가 얼마나 발생하는지 분석합니다. Physical Reads 를 확인하기 위해 AUTOTRACE 를 사용합니다.

```
SQL> -- read table t_big to fill the buffer cache
SQL> alter system flush buffer_cache;

System altered.

SQL> set autotrace traceonly stat

SQL> select count(*) from t_big;

Statistics
```

```
                    -------------------------------------------------------
                           28  recursive calls
                            0  db block gets
                        12446  consistent gets
                        12353  physical reads
                            0  redo size
                          420  bytes sent via SQL*Net to client
                          416  bytes received via SQL*Net from client
                            2  SQL*Net roundtrips to/from client
                            0  sorts (memory)
                            0  sorts (disk)
                            1  rows processed

SQL> select count(*) from t_big;

Statistics
-------------------------------------------------------
                            0  recursive calls
                            0  db block gets
                        12361  consistent gets
                            0  physical reads
                            0  redo size
                          420  bytes sent via SQL*Net to client
                          416  bytes received via SQL*Net from client
                            2  SQL*Net roundtrips to/from client
                            0  sorts (memory)
                            0  sorts (disk)
                            1  rows processed
```

테이블 T_BIG 은 매우 큰 크기의 테이블이지만 두번 째 읽기 작업에서는 **Physical Reads** 가 아예 발생하지 않습니다. 이것은 첫번째 읽기에서 읽을 블록들이 통째로 버퍼 캐시에 존재 한다는 것을 의미합니다. 즉 LRU 리스트의 마지막에 위치함으로써 버퍼 캐시에서 밀어내 는 일이 발생하지 않았습니다. 그 이유는 버퍼 캐시에 사용 가능한 프리 버퍼가 존재하는 경 우에는 LRU 리스트에서 블록을 밀어낼 필요가 없기 때문입니다.

이번에는 버퍼 캐시의 25%보다 다소 큰 테이블 **T_BIG_25** 에 대해 동일한 작업을 수행해보 겠습니다. 현재 버패 캐시는 테이블 **T_BIG** 에 의해 꽉 상태이므로 LRU 리스트에서 버퍼를 빼앗아와야 하는 상황입니다.

```
SQL> -- read table t_big_25
SQL> select count(*) from t_big_25;

Statistics
----------------------------------------------------------
         28  recursive calls
          0  db block gets
       3485  consistent gets
       3417  physical reads
          0  redo size
        419  bytes sent via SQL*Net to client
        416  bytes received via SQL*Net from client
          2  SQL*Net roundtrips to/from client
          0  sorts (memory)
          0  sorts (disk)
          1  rows processed

SQL> select count(*) from t_big_25;

Statistics
----------------------------------------------------------
          0  recursive calls
          0  db block gets
       3419  consistent gets
       3336  physical reads
          0  redo size
        419  bytes sent via SQL*Net to client
        416  bytes received via SQL*Net from client
          2  SQL*Net roundtrips to/from client
          0  sorts (memory)
          0  sorts (disk)
          1  rows processed
```

실행 결과를 보면 두번째 실행에서도 첫번째 실행과 거의 동일한 양의 Physical Reads 가 발생합니다. 이것은 첫번째 실행에서 읽은 블록들이 버퍼 캐시에 머무르지 못하고 LRU 리스트의 마지막에 존재하다고 계속 밀려났다는 것을 의미합니다.

반면 버퍼 캐시의 25%보다 다소 작은 크기의 테이블 **T_SMALL_25** 의 경우에는 두번째 실행에서는 Physical Reads 가 발생하지 않습니다. 즉 LRU 리스트의 중간에 위치됨으로써 버퍼 캐시에 머무르게 된 것입니다.

```
SQL> -- read table t_small_25
SQL> select count(*) from t_small_25;

Statistics
----------------------------------------------------------
         28  recursive calls
          0  db block gets
       2887  consistent gets
       2813  physical reads
          0  redo size
        419  bytes sent via SQL*Net to client
        416  bytes received via SQL*Net from client
          2  SQL*Net roundtrips to/from client
          0  sorts (memory)
          0  sorts (disk)
          1  rows processed

SQL> select count(*) from t_small_25;

Statistics
----------------------------------------------------------
          0  recursive calls
          0  db block gets
       2818  consistent gets
          0  physical reads
          0  redo size
        419  bytes sent via SQL*Net to client
        416  bytes received via SQL*Net from client
          2  SQL*Net roundtrips to/from client
          0  sorts (memory)
          0  sorts (disk)
          1  rows processed

SQL> set autotrace off
SQL>
SQL> alter session set events '10949 trace name context off';
```

```
Session altered.
```

위의 테스트 결과는 버퍼 캐시의 크기, 테이블의 크기, 오라클 버전 등에 따라 전혀 다른 결과를 낼 수 있습니다. 여기서 중요한 것은 Table Full Scan 으로 읽은 블록이 LRU 리스트의 중간에 들어가느냐, 마지막에 들어가느냐에 따라 Physical Reads 의 발생에서 전혀 다른 결과와 성능을 낼 수 있다는 것입니다.

실제로 이런 현상 때문에 Table Full Scan 을 수행하는 쿼리의 성능이 급격하게 변하는 현상이 종종 발생합니다. 그런 경우 여기서 밝힌 원리를 이용해 정확하게 원인을 분석할 필요가 있겠습니다.

### 사례 2: Table Full Scan과 Direct Path Read

추가적으로 Oracle 11g 에서 추가된 Serial Direct Path Read 기능에 대해 알아보겠습니다. 병렬 쿼리로 테이블을 읽는 경우 오라클은 기본적으로 Direct Path I/O 를 수행합니다. 하지만 테이블의 크기가 _SMALL_TABLE_THRESHOLD 파라미터보다 작으면(즉 크기가 지나치게 작으면) Direct Path I/O 보다는 Conventional Path I/O 가 유리하다고 판단합니다.

Oracle 11g 에서는 이와 전혀 반대의 기능이 생겼습니다. 병렬 쿼리가 아닌 직렬 쿼리에 의해 테이블을 읽는 경우 테이블의 크기가 _SMALL_TABLE_THRESHOLD 파라미터의 5 배보다 크면 Conventional Path I/O 가 아닌 Direct Path I/O 를 사용합니다. 이것이 Serial Direct Path Read 입니다. 실제로는 _SMALL_TABLE_THRESHOLD 파라미터외에 PGA 의 크기 등 여러 가지 요소를 고려해서 결정됩니다.

Serial Direct Path Read 를 제어하기 위해 추가된 진단 이벤트가 10949 이벤트입니다. 10946 진단 이벤트를 활성화하면 Serial Direct Path Read 가 비활성화됩니다.

```
SQL> select * from table(tpack.oerr(10949));

10949
 "Disable autotune direct path read for full table scan"
// *Cause:
```

```
// *Action:  Disable autotune direct path read for serial full table
```

10949 진단 이벤트에 의해 Serial Direct Path Read 가 어떻게 나타나는지 확인해보겠습니다. 우선 _SMALL_TABLE_THRESHOLD 파라미터의 5배보다 큰 크기의 테이블 T_STH 를 만듭니다.

```
SQL> col value new_value sth
SQL> @para _small_table_threshold
NAME                         VALUE                IS_DEFAUL SES        SYS
---------------------------- -------------------- --------- ---------- -----
_small_table_threshold       249                  TRUE      true       deferred
threshold level of table size for direct reads

SQL> create table t_sth
  2  as
  3  select
  4    rpad('x',2000) as c1,
  5    rpad('x',2000) as c2,
  6    rpad('x',2000) as c3,
  7    rpad('x',1000) as c4
  8  from dual
  9  connect by level <= 10 + 5*&sth;
old   9: connect by level <= 10 + 5*&sth
new   9: connect by level <= 10 + 5*249

Table created.
```

Serial Direct Path Read 가 활성화된 상태(기본상태입니다)에서 해당 테이블에 대해 직렬로 Table Full Scan 을 수행한 후 어떤 이벤트를 대기하는지 SQL*Trace 를 이용해 관찰합니다.

```
SQL> -- with 10949 disabled, which is default
SQL> alter system flush buffer_cache;

System altered.

SQL> exec tpack.begin_diag_trace(userenv('sid'), 10046, 8);

PL/SQL procedure successfully completed.
```

```
SQL> select count(*) from t_sth;

  COUNT(*)
----------
      1255

SQL> exec tpack.end_diag_trace(userenv('sid'), 10046);

PL/SQL procedure successfully completed.
```

아래 결과를 보면 *direct path read* 이벤트에 대한 대기가 보고됩니다. 즉 Direct Path I/O가 발생한 것입니다.

```
SQL> select * from table(tpack.get_diag_trace(userenv('sid'), 'TKPROF'));

select count(*)
from
 t_sth


call     count       cpu    elapsed       disk      query    current        rows
------- ------  --------  ---------  ---------  ---------  ---------  --------
Parse        1      0.00       0.01          1          1          0         0
Execute      1      0.00       0.00          0          0          0         0
Fetch        2      0.04       0.59       2510       2513          0         1
------- ------  --------  ---------  ---------  ---------  ---------  --------
total        4      0.04       0.61       2511       2514          0         1

Misses in library cache during parse: 1
Optimizer mode: ALL_ROWS
Parsing user id: 118

Rows     Row Source Operation
-------  ---------------------------------------------------
      1  SORT AGGREGATE (cr=2513 pr=2510 pw=2510 time=0 us)
   1255   TABLE ACCESS FULL T_STH (cr=2513 pr=2510 pw=2510 time=121 us cost=697 size=0 card=1665)
```

```
Elapsed times include waiting on following events:
  Event waited on                             Times   Max. Wait  Total Waited
  ----------------------------------------   Waited   ---------- ------------
  db file sequential read                         1        0.01         0.01
  SQL*Net message to client                       2        0.00         0.00
  direct path read                              665        0.02         0.52
  SQL*Net message from client                     2        0.00         0.00
```

동일한 테스트를 10949 진단 이벤트를 활성화한 상태, 즉 Serial Direct Path Read 를 비활성화한 상태에서 동일한 작업을 수행해보겠습니다.

```
SQL> -- with 10949 enabled
SQL> alter session set events '10949 trace name context forever, level 1';

Session altered.

SQL> alter system flush buffer_cache;

System altered.

SQL> exec tpack.begin_diag_trace(userenv('sid'), 10046, 8);

PL/SQL procedure successfully completed.

SQL> select count(*) from t_sth;

  COUNT(*)
----------
      1255

SQL> exec tpack.end_diag_trace(userenv('sid'), 10046);

PL/SQL procedure successfully completed.
```

아래 결과를 보면 *direct path read* 이벤트 대신 *db file scattered read* 이벤트에 대한 대기가 보고됩니다. 즉, Conventional Path I/O 가 사용된 것입니다.

```
SQL> select * from table(tpack.get_diag_trace(userenv('sid'), 'TKPROF'));
```

```
select count(*)
from
 t_sth


call     count       cpu    elapsed       disk      query    current       rows
------- ------  --------  ---------  ---------  ---------  ---------   --------
Parse        1      0.00       0.00          0          0          0          0
Execute      1      0.00       0.00          0          0          0          0
Fetch        2      0.06       0.55       2511       2516          0          1
------- ------  --------  ---------  ---------  ---------  ---------   --------
total        4      0.06       0.55       2511       2516          0          1

Misses in library cache during parse: 0
Optimizer mode: ALL_ROWS
Parsing user id: 118

Rows     Row Source Operation
-------  ---------------------------------------------------
      1  SORT AGGREGATE (cr=2516 pr=2511 pw=2511 time=0 us)
   1255  TABLE ACCESS FULL T_STH (cr=2516 pr=2511 pw=2511 time=7192 us
cost=697 size=0 card=1665)


Elapsed times include waiting on following events:
  Event waited on                             Times   Max. Wait  Total Waited
  ------------------------------------        Waited  ---------  ------------
  SQL*Net message to client                       2       0.00          0.00
  db file sequential read                         2       0.00          0.00
  db file scattered read                        638       0.01          0.49
  SQL*Net message from client                     2       0.00          0.00


SQL> alter session set events '10949 trace name context off';

Session altered.
```

단, 세그먼트의 크기가 _VERY_LARGE_OBJECT_THRESHOLD 히든 파라미터 값보다 크다고 판단되면 10949 진단 이벤트와 무관하게 항상 Serial Direct Path Read 를 수행하게 됩니다. 지나치게 큰 테이블의 경우에는 Direct Path Read 로 읽는 것이 더 유리할 것이라는 판단때문입니다.

## 정리

이번 질문에서는 Table Full Scan 과 관련된 몇가지 중요한 이슈들을 살펴 보았습니다. Table Full Scan 이라는 간단한 오퍼레이션 하나에도 얼마나 많은 최적화 기법들이 사용되는지 알 수 있습니다. 간단한 오퍼레이션이라도 경우에 따라서는 치밀한 검증을 통해 성능 이슈가 없는지 고민할 필요가 있겠습니다.

# 질문 7. 병렬 DML을 모니터링하는 방법에는 어떤 것들이 있습니까?

## 문제 개요

INSERT ... SELECT 문을 병렬 DML로 수행하고 있습니다. 해당 문장이 정상적으로 병렬로 수행되는지 확인하는 방법에는 어떤 것들이 있습니까?

## 해답

오라클은 병렬 DML을 모니터링할 수 있는 다양한 방법들을 제공하고 있습니다. 어떤 정보를 확인하려고 하는가에 따라 적절한 방법을 선택할 수 있습니다. 몇 가지 예를 들어보면 다음과 같습니다.

- 실행 계획이 정상적으로 병렬 DML로 나타나는지 확인하려면 DBMS_XPLAN 패키지를 이용하거나 V$SQL_PLAN 뷰를 조회하면 됩니다.
- 현재 수행 중인 병렬 DML의 상태를 확인하려면 V$PX_SESSION 뷰와 V$PX_PROCESS 뷰를 조회하면 됩니다.
- 병렬 DML의 일량이나 대기 이벤트 정보를 확인하려면 SQL*Trace나 AWR Report를 확인하면 됩니다. 또는 V$SESSION_EVENT, V$SESSTAT 뷰 등을 통해서도 실시간으로 확인이 가능합니다.
- 병렬 DML 수행 후 병렬 수행의 통계 정보를 확인하고 싶으면 V$PQ_TQSTAT 뷰와 V$PQ_SESSTAT 뷰를 조회하면 됩니다.

몇 가지 예제를 통해 구체적인 방법을 살펴 보도록 하겠습니다.

# 테스트

## 테스트 환경

아래와 같이 테이블 T1 과 테이블 T2 를 만듭니다.

```
SQL> create table t1(c1 int, c2 varchar2(100));

Table created.

SQL> insert into t1
  2  select level, rpad('x',100,'x') from dual
  3  connect by level <= 10000
  4  ;

10000 rows created.

SQL> create table t2(c1 int, c2 varchar2(100));

Table created.

SQL> insert into t2
  2  select level, rpad('x',100,'x') from dual
  3  connect by level <= 10000
  4  ;

10000 rows created.

SQL> exec dbms_stats.gather_table_stats(user, 't1');

PL/SQL procedure successfully completed.

SQL> exec dbms_stats.gather_table_stats(user, 't2');

PL/SQL procedure successfully completed.
```

## 사례 1: 병렬 DML과 실행 계획

병렬 DML은 기본적으로 비활성화(Disabled)되어 있습니다. 아래 실행 계획을 보시면 SELECT 부분은 병렬화되어 있지만, INSERT 부분은 직렬(Serial) 수행하게 됩니다. LOAD AS SELECT 오퍼레이션이 직렬로 수행된다는 것이 그 증거입니다.

```
SQL> explain plan for
  2  insert /*+ parallel(t1 4) */ into t1
  3  select /*+ parallel(t2 4) */ * from t2;

Explained.

SQL> select * from table(dbms_xplan.display);

-- 10g
---------------------------------------------------------------------
| Id  | Operation               | Name     | TQ    |IN-OUT| PQ Distrib |
---------------------------------------------------------------------
|  0  | INSERT STATEMENT        |          |       |      |            |
|  1  |  LOAD AS SELECT         | T1       |       |      |            |
|  2  |   PX COORDINATOR        |          |       |      |            |
|  3  |    PX SEND QC (RANDOM)  | :TQ10000 | Q1,00 | P->S | QC (RAND)  |
|  4  |     PX BLOCK ITERATOR   |          | Q1,00 | PCWC |            |
|  5  |      TABLE ACCESS FULL  | T2       | Q1,00 | PCWP |            |
---------------------------------------------------------------------

-- 11g
---------------------------------------------------------------------
| Id  | Operation               | Name     | TQ    |IN-OUT| PQ Distrib |
---------------------------------------------------------------------
|  0  | INSERT STATEMENT        |          |       |      |            |
|  1  |  LOAD AS SELECT         | T1       |       |      |            |
|  2  |   PX COORDINATOR        |          |       |      |            |
|  3  |    PX SEND QC (RANDOM)  | :TQ10000 | Q1,00 | P->S | QC (RAND)  |
|  4  |     PX BLOCK ITERATOR   |          | Q1,00 | PCWC |            |
|  5  |      TABLE ACCESS FULL  | T2       | Q1,00 | PCWP |            |
---------------------------------------------------------------------
```

DML을 병렬로 실행하려면 PARALLEL DML 속성을 활성화(Enabled)시켜야 합니다.

```
SQL> alter session enable parallel dml;

Session altered.
```

PARALLEL DML이 활성화된 후 동일한 방법으로 실행 계획을 조회해보면 INSERT 부분(LOAD AS SELECT)이 병렬로 수행된다는 것을 알 수 있습니다.

```
-- 10g
---------------------------------------------------------------------
| Id | Operation                | Name     | TQ    |IN-OUT| PQ Distrib |
---------------------------------------------------------------------
|  0 | INSERT STATEMENT         |          |       |      |            |
|  1 |  PX COORDINATOR          |          |       |      |            |
|  2 |   PX SEND QC (RANDOM)    | :TQ10001 | Q1,01 | P->S | QC (RAND)  |
|  3 |    LOAD AS SELECT        | T1       | Q1,01 | PCWP |            |
|  4 |     PX RECEIVE           |          | Q1,01 | PCWP |            |
|  5 |      PX SEND ROUND-ROBIN | :TQ10000 | Q1,00 | P->P | RND-ROBIN  |
|  6 |       PX BLOCK ITERATOR  |          | Q1,00 | PCWC |            |
|  7 |        TABLE ACCESS FULL | T2       | Q1,00 | PCWP |            |
---------------------------------------------------------------------

-- 11g
---------------------------------------------------------------------
| Id | Operation                | Name     | TQ    |IN-OUT| PQ Distrib |
---------------------------------------------------------------------
|  0 | INSERT STATEMENT         |          |       |      |            |
|  1 |  PX COORDINATOR          |          |       |      |            |
|  2 |   PX SEND QC (RANDOM)    | :TQ10000 | Q1,00 | P->S | QC (RAND)  |
|  3 |    LOAD AS SELECT        | T1       | Q1,00 | PCWP |            |
|  4 |     PX BLOCK ITERATOR    |          | Q1,00 | PCWC |            |
|  5 |      TABLE ACCESS FULL   | T2       | Q1,00 | PCWP |            |
---------------------------------------------------------------------
```

위의 결과를 유심히 보면 한가지 재미있는 점을 발견할 수 있습니다. Oracle 10$g$의 경우 두 개의 테이블 큐(TQ10000, TQ1001)를 사용하는 반면 Oracle 11$g$의 경우에는 하나의 테이블 큐(TQ10000)만이 생긴다는 것입니다. 이것은 Oracle 11$g$에서 병렬 실행 알고리즘이 개선된 것으로 해석할 수 있습니다. 테이블 큐는 병렬 프로세스간의 데이터 통신을 위해 사용되는 구조체인데, 이것의 수가 작다면 그만큼 프로세스간의 통신량이 줄어들 것으로 기대할 수 있기 때문입니다.

위의 예제를 보면 **병렬 DML 이 정말 병렬로 실행될 것인지의 여부를 반드시 실행 계획으로 확인해봐야 한다**는 것을 알 수 있습니다. 또 다른 예를 볼까요? 아래와 같이 테이블 T1 에 Non Unique 인덱스로 구성된 Primary Key 제약 조건을 생성합니다.

```
SQL> -- create non unique primary key to t1
SQL> alter table t1
  2  add constraint t1_pk primary key (c1)
  3  using index(create index t1_n1 on t1(c1));

Table altered.
```

이 상태에서 동일한 병렬 DML(INSERT ... SELECT)의 실행 계획을 보겠습니다. 우선 Oracle 10$g$에서는 INSERT 부분이 병렬이 아닌 직렬로 수행되는 것을 알 수 있습니다.

```
-- 10g
---------------------------------------------------------------------
| Id  | Operation              | Name     | TQ    |IN-OUT| PQ Distrib |
---------------------------------------------------------------------
|   0 | INSERT STATEMENT       |          |       |      |            |
|   1 |  PX COORDINATOR        |          |       |      |            |
|   2 |   PX SEND QC (RANDOM)  | :TQ10000 | Q1,00 | P->S | QC (RAND)  |
|   3 |    PX BLOCK ITERATOR   |          | Q1,00 | PCWC |            |
|   4 |     TABLE ACCESS FULL  | T2       | Q1,00 | PCWP |            |
---------------------------------------------------------------------
```

반면에 Oracle 11$g$에서는 INDEX MAINTENANCE 라는 오퍼레이션이 추가되면서 INSERT 부분도 병렬로 수행됨을 알 수 있습니다. 단, 이로 인해 테이블 큐의 개수가 늘어났다는 것도 알 수 있습니다.

```
-- 11g
---------------------------------------------------------------------
| Id  | Operation              | Name     | TQ    |IN-OUT| PQ Distrib |
---------------------------------------------------------------------
```

```
|   0 | INSERT STATEMENT       |         |       |      |          |
|   1 |  PX COORDINATOR        |         |       |      |          |
|   2 |   PX SEND QC (RANDOM)  | :TQ10001| Q1,01 | P->S | QC (RAND)|
|   3 |    INDEX MAINTENANCE   | T1      | Q1,01 | PCWP |          |
|   4 |     PX RECEIVE         |         | Q1,01 | PCWP |          |
|   5 |      PX SEND RANGE     | :TQ10000| Q1,00 | P->P | RANGE    |
|   6 |       LOAD AS SELECT   | T1      | Q1,00 | PCWP |          |
|   7 |        PX BLOCK ITERATOR|        | Q1,00 | PCWC |          |
|   8 |         TABLE ACCESS FULL| T2    | Q1,00 | PCWP |          |
----------------------------------------------------------------------

SQL> alter table t1 drop constraint t1_pk;

Table altered.

SQL> drop index t1_n1;

Index dropped.
```

이 외에도 병렬 수행에는 많은 제약들이 있습니다. 쿼리 작성시 의도한 대로 병렬 수행이 되는지 반드시 확인해봐야 합니다.

## 사례 2: 병렬 DML과 V$PX_SESSION, V$PX_PROCESS

병렬 DML 이 어떤 서버 프로세스들에 의해 수행되고 있는지를 간편하게 조회하려면 **V$PX_SESSION** 뷰와 **V$PX_PROCESS** 뷰를 이용하면 됩니다. 아래에 간단한 사용 예가 있습니다.

```
SQL> -- session #1
SQL > alter session enable parallel dml;

Session altered.

SQL > insert /*+ append parallel(t1 4) */ into t1
  2   select /*+ parallel(t2 4) */ * from t2;

10000 rows created.

SQL> -- session #2
```

```
SQL> select
  2      c.sid as qcsid,
  3      s.sid as slasid,
  4      p.server_name
  5  from
  6      v$session c,    -- coordinator
  7      v$px_session s, -- slave sessions
  8      v$px_process p  -- slave processes
  9  where
 10      c.sid = s.qcsid
 11      and c.sid = <SID_OF_SESSION#1>
 12      and p.sid = s.sid
 13  ;

     QCSID     SLASID SERV
---------- ---------- ----
       138        135 P000
       138        137 P001
       138        133 P002
       138        134 P003
```

## 사례 3: 병렬 DML과 SQL*Trace, AWR Report

병렬 작업에 대해 SQL*Trace를 수행하면 그 내용이 프로세스 별로 기록됩니다. 즉 코디네이트 프로세스(현재 쿼리를 수행하는 세션)와 슬레이브 프로세스들의 트레이스 파일에 각각 정보가 기록됩니다. 따라서 SQL*Trace의 결과를 보려면 각각의 트레이스 파일을 따로 조회해야 합니다.

아래와 같이 SQL*Trace(10046 진단 이벤트)를 레벨 8(대기 이벤트 기록)로 수행하고 TKPROF 리포트를 추출해보면 일량(Logical Reads)이나 대기 이벤트(direct path write 등)가 정확하게 나타나지 않는다는 것을 알 수 있습니다.

```
SQL> exec tpack.begin_diag_trace(userenv('sid'), 10046, 8);

PL/SQL procedure successfully completed.

SQL>
```

```
SQL> insert /*+ append parallel(t1 4) */ into t1
  2  select /*+ parallel(t2 4) */ * from t2;

10000 rows created.

SQL> commit;

Commit complete.

SQL> exec tpack.end_diag_trace(userenv('sid'), 10046);

SQL> select * from table(tpack.get_diag_trace(userenv('sid'), 'TKPROF'));

insert /*+ append parallel(t1 4) */ into t1
select /*+ parallel(t2 4) */ * from t2

call     count       cpu    elapsed       disk      query    current
rows
------- ------  --------  ---------  ---------  ---------  ---------  --------
Parse        1      0.01       0.02          0          0          0         0
Execute      1      0.00       0.43          0         36        211     10000
Fetch        0      0.00       0.00          0          0          0         0
------- ------  --------  ---------  ---------  ---------  ---------  --------
total        2      0.01       0.45          0         36        211     10000

Misses in library cache during parse: 1
Optimizer mode: ALL_ROWS
Parsing user id: 76

Rows     Row Source Operation
-------  ---------------------------------------------------
      4  PX COORDINATOR  (cr=6 pr=0 pw=0 time=423291 us)
      0   PX SEND QC (RANDOM) :TQ10001 (cr=0 pr=0 pw=0 time=0 us)
      0    LOAD AS SELECT (cr=0 pr=0 pw=0 time=0 us)
      0     PX RECEIVE  (cr=0 pr=0 pw=0 time=0 us)
      0      PX SEND ROUND-ROBIN :TQ10000 (cr=0 pr=0 pw=0 time=0 us)
      0       PX BLOCK ITERATOR (cr=0 pr=0 pw=0 time=0 us)
      0        TABLE ACCESS FULL T2 (cr=0 pr=0 pw=0 time=0 us)


Elapsed times include waiting on following events:
```

```
Event waited on                          Times      Max. Wait   Total Waited
                                         Waited     ----------  ------------
---------------------------------------
os thread startup                            8         0.01         0.05
PX Deq: Join ACK                             5         0.00         0.00
PX Deq: Parse Reply                          5         0.00         0.00
PX Deq: Execute Reply                       58         0.13         0.32
PX qref latch                               41         0.00         0.00
enq: CI - contention                         1         0.00         0.00
rdbms ipc reply                              4         0.00         0.00
PX Deq: Signal ACK                           4         0.00         0.00
log file sync                                1         0.00         0.00
SQL*Net message to client                    1         0.00         0.00
SQL*Net message from client                  1         0.00         0.00
```

실제 작업을 수행하는 것은 슬레이브 프로세스들이기 때문에 실제 일량이나 I/O 와 관련된 대기이벤트 정보는 해당 슬레이브 프로세스들의 트레이스 파일에 기록되기 때문입니다. 병렬 수행을 SQL*Trace 로 모니터링하고자 할 때는 이런 점에 주의해야 합니다.

AWR Report 를 통해서 위의 작업을 모니터링해보면 *direct path write* 이벤트나 *db file scattered read* 이벤트같은 I/O 관련 대기이벤트가 포함된 정보를 볼 수 있습니다.

```
snap_begin.sql 파일의 내용은 아래와 같습니다.
/*
col begin_snap new_value begin_snap;
col db_id new_value db_id;
col inst_num new_value inst_num;

select dbid as db_id from v$database;
select instance_number as inst_num from v$instance;

select dbms_workload_repository.create_snapshot as begin_snap from dual;
*/


snap_end.sql 파일의 내용은 아래와 같습니다.
/*
col end_snap new_value end_snap;
select dbms_workload_repository.create_snapshot as end_snap from dual;
*/
```

snap_report.sql 파일의 내용은 아래와 같습니다.
```
/*
select * from table(
  dbms_workload_repository.awr_report_text(
        &db_id,
        &inst_num,
        &begin_snap,
        &end_snap)
  );
*/

SQL> @snap_begin

SQL> insert /*+ append parallel(t1 4) */ into t1
  2  select /*+ parallel(t2 4) */ * from t2;

10000 rows created.

SQL> @snap_end

SQL> @snap_report

Wait Events                     DB/Inst: UKJA1021/ukja1021  Snaps: 6006-6007
-> s  - second
-> cs - centisecond -     100th of a second
-> ms - millisecond -    1000th of a second
-> us - microsecond - 1000000th of a second
-> ordered by wait time desc, waits desc (idle events last)

                                                                 Avg
                                            %Time  Total Wait   wait
                                                                       Waits
Event                               Waits   -outs   Time (s)    (ms)    /txn
--------------------------- --------------- ------ ----------- ------- -------
db file sequential read                 60     .0           1      13    60.0
control file sequential read           659     .0           1       1   659.0
db file scattered read                  17     .0           0       6    17.0
PX Deq: Signal ACK                       3   33.3           0      34     3.0
PX Deq Credit: send blkd               406     .0           0       0   406.0
log file parallel write                 12     .0           0       2    12.0
```

```
PX qref latch                        547    99.6       0       0    547.0
log file sync                          2      .0       0       1      2.0
library cache pin                      4      .0       0       1      4.0
control file parallel write            1      .0       0       1      1.0
direct path write                     17      .0       0       0     17.0
SQL*Net message to client              4      .0       0       0      4.0
PX Idle Wait                          12    66.7      21    1762     12.0
jobq slave wait                        1   100.0       3    3000      1.0
PX Deq: Execution Msg                 79      .0       0       5     79.0
PX Deq Credit: need buffer            63      .0       0       0     63.0
SQL*Net message from client            4      .0       0       1      4.0
PX Deq: Parse Reply                    4      .0       0       1      4.0
PX Deq: Execute Reply                 19      .0       0       0     19.0
PX Deq: Join ACK                       3      .0       0       0      3.0
```

## 사례 4: 병렬 DML과 V$PQ_TQSTAT

병렬 DML이 종료된 후 병렬 작업의 실행 상황을 파악하는 좋은 방법 중 하나가 **V$PQ_TQSTAT** 뷰와 **V$PQ_SESSTAT** 뷰를 조회하는 것입니다. 단, 병렬 DML을 수행한 해당 세션에서만 조회할 수 있습니다.

```
-- pq_stat.sql 파일의 내용은 다음과 같습니다.
/*
col process format a10
col server_type format a10
select dfo_number, tq_id, server_type,  process,
  num_rows, bytes, avg_latency, waits, timeouts
from v$pq_tqstat
order by 1, 2, 3, 4, 5
;

col statistic format a30
select * from v$pq_sesstat;

*/
```

한 가지 주의할 점은 **V$PQ_TQSTAT** 뷰의 내용은 **현재 세션에서 커밋을 수행한 후에만 조회**할 수 있다는 것입니다. 병렬 INSERT ... SELECT 문을 실행한 후 위의 스크립트를 이용해서 그 결과를 조회해 보겠습니다.

```
SQL> alter session enable parallel dml;

Session altered.

SQL> insert /*+ append parallel(t1 4) */ into t1
  2  select /*+ parallel(t2 4) */ * from t2;

10000 rows created.

SQL> commit;
```

Oracle 10g에서의 결과는 아래와 같습니다. 사례 1에서 Oracle 10g의 경우에는 두 개의 테이블 큐를 사용한다는 것을 확인했었습니다. 이로 인해 총 8개의 서브 프로세스가 병렬 작업에 참여하는 것을 알 수 있습니다. 좀 더 자세하게 설명하면 P004 ~ P007 네 개의 프로세스(DOP를 4로 부여했으므로 네 개의 프로세스가 참여함)가 병렬로 테이블 T2를 읽어들이고(Producer), 그 결과를 P000 ~ P003 네 개의 프로세스(Consumer)가 받아서 병렬로 INSERT를 수행(Producer)하게 됩니다. 이 결과를 보면 굳이 두 개의 테이블 큐를 사용할 필요가 없지 않은가? 라는 의문을 가질 수 있습니다.

```
-- 10g
SQL> @pq_stat

DFO_NUMBER    TQ_ID SERVER_TYP PROCESS      NUM_ROWS      BYTES
---------- ---------- ---------- ---------- ---------- ----------
         1          0 Consumer   P000             2931     316868
         1          0 Consumer   P001             1973     213347
         1          0 Consumer   P002             2904     313968
         1          0 Consumer   P003             2192     237018
         1          0 Producer   P004             3070     331841
         1          0 Producer   P005             2046     221242
         1          0 Producer   P006             2640     285453
         1          0 Producer   P007             2244     242665
```

```
         1          1 Consumer   QC                    4        428
         1          1 Producer   P000                  1        107
         1          1 Producer   P001                  1        107
         1          1 Producer   P002                  1        107
         1          1 Producer   P003                  1        107

13 rows selected.


STATISTIC                     LAST_QUERY SESSION_TOTAL
----------------------------- ---------- -------------
Queries Parallelized                   0             1
DML Parallelized                       1             2
DDL Parallelized                       0             0
DFO Trees                              1             3
Server Threads                         8             0
Allocation Height                      4             0
Allocation Width                       1             0
Local Msgs Sent                      742          2174
Distr Msgs Sent                        0             0
Local Msgs Recv'd                    750          2194
Distr Msgs Recv'd                      0             0

11 rows selected.
```

반면에 Oracle 11g에서는 네 개의 P000 ~ P003 네 개의 프로세스가 SELECT와 INSERT 병렬 작업의 역할을 동시에 수행하는 것을 알 수 있습니다. 병렬 작업을 최적화한 결과로 보입니다. 이러한 최적화의 결과를 프로세스간의 통신량(Local Msgs Sent, Local Msgs Recv'd)이 줄어든 것을 알 수 있습니다.

```
-- 11g
DFO_NUMBER      TQ_ID SERVER_TYP PROCESS       NUM_ROWS      BYTES
---------- ---------- ---------- ---------- ---------- ----------
         1          0 Consumer   QC                  4        460
         1          0 Producer   P000                1        115
         1          0 Producer   P001                1        115
         1          0 Producer   P002                1        115
         1          0 Producer   P003                1        115
```

```
STATISTIC                        LAST_QUERY SESSION_TOTAL
------------------------------   ---------- -------------
Queries Parallelized                      0             1
DML Parallelized                          1             2
DDL Parallelized                          0             0
DFO Trees                                 1             3
Server Threads                            4             0
Allocation Height                         4             0
Allocation Width                          1             0
Local Msgs Sent                         128           926
Distr Msgs Sent                           0             0
Local Msgs Recv'd                       132           938
Distr Msgs Recv'd                         0             0

11 rows selected.
```

## 정리

병렬 DML을 모니터링하는 다양한 방법을 예제를 통해 살펴 보았습니다. 병렬 DML은 직렬 DML에 비해 모니터링이 까다롭고 그 결과를 해석하기도 까다롭습니다. 충분한 연습과 검증을 통해 자신만의 모니터링 방법과 해석 기법을 정리하시기 바랍니다.

-4장-
트러블슈팅

# 4장. | 트러블슈팅 |

[ 질문 1. TKPROF 리포트에서 보여지는 시간값이 부정
확해보이는 경우가 많습니다. 왜 그런가요? ]

## 문제 개요

TKPROF 리포트를 생성해보면 CPU 사용 시간이 전체 수행 시간(Elapsed Time)보다 크다거나 실제로 체감하는 시간보다 훨씬 작은 시간이 보고되는 등의 이상한 현상이 종종 목격됩니다. TKPROF 리포트에서 보고되는 시간은 얼마나 신뢰할 수 있는 값입니까? 만일 100% 신뢰할 수 없다면 어떤 점을 조심해야 하는지요?

## 해답

TKPROF에서 보고되는 시간, 정확하게 말하면 SQL*Trace의 원본 트레이스 파일에서 보고되는 시간에는 몇 가지 함정이 있습니다.

- 첫째, 라운딩(Rounding)에 의한 값의 오류가 있습니다. 원본 트레이스 파일에는 마이크로 세컨드 단위로 값이 기록되지만 TKPROF에서 값을 보고할 때는 이 값들을 합쳐서 라운딩을 수행합니다. 따라서 실제 값과의 오차가 발생할 수 있습니다. 하지만 대부분의 경우 라운딩에 의한 오류는 무시해도 무방합니다.

- CPU를 획득하기 위해 대기하는 시간은 포함되지 않습니다. 여러 개의 서버 프로세스가 동시에 작업을 하는 경우 CPU 경합이 발생합니다. 하지만 오라클은 CPU를 획득하기 위해 대기하는 시간은 따로 계산하지 않습니다(더 정확하게 말하면 계산할 수 없습니다). 따

라서 CPU 를 획득하기 위해 대기하는 시간은 전체 소요 시간(Elapsed Time)에는 포함되지만, CPU 사용 시간에는 포함되지 않습니다. 많은 수의 프로세스가 동시에 작업을 하는 경우에는 CPU 경합에 의한 대기로 인한 오차가 눈에 띄게 발생할 수 있습니다.

- CPU 사용 시간과 전체 소요 시간의 측정 방법이 다릅니다. 가령 Linux 시스템의 경우 CPU 사용 시간은 gerusage 함수를 통해 얻고, 전체 소요 시간은 gettimeofday 함수값을 이용해 얻습니다. 따라서 두 함수가 보장하는 정확도에 따라 SQL*Trace 가 제공하는 정확도가 영향을 받게 됩니다.

- 오라클이 쿼리를 수행하는 도중 필요에 의해 내부적으로 호출하는 특정 기능의 경우 SQL*Trace 원본 파일내에서 원래 쿼리의 번호와 무관하게 CURSOR#0 의 번호를 부여받습니다. CURSOR #0 번이 할당되면 TKPROF 에서 값을 집계할 때 누락되어 계산됩니다. 따라서 원래 쿼리의 전체 수행 시간이 잘못 계산되어지는 현상이 발생하게 됩니다.

- SQL*Trace 파일을 기록하기 위한 I/O 시간은 CPU 사용 시간에는 포함되지 않지만, 전체 소요 시간에는 포함됩니다. 문제는 이 시간이 SQL*Trace 를 레벨 8 로 주었을때 보고되는 대기 이벤트 시간에는 포함되지 않는다는 것입니다. 따라서 성능이 느린 디바이스에 대량의 트레이스 파일을 기록하는 경우에는 눈에 띄는 시간의 오류가 발생할 수 있습니다.

위에서 열거한 이유 중 몇 가지를 테스트 사례를 통해 상세히 살펴보겠습니다.

## 테스트

### 사례 1: CPU 사용 시간과 전체 소요 시간

첫번째 사례로 CPU 사용 시간(CPU Time)이 전체 소요 시간(Elapsed Time)보다 더 긴 문제를 분석해보겠습니다. 더불어 라운딩(Rounding)에 의한 값의 변화도 같이 보겠습니다.

우선 다음과 같이 5,000 건의 로우를 데이터를 가지는 테이블 **T1** 을 만듭니다.

```
SQL> create table t1
  2  as
  3  select level as c1, level as c2, level as c3, level as c4, level as c5
  4  from dual
```

```
    5   connect by level <= 5000;

Table created.
```

10046 진단 이벤트(SQL*Trace)를 활성화하고 총 5 번에 걸쳐 동일한 쿼리를 실행합니다.

```
SQL> exec tpack.begin_diag_trace(userenv('sid'), 10046, 8);

PL/SQL procedure successfully completed.

SQL> select /* 1st */ * from t1;
...

SQL> select /* 2nd */ * from t1;
...

SQL> select /* 3rd */ * from t1;
...

SQL> select /* 4th */ * from t1;
...

SQL> exec tpack.end_diag_trace(userenv('sid'), 10046);

PL/SQL procedure successfully completed.
```

TKPROF 리포트 결과는 다음과 같습니다.

```
SQL> select * from table(tpack.get_diag_trace(userenv('sid'), 'TKPROF'));


select /* 1st */ *
from
 t1


call     count       cpu    elapsed       disk      query    current       rows
-------  ------  --------  ---------- ---------- ---------- ----------  --------
Parse         1      0.00        0.00          0          1          0         0
```

| | | | | | | | |
|---|---|---|---|---|---|---|---|
| Execute | 1 | 0.00 | 0.00 | 0 | 0 | 0 | 0 |
| Fetch | 335 | 0.00 | 0.01 | 0 | 355 | 0 | 5000 |
| ------- | ------ | -------- | ---------- | ---------- | ---------- | ---------- | -------- |
| total | 337 | 0.00 | 0.02 | 0 | 356 | 0 | 5000 |

```
select /* 2nd */ *
from
  t1
```

| call | count | cpu | elapsed | disk | query | current | rows |
|---|---|---|---|---|---|---|---|
| ------- | ------ | -------- | ---------- | ---------- | ---------- | ---------- | -------- |
| Parse | 1 | 0.00 | 0.00 | 0 | 1 | 0 | 0 |
| Execute | 1 | 0.00 | 0.00 | 0 | 0 | 0 | 0 |
| Fetch | 335 | 0.00 | 0.01 | 0 | 355 | 0 | 5000 |
| ------- | ------ | -------- | ---------- | ---------- | ---------- | ---------- | -------- |
| total | 337 | 0.00 | 0.02 | 0 | 356 | 0 | 5000 |

```
select /* 3rd */ *
from
  t1
```

| call | count | cpu | elapsed | disk | query | current | rows |
|---|---|---|---|---|---|---|---|
| ------- | ------ | -------- | ---------- | ---------- | ---------- | ---------- | -------- |
| Parse | 1 | 0.00 | 0.00 | 0 | 1 | 0 | 0 |
| Execute | 1 | 0.00 | 0.00 | 0 | 0 | 0 | 0 |
| Fetch | 335 | 0.04 | 0.01 | 0 | 355 | 0 | 5000 |
| ------- | ------ | -------- | ---------- | ---------- | ---------- | ---------- | -------- |
| total | 337 | 0.04 | 0.02 | 0 | 356 | 0 | 5000 |

```
select /* 4th */ *
from
  t1
```

| call | count | cpu | elapsed | disk | query | current | rows |
|---|---|---|---|---|---|---|---|
| ------- | ------ | -------- | ---------- | ---------- | ---------- | ---------- | -------- |
| Parse | 1 | 0.00 | 0.00 | 0 | 1 | 0 | 0 |
| Execute | 1 | 0.00 | 0.00 | 0 | 0 | 0 | 0 |

```
Fetch      335         0.00       0.01            0         355          0        5000
-------   ------     --------   ----------    ----------  ----------  ----------   --------
total      337         0.00       0.01            0         356          0        5000
```

위의 결과를 보면 몇 가지 재미있는 사실을 알 수 있습니다.

- 우선 라운딩(Rounding)에 의한 값의 오류가 관찰됩니다. 0.6 = 0 초, 0.6 = 0 초가 되지만, 0.6 + 0.6 = 1.2 = 1 초로 처리되는 것과 같은 효과를 의미합니다. TKPROF 리포트에서 시간을 보여주는 최종 단위는 1/100 초(Centi Second, cs)이기 때문에 0.01 초 단위로 값의 오류가 발생하게 됩니다. 이것은 합(Summary)의 계산에서 발생하는 어쩔 수 없는 오류로 무시해도 무방합니다.
- 더욱 신기한 현상은 CPU 사용 시간(cpu)이 전체 소요 시간(elapsed)보다 큰 경우가 목격된다는 것입니다.

여기서 주목할 것은 두 번째의 오류입니다. 어떤 경우든 전체 소요 시간은 CPU 사용 시간보다 커야 합니다. 하지만 세번째 쿼리를 보면 CPU = 0.04 초, Elasped = 0.02 초로 단순히 라운딩에 의한 오류라고 볼 수 없을 정도로 큰 차이가 발생합니다.

그 이유를 분석하기 위해 원본 트레이스 파일을 보겠습니다. 원본 트레이스 파일을 해석할 때 필요한 몇 가지 정보는 다음과 같습니다.

- 시각은 마이크로 세컨드(Micro Second)입니다.
- c 는 CPU 시간을 의미합니다. c=1 이라면 1 micro second 를 의미합니다.
- e 는 전체 소요 시간을 의미합니다. e=1 이라면 1 micro second 를 의미합니다.

세번째 쿼리에 해당하는 원본 트레이스 파일에서 c, 즉 CPU 사용 시간이 0 보다 큰 항목만 뽑아보면 아래와 같습니다.

```
-- 원본 트레이스 파일
select /* 3rd */ * from t1
END OF STMT
PARSE #12:c=0,e=2859,p=0,cr=22,cu=0,mis=1,r=0,dep=0,og=1,tim=533676681789
EXEC #12:c=0,e=49,p=0,cr=0,cu=0,mis=0,r=0,dep=0,og=1,tim=533676681924
...
WAIT #12: nam='SQL*Net message to client' ela= 5 driver id=1413697536 #bytes=1
p3=0 obj#=-1 tim=533676685114
```

```
FETCH #12:c=0,e=121,p=0,cr=1,cu=0,mis=0,r=15,dep=0,og=1,tim=533676685145
...
FETCH #12:c=15625,e=83,p=0,cr=1,cu=0,mis=0,r=15,dep=0,og=1,tim=533676735842
...
FETCH #12:c=15625,e=161,p=0,cr=1,cu=0,mis=0,r=15,dep=0,og=1,tim=533676829671
...
FETCH #12:c=15625,e=105,p=0,cr=1,cu=0,mis=0,r=15,dep=0,og=1,tim=533677845266
...
```

위의 정보를 보면 CPU 사용 시간(c)은 대부분의 경우 0 이지만 중간 중간에 15625 micro second 로 표시됩니다. 반면에 전체 소요 시간은 매번 정확하게 계산됩니다. 15625 의 값이 세번 등장하므로 CPU 사용 시간은 아래와 같이 계산됩니다.

```
SQL> select 15625 * 3 from dual;

   15625*3
----------
     46875
```

46875 micro second = 0.046875 second = 0.04 초가 됩니다. 반면에 전체 수행 시간(e)은 정확하게 계산되어서 0.02 초가 된 것입니다. 즉 여기서 부정확한 것은 CPU 사용시간입니다.

왜 이런 현상이 발생할까요? 그것은 CPU 사용 시간을 측정하는 방식 때문입니다. Linux 환경을 예로 설명드리면, CPU 사용 시간은 getrusage 시스템 콜을 이용해서 측정합니다. 반면에 전체 수행 시간은 gettimeofday 시스템 콜을 이용해서 측정합니다. 이 두 시스템 콜의 정확도에 따라 CPU 사용 시간과 전체 수행 시간의 정확도에서 차이가 나는 것입니다. 위의 테스트를 수행한 Windows 환경에서는 CPU 사용 시간을 얻는데서 상당한 오류가 발생가능하다는 것을 알 수 있습니다.

이런 CPU 사용 시간의 측정 방식의 한계 때문에 위에서 본 것과 같은 시간 오류가 발생하게 됩니다. 단, 각 OS 마다 사용되는 시스템 콜이 다르기 때문에 위의 현상은 OS 마다 전혀 다르게 나타날 수 있습니다.

## 사례 2: CPU 대기

두번째 사례로 CPU 를 획득하기 위해 대기하는 시간에 의한 오류를 분석해보겠습니다.

우선 다음과 같이 총 50,000 번 DUAL 테이블을 액세스하는 PL/SQL 블록을 정의합니다. 이때 `TPACK.WAIT_FOR_SIGNAL` 프로시저를 이용해 누군가가 깨워줄 때까지 기다리게 만듭니다. 동시 작업을 흉내내기 위한 기법입니다.

```
-- temp.sql 파일의 내용
ed temp.sql
/*
exec tpack.wait_for_signal;

begin
    for idx in 1 .. 50000 loop
            for r in (select 1 from dual) loop
                    null;
            end loop;
    end loop;
end;
/

exit;
*/
```

해당 PL/SQL 블록을 하나의 세션에서 수행한 경우의 TKPROF 리포트입니다.

```
-- 혼자 수행한 경우
SQL> exec tpack.begin_diag_trace(userenv('sid'), 10046, 1);

PL/SQL procedure successfully completed.

SQL>
SQL> begin
  2     for idx in 1 .. 50000 loop
  3             for r in (select * from dual) loop
  4                     null;
  5             end loop;
  6     end loop;
```

```
  7  end;
  8  /

PL/SQL procedure successfully completed.

SQL> exec tpack.end_diag_trace(userenv('sid'), 10046);

PL/SQL procedure successfully completed.

SQL> select * from table(tpack.get_diag_trace(userenv('sid'), 'TKPROF'));

begin
    for idx in 1 .. 50000 loop
        for r in (select 1 from dual) loop
            null;
        end loop;
    end loop;
end;
```

| call    | count | cpu  | elapsed | disk | query | current | rows |
|---------|-------|------|---------|------|-------|---------|------|
| Parse   | 1     | 0.00 | 0.00    | 0    | 0     | 0       | 0    |
| Execute | 1     | 2.29 | 2.56    | 0    | 0     | 0       | 1    |
| Fetch   | 0     | 0.00 | 0.00    | 0    | 0     | 0       | 0    |
| total   | 2     | 2.29 | 2.56    | 0    | 0     | 0       | 1    |

```
SELECT 1
FROM
 DUAL
```

| call    | count  | cpu  | elapsed | disk | query | current | rows  |
|---------|--------|------|---------|------|-------|---------|-------|
| Parse   | 1      | 0.00 | 0.00    | 0    | 0     | 0       | 0     |
| Execute | 50000  | 0.95 | 0.75    | 0    | 0     | 0       | 0     |
| Fetch   | 50000  | 0.85 | 0.79    | 0    | 0     | 0       | 50000 |
| total   | 100001 | 1.81 | 1.55    | 0    | 0     | 0       | 50000 |

CPU 사용 시간과 전체 소요 시간이 거의 비슷한 것을 알 수 있습니다. 사례 1에서 밝힌 오류를 생각해보면 완전히 동일한 시간이 걸렸다고 볼 수 있습니다.

이번에는 총 11개의 세션에서 동시에 작업을 수행하고, 그 중 하나의 세션에서 TKPROF 리포트를 추출해보겠습니다. 우선 SQL*Trace를 활성화합니다.

```
SQL> exec tpack.begin_diag_trace(userenv('sid'), 10046, 1);

PL/SQL procedure successfully completed.
```

그리고 백그라운드로 총 10개의 세션에서 동일한 작업을 수행합니다.

```
-- 아래와 같이 백그라운드로 총 10 개의 세션 수행(Windows 환경)
SQL> ho start sqlplus tpack/tpack @temp

SQL> ho start sqlplus tpack/tpack @temp

SQL> ho start sqlplus tpack/tpack @temp

SQL> ho start sqlplus tpack/tpack @temp

SQL> ho start sqlplus tpack/tpack @temp

SQL> ho start sqlplus tpack/tpack @temp

SQL> ho start sqlplus tpack/tpack @temp

SQL> ho start sqlplus tpack/tpack @temp

SQL> ho start sqlplus tpack/tpack @temp

SQL> ho start sqlplus tpack/tpack @temp
```

이제 10개의 세션이 모두 TPACK.WAIT_FOR_SIGNAL 프로시저를 호출한 상태로 대기하고 있을 것입니다. 아래와 같이 TPACK.SIGNAL 프로시저를 호출해서 이들을 실행시킵니다.

```
SQL> begin
```

```
  2    for idx in 1 .. 10 loop
  3         tpack.signal;
  4    end loop;
  5  end;
  6  /

PL/SQL procedure successfully completed.
```

그리고 나머지 10개의 세션과 동일한 작업을 수행합니다.

```
SQL> begin
  2    for idx in 1 .. 50000 loop
  3         for r in (select 1 from dual) loop
  4              null;
  5         end loop;
  6    end loop;
  7  end;
  8  /

PL/SQL procedure successfully completed.

SQL> exec tpack.end_diag_trace(userenv('sid'), 10046);

PL/SQL procedure successfully completed.
```

TKPROF 리포트는 다음과 같습니다. CPU 사용 시간과 전체 소요 시간, 대기 시간의 차이를 잘 분석해보시기 바랍니다.

```
SQL> select * from table(tpack.get_diag_trace(userenv('sid'), 'TKPROF',
'sys=no'));

begin
     for idx in 1 .. 50000 loop
          for r in (select 1 from dual) loop
               null;
          end loop;
     end loop;
end;
```

```
call     count       cpu    elapsed       disk      query    current       rows
-------  ------  --------  ---------  ---------  ---------  ---------  ---------
Parse        1      0.00       0.14          0          0          0          0
Execute      1      2.65       8.00          0          0          0          1
Fetch        0      0.00       0.00          0          0          0          0
-------  ------  --------  ---------  ---------  ---------  ---------  ---------
total        2      2.65       8.15          0          0          0          1

Elapsed times include waiting on following events:
  Event waited on                             Times   Max. Wait  Total Waited
  ----------------------------------------    Waited  ---------  ------------
  SQL*Net message to client                        1       0.00          0.00
  SQL*Net message from client                      1       0.00          0.00
********************************************************************************

SELECT 1
FROM
 DUAL


call     count       cpu    elapsed       disk      query    current       rows
-------  ------  --------  ---------  ---------  ---------  ---------  ---------
Parse        1      0.00       0.00          0          0          0          0
Execute  50000      0.70       1.90          0          0          0          0
Fetch    50000      0.89       2.55          0          0          0      50000
-------  ------  --------  ---------  ---------  ---------  ---------  ---------
total   100001      1.59       4.46          0          0          0      50000

Elapsed times include waiting on following events:
  Event waited on                             Times   Max. Wait  Total Waited
  ----------------------------------------    Waited  ---------  ------------
  latch: library cache pin                         2       0.03          0.03
  latch: library cache                             4       0.03          0.03
```

위의 결과를 보면 여러 개의 세션이 동시에 작업을 수행할 경우 CPU 사용 시간과 전체 소요 시간의 차이가 상당히 증가하는 것을 알 수 있습니다. 대기 시간만의 영향으로 볼 수 없는 수준입니다. 보통 { 전체 소요 시간 = CPU 사용 시간 + 대기 시간 }으로 정의되지만 위의 결과를 보면 { 전체 소요 시간 >> CPU 사용 시간 + 대기 시간 }의 결과가 보고되고 있습니다.

이런 현상이 생기는 이유는 이른바 **CPU 대기 시간** 때문입니다. 특정 프로세스가 어떤 작업을 시작하면 내부적으로는 CPU를 할당받아야 합니다. 만일 이때 이미 CPU 자원이 다른 프로세스들에 의해 점유되어 있는 상태라면 CPU 자원을 사용할 수 있는 순서가 돌아올 때까지 기다리게 됩니다. 즉, 프로세스 입장에서는 작업을 하고 있는 것으로 생각하지만 커널 입장에서 보면 대기하고 있는 상태가 됩니다. 이 시간은 프로세스의 CPU 사용 시간에는 포함되지 않지만, 전체 소요 시간에는 포함됩니다. 이러한 시간의 차이를 CPU 대기 시간이라고 부릅니다.

동시 작업이 매우 빈번한 시스템에서는 이러한 CPU 대기 시간에 의해 프로세스의 전체 소요 시간이 길어지는 현상이 발생하게 됩니다. 위의 사례는 이러한 현상을 매우 잘 보여주고 있습니다.

## 사례 3: LOB과 CURSOR#0

세번째 사례로 LOB에 대한 읽기 작업에 의한 TKPROF 리포트의 시간 오류를 보겠습니다.

우선 다음과 같이 CLOB 컬럼을 가지는 테이블 T1을 만들고, 10,000건의 데이터를 추가합니다. 여기서 주목할 것은 4000 바이트의 CLOB에 대한 I/O는 Direct Path I/O를 하게 된다는 것입니다. 따라서 10046 이벤트를 레벨 8로 설정하면 *direct path read* 대기 이벤트가 목격되어야 합니다.

```
SQL> create table t1(c1 int, c2 clob);

Table created.

SQL> declare
  2      v_clob clob := rpad('x', 4000, 'x');
  3  begin
  4      for idx in 1 .. 10000 loop
  5          insert into t1 values(idx, v_clob);
  6      end loop;
```

```
    7  end;
    8  /

PL/SQL procedure successfully completed.
```

테이블 T1 에 대한 쿼리를 수행합니다. 테스트의 편의성을 위해서 SET AUTOT TRACE 명령을 이용해서 클라이언트로 페치는 하지 않습니다.

```
SQL> set autot trace
SQL> set timing on
SQL> select * from t1;

10000 rows selected.

Elapsed: 00:00:24.85
```

쿼리 수행 시간은 25 초 정도입니다. 해당 쿼리에 대해 10046 이벤트를 레벨 8 로 설정한 후 수행한 후의 TKPROF 리포트는 다음과 같습니다.

```
select *
from
 t1


call     count       cpu    elapsed       disk      query    current       rows
------- ------  --------  ---------- ---------- ---------- ----------  ----------
Parse        1      0.00       0.00          0          1          0           0
Execute      1      0.00       0.00          0          0          0           0
Fetch    10001      0.40       0.47          0      10006          0       10000
------- ------  --------  ---------- ---------- ---------- ----------  ----------
total    10003      0.40       0.47          0      10007          0       10000


Elapsed times include waiting on following events:
  Event waited on                             Times   Max. Wait  Total Waited
  ----------------------------------------   Waited  ----------  ------------
  SQL*Net message to client                   10002        0.00          0.02
  SQL*Net message from client                 10002        0.00          0.81
```

무언가 이상하지 않습니까? 실제 쿼리 수행 시간은 25초에 달하는데 위의 TKPROF 리포트를 보면 대기 시간을 다 합쳐도 1.3초에 불과합니다. 그리고 기대했던 *direct path read* 대기 이벤트는 보이지도 않습니다.

더 이상한 것은 TKPROF 리포트의 제일 마지막에 위치하는 전체 집계 정보(OVERALL TOTALS) 부분을 보면 사라진 20여초의 시간이 존재한다는 것입니다. 아래 결과를 보면 *direct path read* 대기이벤트와 *SQL*Net message from client* 대기이벤트의 대기 시간이 보입니다.

```
OVERALL TOTALS FOR ALL NON-RECURSIVE STATEMENTS

call     count       cpu     elapsed       disk      query    current       rows
------- ------  --------  ----------  ---------- ---------- ---------- ----------
Parse       10      0.01        0.00           0          2          0          0
Execute     11      0.03        0.80           0          7          4          4
Fetch    10009      0.42        0.47           0      10006          0      10034
------- ------  --------  ----------  ---------- ---------- ---------- ----------
total    10030      0.46        1.28           0      10015          4      10038

Misses in library cache during parse: 2

Elapsed times include waiting on following events:
  Event waited on                         Times   Max. Wait  Total Waited
  ----------------------------------      Waited  ---------- ------------
  SQL*Net message to client                30016        0.00         0.09
  SQL*Net message from client              30016        0.00         3.51
  direct path read                         40000        0.12        14.40
  log file sync                                1        0.00         0.00
```

즉, 위의 결과를 보면 **실제 쿼리에 해당하는 부분에는 LOB 데이터를 읽는데서 오는 대기 시간이 나타나지 않지만, 전체 집계 부분에는 나타납니다.** TKPROF 리포트를 잘못 해석하면 전혀 잘못된 결론에 도달하게 될 위험성이 있습니다. 왜 이런 현상이 발생하는 것일까요? 그에 대한 해답은 TKPROF 리포트가 아닌 원본 트레이스 파일을 봐야 알 수 있습니다. 아래 원본 트레이스 파일을 보면 { SELECT * FROM T1 } 쿼리는 16번(CURSOR #16)이 할당되지만 LOB 데이터를 읽는 과정에서 발생하는 대기 이벤트는 0번(WAIT #0)이 할당됩니다.

```
PARSING IN CURSOR #16 len=16 dep=0 uid=118 oct=3 lid=118 tim=1414260460014
hv=2245880055 ad='33eea384' sqlid='27uhu2q2xuu7r'
select * from t1
END OF STMT
PARSE #16:c=15625,e=6628,p=0,cr=72,cu=0,mis=1,r=0,dep=0,og=1,tim=1414260460009
EXEC #16:c=0,e=34,p=0,cr=0,cu=0,mis=0,r=0,dep=0,og=1,tim=1414260460121
WAIT #16: nam='SQL*Net message to client' ela= 7 driver id=1413697536 #bytes=1
p3=0 obj#=515 tim=1414260460165
WAIT #16: nam='SQL*Net message from client' ela= 310 driver id=1413697536
#bytes=1 p3=0 obj#=515 tim=1414260460607
WAIT #16: nam='SQL*Net message to client' ela= 4 driver id=1413697536 #bytes=1
p3=0 obj#=515 tim=1414260460732
...
WAIT #0: nam='direct path read' ela= 20631 file number=4 first dba=81077 block
cnt=1 obj#=105825 tim=1414260483679
WAIT #0: nam='direct path read' ela= 280 file number=4 first dba=81077 block
cnt=1 obj#=105825 tim=1414260484111
WAIT #0: nam='SQL*Net message to client' ela= 5 driver id=1413697536 #bytes=1
p3=0 obj#=105825 tim=1414260484142
WAIT #0: nam='SQL*Net message from client' ela= 223 driver id=1413697536
#bytes=1 p3=0 obj#=105825 tim=1414260484430
WAIT #0: nam='direct path read' ela= 273 file number=4 first dba=81077 block
cnt=1 obj#=105825 tim=1414260484811
WAIT #0: nam='direct path read' ela= 263 file number=4 first dba=81077 block
cnt=1 obj#=105825 tim=1414260485139
WAIT #0: nam='SQL*Net message to client' ela= 3 driver id=1413697536 #bytes=1
p3=0 obj#=105825 tim=1414260485166
```

오라클은 LOB 데이터를 읽기 위해서 내부적으로 가짜 커서(Pseudo Cursor)를 만듭니다. 그리고 이 가짜 커서를 통해서 데이터를 읽습니다. 가짜 커서는 사용자가 수행한 쿼리가 아니고 재귀 쿼리도 아니기 때문에 트레이스 파일에서 0 번을 할당받습니다. 이런 이유 때문에 TKPROF 리포트에서의 오류가 발생하는 것입니다. LOB 데이터를 처리하는 쿼리를 분석할 때는 이런 함정에 유의해야 합니다.

## 정리

TKPROF 리포트를 분석하는 과정에서 CPU 사용 시간과 전체 수행 시간의 오차에 대해 고민해보신 분이라면 이 질문에서 다룬 논의를 흥미진진하게 보셨을 것으로 믿습니다. 중요한 것은 오라클이 제공하는 기본 데이터 조차도 항상 100% 신뢰할 수는 없다는 것입니다. 오차가 발생한다고 생각되면 다양한 관점에서 분석을 시도해서 그 오차까지도 설명할 수 있어야 데이터를 정확하게 이해했다고 할 수 있을 것입니다.

## 질문 2. Unique 인덱스를 통해 하나의 값을 단 한번 수행하는 문장에서 대량의 로우 수나 Logical Reads가 나타나는 이유는 무엇입니까?

### 문제 개요

TKPROF 리포트를 분석하거나 AWR 리포트를 분석하면서 "Unique 인덱스를 통해 하나의 값을 단 한번 수행하는 SQL 문장이 대량의 로우 수나 Logical Reads 를 보고"하는 경우가 종종 있습니다. 상식적으로 이해가 가지 않습니다. 왜 이런 현상이 발생하나요?

### 해답

다음과 같은 경우에 질문한 현상이 발생할 수 있습니다.

- PL/SQL 이 제공하는 배치 DML 을 사용하는 경우에는 한번의 실행에 대량의 로우를 변경할 수 있습니다. 가령 Unqiue 인덱스를 통해 한번만 UPDATE 문을 수행하더라도 대량의 Row 가 변경된 것으로 보고됩니다. 배치 SELECT 에서도 동일한 현상이 발생할 수 있습니다.

- Unique 인덱스를 통해 단 한건의 로우를 SELECT 하더라도 오라클 고유의 일관된 읽기 (Consistent Read) 메커니즘으로 인해 대량의 Logical Reads 가 발생할 수 있습니다.

상세한 테스트 사례를 통해 논의하도록 하겠습니다.

# 테스트

## 사례 1: 배치 DML에 의해 여러 건의 로우가 한번에 변경되는 현상

첫번째 사례로 PL/SQL 이 제공하는 배치 DML 에 의해 Unique 인덱스를 경유한 한번의 UPDATE 실행만으로 여러 건의 로우가 변경되는 현상을 보겠습니다.

우선 다음과 같이 1,000 건의 로우를 가지는 테이블 T1 을 만듭니다. 그리고 테이블 T1 에 대해 Unique 인덱스 T1_N1 을 만듭니다.

```
SQL> create table t1
  2  as
  3  select level as c1, level as c2
  4  from dual
  5  connect by level <= 1000;

Table created.

SQL> create unique index t1_n1 on t1(c1, c2);

Index created.

SQL> exec dbms_stats.gather_table_stats(user, 't1');

PL/SQL procedure successfully completed.
```

Unique 인덱스를 경유해서 한건을 업데이트하는 경우의 TKPROF 리포트입니다. Execute = 1 이고, Rows = 1 입니다. 즉 한번의 수행에 한건이 업데이트되었음을 알 수 있습니다.

```
SQL> -- single update
SQL> update t1 set c2 = c2 + 1 where c1 = 1;

1 row updated.


call     count       cpu    elapsed       disk      query    current       rows
------- ------   --------  ---------  ---------  ---------  ---------   --------
```

```
Parse        1      0.00       0.00          0          0          0          0
Execute      1      0.00       0.00          0          2          7          1
Fetch        0      0.00       0.00          0          0          0          0
-------  ------  --------  ----------  ----------  ----------  ----------  --------
total        2      0.00       0.00          0          2          7          1
```

반면에 PL/SQL 의 배치 DML(FORALL 구문)을 이용해서 1,000 건의 로우를 한번에 UPDATE 한 경우의 TKPROF 리포트입니다.

```
SQL> -- bulk update
SQL> declare
  2      type c1_type is table of t1.c1%type;
  3      type c2_type is table of t1.c2%type;
  4      type t1_type is record (c1s c1_type, c2s c2_type);
  5      t1s t1_type;
  6  begin
  7      select * bulk collect into t1s.c1s, t1s.c2s from t1;
  8
  9      forall idx in 1 .. 1000
 10          update t1 set c2 = t1s.c2s(idx)+1 where c1 = t1s.c1s(idx);
 11
 12      commit;
 13
 14  end;
 15  /

PL/SQL procedure successfully completed.

UPDATE T1 SET C2 = :B1 +1
WHERE
 C1 = :B2


call     count     cpu     elapsed       disk       query     current      rows
-------  ------  --------  ----------  ----------  ----------  ----------  --------
Parse        1      0.00       0.00          0          0          0          0
Execute      1      0.07       0.07          0       1051       5148       1000
Fetch        0      0.00       0.00          0          0          0          0
-------  ------  --------  ----------  ----------  ----------  ----------  --------
total        2      0.07       0.07          0       1051       5148       1000
```

Execute = 1 에 불과하지만 Rows = 1000 입니다. 만일 위의 UPDATE 문장이 배치 DML 에 의해 수행된 것이라는 걸 사전에 모르는 상태에서 위의 리포트를 보았다면 "왜 Unique 인덱스를 경유해서 한건의 로우를 변경하는 쿼리(Execute 가 1 이므로)인데 실제 변경된 로우 수는 1000 건에 달하며, Logical Reads 는 6,200(=1051+5148)에 달하는가"라는 의문을 가질 수밖에 없습니다.

원본 트레이스 파일을 보면 한번의 실행(EXEC#39) 단계에서 1,000 건의 로우(r=1000)가 처리되었다는 것을 더욱 명확하게 알 수있습니다.

```
UPDATE T1 SET C2 = :B1 +1 WHERE C1 = :B2
END OF STMT
PARSE #39:c=0,e=39,p=0,cr=0,cu=0,mis=0,r=0,dep=1,og=1,tim=620212157430
EXEC #39:c=78125,e=75075,p=0,cr=1033,cu=5064,mis=0,r=1000,dep=1,og=1, ...
```

위와 같은 함정을 이해하지 못하면 TKPROF 의 결과나 V$SQL 뷰의 모니터링 결과를 해석할 때 실수를 할 수도 있으므로 조심해야하겠습니다.

## 사례 2: Consistent Read로 인한 Logical Reads 증가

두번째 사례로 Unique 인덱스를 경유해 한건의 로우만 읽음에도 불구하고, 오라클 고유의 일관된 읽기(Consistent Read)로 인해 Logical Reads 가 증가하는 현상을 재현해보겠습니다.

우선 다음과 같이 테이블 T1 을 만들고, Unique 인덱스 T1_N1 을 만듭니다.

```
SQL> create table t1(c1 int, c2 char(2000), c3 char(2000), c4 char(2000));

Table created.

SQL> create unique index t1_n1 on t1(c1);

Index created.

SQL> insert into t1 values(1, 'x', 'x', 'x');

1 row created.
```

```
SQL> commit;

Commit complete.
```

세션 #2 에서 총 1,000 번에 걸쳐 Unique 인덱스를 경유해서 한건의 로우를 UPDATE 하는 PL/SQL 블록을 수행합니다. UPDATE 를 1,000 번 수행하는 동안 커밋을 한번도 수행하지 않는다는 것에 주의하시기 바랍니다.

```
SQL> -- session #2
SQL> begin
SQL>   for idx in 1 .. 1000 loop
SQL>         update t1 set c2 = idx, c3 = idx, c4 = idx where c1 = 1;
SQL>   end loop;
SQL> end;
SQL> /
```

세션 #1 에서 Unique 인덱스 **T1_N1** 을 경유해 한 건의 로우를 읽는 쿼리를 수행합니다. 그 결과를 TKRPOF 리포트를 통해 보면 아래와 같습니다.

```
SQL> -- session #1
SQL> exec tpack.begin_diag_trace;

PL/SQL procedure successfully completed.

SQL> select * from t1 where c1 = 1;

SQL> exec tpack.end_diag_trace;

PL/SQL procedure successfully completed.

SQL> select * from table(tpack.get_diag_trace(userenv('sid'), 'TKPROF'));

select *
from
 t1 where c1 = 1
```

```
call         count       cpu     elapsed       disk      query     current
rows
------      ------   --------  ----------  ----------  ---------  ---------  ---------
Parse           1       0.00        0.00           0          0          0          0
Execute         1       0.00        0.00           0          0          0          0
Fetch           2       0.00        0.00           0       1003          0          1
------      ------   --------  ----------  ----------  ---------  ---------  ---------
total           4       0.00        0.00           0       1003          0          1
```

Unique 인덱스를 경유해서 단 한 건의 로우를 읽음에도 불구하고 Logical Reads 는 무려 1,003 블록에 달합니다. 그 이유는 오라클의 일관된 읽기(Consistent Read) 메커니즘 때문입니다. 세션 #2 에서 1,000 번의 UPDATE 문을 수행한 후 아직 커밋이 이루어지지 않았기 때문에 UPDATE 이전의 이미지를 읽기 위해서 언두 데이터를 이용해 CR 블록(Consistent Read Block)을 만들고 이 블록을 읽어야 합니다. 1,000 번 UPDATE 가 이루어졌기 때문에 CR 블록에 대한 읽기가 1,000 번 발생한 것입니다.

위의 사례는 극단적이긴 하지만, 그렇다고 발생할 확률이 아주 낮은 현상도 아닙니다. 제 3 장인 [I/O 와 트랜잭션]의 네번째 질문(ORA-01555 에러에 관한)에서도 본 것처럼 동시 트랜잭션이 많은 시스템에서는 오히려 빈번하게 발생할 수 있는 현상입니다.

간단한 리포트를 해석하는데 있어서도 오라클의 기본 동작 방식을 이해하지 못하면 실수를 하게 된다는 것을 잘 알 수 있습니다.

## 정리

이번 질문에 대한 논의를 읽다 보면 Unique 인덱스를 경유해서 단 한건만 처리하는 가장 단순한 오퍼레이션에서조차 생각치 못한 분석의 함정이 숨어 있다는 것을 잘 알 수 있습니다. 따라서 데이터를 볼 때는 항상 의심의 눈초리로, 분석의 눈초리로 봐야 한다는 것을 다시 한 번 명심하시기 바랍니다.

# 질문 3. 특정 세션이 실행하는 SQL 문장을 추출할 수 있습니까?

## 문제 개요

특정 세션이 특정 기간 동안 수행하는 모든 SQL 문장을 추출할 수 있는 방법에는 어떤 것들이 있나요?

## 해답

이 질문에 대한 답은 누구나 잘 알고 계실 것이라고 믿습니다. 특정 세션이 특정 기간 동안 수행하는 모든 SQL 문장을 추출할 수 있는 최고의 방법은 SQL*Trace를 수행하는 것입니다. 하지만 여기서 "모든"이라는 전제 조건을 빼면 몇 가지 다른 방법들을 사용할 수 있습니다.

- V$SESSION 뷰를 매우 빈번하게 액세스해서 SQL_ID 값을 추출하면 특정 세션이 수행하는 SQL 문장을 어느 정도 추출할 수 있습니다.

- Oracle 10g부터 제공하는 Active Session History(ASH)를 이용하면 1초 단위로 특정 세션이 과거 시점부터 수행한 SQL 문장을 추출할 수 있습니다.

테스트 사례를 통해 정확한 사용 방법을 알아보겠습니다.

# 테스트

## 테스트 환경

세션 #1 에서 다음과 같은 작업을 수행합니다.

우선 세션을 쉽게 찾을 수 있도록 다음과 같이 V$SESSION.CLIENT_INFO 값을 "session1"로 설정합니다.

```
SQL> exec dbms_application_info.set_client_info('session1');

PL/SQL procedure successfully completed.
```

세션 #2 가 깨워줄 때까지 대기하도록 TPACK.WAIT_FOR_SIGNAL 프로시저를 호출합니다.

```
SQL> exec tpack.wait_for_signal;

PL/SQL procedure successfully completed.
```

세션 #2 가 세션 #1 을 깨워주면 아래와 같이 약 20 초 동안 1,000 개의 다른 쿼리를 수행하도록 합니다. TPACK.SLEEP 에 의해 0.01 초 실행되고, DBMS_LOCK.SLEEP 에 의해 0.01 초 대기하므로 1,000 번을 수행하면 총 20 초 정도가 걸리게 됩니다.

```
SQL> declare
  2    v1              number;
  3  begin
  4    for idx in 1 .. 1000 loop
  5          execute immediate 'select /* placeholder */ ' || idx ||
  6                  ' from dual where tpack.sleep(1,0.01)=1' into v1;
  7          dbms_lock.sleep(0.01);
  8    end loop;
  9  end;
 10  /

PL/SQL procedure successfully completed.
```

## 사례 1: V$SESSION에 대한 샘플링

세션 #1 이 작업을 수행하는 동안 세션 #2 에서 다음과 같이 세션 #1 의 SID 를 알아냅니다.

```
SQL> col sid new_value sid
SQL> select sid from v$session where client_info = 'session1';

       SID
----------
       142
```

그리고 **TPACK.SIGNAL** 프로시저를 이용해 세션 #1 을 깨웁니다.

```
SQL> exec tpack.signal;

PL/SQL procedure successfully completed.
```

이제 세션 #1 은 지정된 순서대로 쿼리를 실행하고 있을 것입니다. 이 상황에서 **V$SESSION** 뷰를 조회하면 세션 #1 이 어떤 SQL 문을 수행하는지 캡쳐할 수 있습니다.

```
SQL> col sql_text format a30
SQL> select
  2    s.sql_id, s.sql_child_number, t.sql_text
  3  from
  4    v$session s,
  5    v$sql t
  6  where
  7    s.sid = &sid
  8    and (s.sql_id = t.sql_id(+) and s.sql_child_number = t.child_number(+))
  9  ;
old   7:      s.sid = &sid
new   7:      s.sid =       142

SQL_ID        SQL_CHILD_NUMBER SQL_TEXT
------------- ---------------- ------------------------------
2m9qdzfb2xx3q                0 select /* placeholder */ 1 fro
                               m dual where tpack.sleep(1,0.0
                               1)=1
```

만일 **V$SESSION** 뷰를 특정 구간 동안 매우 빠른 빈도로 액세스하면 세션 #1 이 수행한 모든 SQL 문장을 알아낼 수 있지 않을까요? 아래와 같은 쿼리를 수행해보면 됩니다. Nested Loops Join 을 이용해서 총 100,000 번 동안 **V$SESSION** 뷰를 액세스하고 있습니다.

```
SQL> select /*+ ordered use_nl(y) */
  2     y.sql_id, y.child_no, y.status, y.sql_text,
  3     count(*) as hit_cnt
  4  from
  5     (select /*+ no_merge */ 1 from dual connect by level <= 100000) x,
  6     (select /*+ no_merge */ s.sql_id, s.sql_child_number as child_no,
s.status, t.sql_text
  7      from v$session s, v$sql t
  8      where sid = &sid
  9            and (s.sql_id = t.sql_id(+) and s.sql_child_number =
t.child_number(+))) y
 10  where
 11     y.sql_text like 'select /* placeholder */%'
 12  group by
 13     y.sql_id, y.child_no, y.status, y.sql_text
 14  order by 4 desc
 15  ;
```

다음과 같이 세션 #1 이 수행하는 SQL 문장의 상당 부분을 캡쳐할 수 있습니다.

| SQL_ID | CHILD_NO | STATUS | SQL_TEXT | HIT_CNT |
|---|---|---|---|---|
| 7ymcny8s4g2nt | 0 | ACTIVE | select /* placeholder */ 9 from dual where tpack.sleep(1,0.01)=1 | 1230 |
| bkvud76ugv35w | 0 | ACTIVE | select /* placeholder */ 8 from dual where tpack.sleep(1,0.01)=1 | 1209 |
| 3nj0a0x1s7adz | 0 | ACTIVE | select /* placeholder */ 7 from dual where tpack.sleep(1,0.01)=1 | 581 |

```
...

9qbd268xpbjz7          0 ACTIVE    select /* placeholder */ 12 fr      608
                                   om dual where tpack.sleep(1,0.
                                   01)=1

1fgvvmbrwghf3          0 ACTIVE    select /* placeholder */ 10 fr     1213
                                   om dual where tpack.sleep(1,0.
                                   01)=1

49 rows selected.
```

만일 SQL*Trace를 수행할 수 없는(권한 문제나 성능 문제 때문에) 상황에서 특정 쿼리가 수행하는 SQL 문장들을 추적하고 싶다면 이런 방법, 즉 V$SESSION 뷰를 매우 빠른 빈도로 액세스하는 것이 가장 좋은 방법이라고 할 수 있습니다. SQL*Trace는 쿼리를 수행중인 해당 세션의 성능을 저하시킬 위험이 있는 반면에 V$SESSION 뷰를 조회하는 방법은 쿼리를 수행 중인 세션의 성능에는 영향을 주지 않는다는 장점이 있습니다.

### 사례 2: V$ACTIVE_SESSION_HISTORY

Oracle 10g에서 추가된 ASH(Active Session History)는 초당 1번씩 모든 액티브 세션의 목록을 보관합니다. Shared Pool 내의 ASH Buffer(_ASH_SIZE 히든 파라미터)에 보관되어 있다가 Buffer가 꽉 차면 디스크에 그 내용을 기록합니다.

즉, ASH 데이터를 조회하면 최소한 초당 1초 간격으로 특정 세션이 수행한 SQL 문장의 목록을 확인할 수 있습니다. 세션 #1이 작업을 수행하는 동안 캡쳐된 액티브 세션 목록으로부터 SQL 문장을 추출해보면 다음과 같습니다.

```
SQL> select * from (
  2     select
  3             sql_id, sql_child_number,
  4             (select s.sql_text from v$sql s
```

```
  5                     where s.sql_id = h.sql_id and s.child_number =
h.sql_child_number) as sql_text
  6    from v$active_session_history h
  7    where session_id = &sid
  8    order by sample_time desc
  9  ) where
 10    sql_text like 'select /* placeholder */%'
 11  ;
old   7:        where session_id = &sid
new   7:        where session_id =         142

SQL_ID          SQL_CHILD_NUMBER SQL_TEXT
-------------   ---------------- ------------------------------
fz4v4m5wrjsy6                  0 select /* placeholder */ 854 f
                                 rom dual where tpack.sleep(1,0
                                 .01)=1

8hpd1945157bq                  0 select /* placeholder */ 804 f
                                 rom dual where tpack.sleep(1,0
                                 .01)=1

8w2mwmnhz3g7d                  0 select /* placeholder */ 702 f
                                 rom dual where tpack.sleep(1,0
                                 .01)=1

bshv9jpz0fj65                  0 select /* placeholder */ 561 f
                                 rom dual where tpack.sleep(1,0
                                 .01)=1

atu3htzwh0yfh                  0 select /* placeholder */ 436 f
                                 rom dual where tpack.sleep(1,0
                                 .01)=1

32yqvxwz8rarx                  0 select /* placeholder */ 35 fr
                                 om dual where tpack.sleep(1,0.
                                 01)=1

6 rows selected.
```

물론 이 방법은 V$SESSION 뷰를 프로파일링하는 첫번째 방법에 비하면 정확도가 매우 떨어집니다. 하지만 최소한의 부하로 어느 정도 합리적인 정보를 얻을 수 있다는 장점이 있다고 할 수 있습니다.

### 사례 3: SQL*Trace

특정 세션이 수행하는 모든 SQL 문장을 추적하는 최고의 방법은 SQL*Trace 를 수행하는 것입니다. 이 방법은 문제는 SQL 문장을 수행하는 해당 세션의 성능을 저하시킬 위험이 있다는 것입니다. 하지만 모든 SQL 문장을 빠짐없이 추적할 수 있다는 특징은 다른 어떤 방법으로도 달성하기 힘든 것입니다.

세션 #1 이 작업을 수행하는 동안 다음과 같이 세션 #1 에 대해서 SQL*Trace 를 수행합니다.

```
SQL> exec tpack.begin_diag_trace(&sid, 10046, 1);

PL/SQL procedure successfully completed.

SQL> exec dbms_lock.sleep(5);

PL/SQL procedure successfully completed.

SQL> exec tpack.end_diag_trace(&sid, 10046);

PL/SQL procedure successfully completed.
```

원본 트레이스 파일에는 다음과 같이 SQL 문장의 수행 이력이 기록됩니다.

```
PARSING IN CURSOR #4 len=65 dep=1 uid=118 oct=3 lid=118 tim=1144354952576
hv=1350619812 ad='364fa0d4' sqlid='401144d881np4'
select /* placeholder */ 33 from dual where tpack.sleep(1,0.01)=1
END OF STMT
PARSE #4:c=0,e=2163,p=0,cr=0,cu=0,mis=1,r=0,dep=1,og=1,tim=1144354952571
EXEC #4:c=0,e=10342,p=0,cr=0,cu=0,mis=0,r=0,dep=1,og=1,tim=1144354963059
FETCH #4:c=0,e=35,p=0,cr=0,cu=0,mis=0,r=1,dep=1,og=1,tim=1144354963217
STAT #4 id=1 cnt=1 pid=0 pos=1 obj=0 op='FILTER  (cr=0 pr=0 pw=0 time=0 us)'
```

```
      STAT  #4  id=2  cnt=1  pid=1  pos=1  obj=0  op='FAST DUAL    (cr=0 pr=0 pw=0 time=0 us
  cost=2 size=0 card=1)'
  =====================
  PARSING IN CURSOR #4 len=65 dep=1 uid=118 oct=3 lid=118 tim=1144354975967
  hv=189933330 ad='3985d530' sqlid='8q84mpc5p49sk'
  select /* placeholder */ 34 from dual where tpack.sleep(1,0.01)=1
  END OF STMT
  PARSE #4:c=0,e=2180,p=0,cr=0,cu=0,mis=1,r=0,dep=1,og=1,tim=1144354975962
  EXEC #4:c=0,e=21071,p=0,cr=0,cu=0,mis=0,r=0,dep=1,og=1,tim=1144354997180
  FETCH #4:c=0,e=30,p=0,cr=0,cu=0,mis=0,r=1,dep=1,og=1,tim=1144354997298
  STAT  #4  id=1  cnt=1  pid=0  pos=1  obj=0  op='FILTER    (cr=0 pr=0 pw=0 time=0 us)'
  STAT  #4  id=2  cnt=1  pid=1  pos=1  obj=0  op='FAST DUAL    (cr=0 pr=0 pw=0 time=0 us
  cost=2 size=0 card=1)'
  ...
```

이 원본 트레이스 파일에 대해 TKPROF 리포트를 생성해도 되지만, 다음과 같이 파일을 직접 읽고 파싱해서 SQL 수행 이력을 추출할 수도 있습니다. 조금만 더 수고를 들이면 SQL 문장의 SQL ID와 SQL 텍스트 등을 같이 추출할 수 있을 것입니다.

```
  SQL> select *
    2  from table(tpack.get_diag_trace(&sid))
    3  where column_value like 'select /* placeholder */%';
  old   2: from table(tpack.get_diag_trace(&sid))
  new   2: from table(tpack.get_diag_trace(        142))

  COLUMN_VALUE
  ----------------------------------------------------------------
  select /* placeholder */ 72 from dual where tpack.sleep(1,0.01)=1
  select /* placeholder */ 73 from dual where tpack.sleep(1,0.01)=1
  select /* placeholder */ 74 from dual where tpack.sleep(1,0.01)=1
  select /* placeholder */ 75 from dual where tpack.sleep(1,0.01)=1
  select /* placeholder */ 76 from dual where tpack.sleep(1,0.01)=1
  ...
  select /* placeholder */ 246 from dual where tpack.sleep(1,0.01)=1
  select /* placeholder */ 247 from dual where tpack.sleep(1,0.01)=1

  176 rows selected.
```

오라클에 제공하는 AUDIT 기능을 이용하면 시스템 전체 레벨에서 모든 SQL 문장의 수행 이력을 기록하는 것이 가능합니다. 하지만 이것은 어디까지나 이론적으로 가능하다는 말이지 실제로 활용하기에는 무리가 있겠습니다.

## 정리

V$SESSION 뷰를 샘플링해서 SQL 문장을 추출해내는 것과 같은 방법은 응용의 범위가 매우 넓습니다. 특정 상황에서 매우 유용하게 활용하실 수 있을 것으로 기대합니다. SQL*Trace 원본 트레이스는 너무나 귀중한 데이터입니다. 단순히 TKPROF 리포트를 조회하는 차원에서 벗어나 원본 트레이스 파일에서 필요한 여러 가지 정보를 추출할 수 있는 경험을 꼭 가져보시기 바랍니다.

# 질문 4. SQL 문장의 실행 시간을 측정할 수 있습니까?

## 문제 개요

특정 세션이 특정 SQL 문장을 얼마나 오랫동안 수행하고 있는지 알 수 있는 방법은 무엇인가요?

## 해답

너무나 쉽게 대답할 수 있을 것 같지만, 실제로는 매우 대답하기 어려운 질문입니다.

- Oracle 10g 까지는 SQL 문장의 실행 시간을 정확하게 알 수 있는 방법은 없습니다. 충격적으로 들리겠지만, 이것이 진실입니다. 단, 아주 제한적인 경우에 한해 V$SESSION.LAST_CALL_ET 컬럼을 통해 실행 시간을 알 수 있는 경우도 있습니다.

- Oracle 11g부터는 V$SESSION.SQL_EXEC_START 컬럼을 통해서 특정 SQL 의 실행 시간을 거의 정확하게 알수 있습니다.

SQL 실행 시간의 추적은 V$SESSION 뷰에서 LAST_CALL_ET(Oracle 10g) 컬럼과 SQL_EXEC_START(Oracle 11g) 컬럼을 통해서 수행합니다. 두 개의 컬럼이 의미하는 바는 다음과 같습니다.

- LAST_CALL_ET 컬럼은 말 그대로 마지막 호출(CALL) 이후로 흐른 시간(ET, Elapsed Time)을 의미합니다. 여기서 호출은 SQL 의 수행 요청이 아니라 어떤 식으로든 클라이언트에서 서버로 호출이 이루어진 경우를 의미합니다. 가령 매번 10 건씩 로우를 페치한다면, 매 페치마다 호출이 이루어지고 LAST_CALL_ET 컬럼의 값을 갱신되어 버립니다. Oracle 10g 까

지는 SQL 문장의 실행 시간을 정확하게 알 수 없다고 말한 것이 이런 LAST_CALL_ET 컬럼의 속성 때문입니다.

- SQL_EXEC_START 컬럼은 현재 수행 중인 쿼리(SQL_ID로 지정된)가 시작한 시간을 의미합니다. 따라서 이 컬럼 값을 이용하면 현재 수행 중인 쿼리의 실제 실행 시간을 정확하게 알 수 있습니다.

두 컬럼 값의 정확한 의미와 활용 방법을 테스트 사례를 통해 살펴보도록 하겠습니다.

## 테스트

### 사례 1: V$SESSION.LAST_CALL_ET

V$SESSION.LAST_CALL_ET은 "가장 마지막 호출(CALL)로부터 흐른 시간"을 의미합니다. 여기서 문제는 호출(CALL)이 의미하는 것이 무엇이냐입니다. SQL 수행에 있어 호출(CALL)은 말 그대로 클라이언트와 서버간의 호출을 의미합니다.

세션 #1에서 다음과 같이 한 건의 로우도 추출하지 않으면서 10초 동안 수행되는 쿼리를 수행합니다. 쿼리를 수행하기 전에 TPACK.WAIT_FOR_SIGNAL 프로시저를 이용해서 세션 #2가 깨워줄 때까지 기다리도록 하는 것에 주의하시기 바랍니다.

```
-- Session #1
SQL> exec dbms_application_info.set_client_info('session1');

PL/SQL procedure successfully completed.

SQL> exec tpack.wait_for_signal;

PL/SQL procedure successfully completed.

SQL> select * from dual where tpack.sleep(1, 10) = 1;

D
-
X
```

세션 #2 는 **TPACK.SIGNAL** 프로시저를 이용해서 세션 #1 을 깨우고, 약 10 초에 걸쳐 총 100
번(즉 0.1 초마다 한번씩), **V$SESSION.LAST_CALL_ET** 값을 추출합니다.

```
-- Session #2
SQL> col sid new_value sid
SQL> select sid from v$session where client_info = 'session1';

SQL> exec tpack.signal;

SQL> col sql_text format a30
SQL> select /*+ ordered use_nl(y) */
  2     y.status,
  3     y.sql_id,
  4     (select sql_text from v$sqlarea where sql_id = y.sql_id) as sql_text,
  5     y.last_call_et
  6  from
  7     (select /*+ no_merge */ level
  8            from dual
  9            where tpack.sleep(level, 0.1) = 1
 10            connect by level <= 100) x,
 11     (select /*+ no_merge */ status, sql_id, last_call_et
 12            from v$session
 13            where sid = &sid) y
 14  ;
old  13:               where sid = &sid) y
new  13:               where sid =        142) y

STATUS   SQL_ID         SQL_TEXT                       LAST_CALL_ET
-------- -------------- ------------------------------ ------------
ACTIVE   grgbv9hbaj62u  select * from dual where tpack            0
                        .sleep(1, 10) = 1


ACTIVE   grgbv9hbaj62u  select * from dual where tpack            1
                        .sleep(1, 10) = 1


ACTIVE   grgbv9hbaj62u  select * from dual where tpack            2
                        .sleep(1, 10) = 1


ACTIVE   grgbv9hbaj62u  select * from dual where tpack            3
                        .sleep(1, 10) = 1
```

```
ACTIVE     grgbv9hbaj62u  select * from dual where tpack        4
                          .sleep(1, 10) = 1

ACTIVE     grgbv9hbaj62u  select * from dual where tpack        5
                          .sleep(1, 10) = 1

ACTIVE     grgbv9hbaj62u  select * from dual where tpack        6
                          .sleep(1, 10) = 1

ACTIVE     grgbv9hbaj62u  select * from dual where tpack        7
                          .sleep(1, 10) = 1

ACTIVE     grgbv9hbaj62u  select * from dual where tpack        8
                          .sleep(1, 10) = 1

ACTIVE     grgbv9hbaj62u  select * from dual where tpack        9
                          .sleep(1, 10) = 1

ACTIVE     grgbv9hbaj62u  select * from dual where tpack       10
                          .sleep(1, 10) = 1
```

위의 결과를 보면 **V$SESSION.LAST_CALL_ET** 값이 매우 정확한 것을 알 수 있습니다. 여기까지는 고무적입니다. 그렇다면 쿼리의 수행 시간을 알아내기 위해 **V$SESSION.LAST_CALL_ET** 값을 안심하고 사용해도 된다는 의미일까요?

이번에는 세션 #1 이 수행하는 쿼리만 바꾸어서 다시 테스트해보겠습니다. 첫번째 테스트에서는 10 초동안 수행되는 하나의 쿼리였지만, 이번 쿼리는 **역시 10 초동안 수행되지만 0.01 초마다 한번씩 한건의 로우를 페치**하는 쿼리입니다.

```
-- Session #1
SQL> select level from dual
  2  where tpack.sleep(level, 0.01) = 1
  3  connect by level <= 1000
  4  ;
```

```
      LEVEL
 ----------
          1
          2
          3
...
```

세션 #1이 위의 작업을 수행하는 동안 세션 #2에서 동일한 방식으로 V$SESSION.LAST_CALL_ET 값을 추출해보면 아래와 같은 결과를 얻을 수 있습니다.

```
-- Session #2
SQL> select /*+ ordered use_nl(y) */
  2     y.status,
  3     y.sql_id,
  4     (select sql_text from v$sqlarea where sql_id = y.sql_id) as sql_text,
  5     y.last_call_et
  6  from
  7     (select /*+ no_merge */ level
  8            from dual
  9            where tpack.sleep(level, 0.1) = 1
 10            connect by level <= 100) x,
 11     (select /*+ no_merge */ status, sql_id, last_call_et
 12            from v$session
 13            where sid = &sid) y
 14  ;
old  13:               where sid = &sid) y
new  13:               where sid =       142) y

STATUS    SQL_ID         SQL_TEXT                       LAST_CALL_ET
--------  -------------  -----------------------------  ------------
ACTIVE    9hkdqbdty4381  select level from dual where t            0
                         pack.sleep(level, 0.01) = 1 co
                         nnect by level <= 1000

ACTIVE    9hkdqbdty4381  select level from dual where t            0
                         pack.sleep(level, 0.01) = 1 co
                         nnect by level <= 1000

...
```

```
ACTIVE      9hkdqbdty4381  select level from dual where t           0
                           pack.sleep(level, 0.01) = 1 co
                           nnect by level <= 1000
...

ACTIVE      9hkdqbdty4381  select level from dual where t           1
                           pack.sleep(level, 0.01) = 1 co
                           nnect by level <= 1000

ACTIVE      9hkdqbdty4381  select level from dual where t           0
                           pack.sleep(level, 0.01) = 1 co
                           nnect by level <= 1000
...

ACTIVE      9hkdqbdty4381  select level from dual where t           0
                           pack.sleep(level, 0.01) = 1 co
                           nnect by level <= 1000

ACTIVE      9hkdqbdty4381  select level from dual where t           0
                           pack.sleep(level, 0.01) = 1 co
                           nnect by level <= 1000
```

결과는 매우 실망적입니다. 세션 #1 은 10 초동안 동일한 쿼리를 수행 중이지만, **V$SESSION. LAST_CALL_ET** 값은 0 과 1 을 반복하며 계속 리셋되어 버립니다. 왜 이런 일이 발생할까요? **V$SESSION.LAST_CALL_ET** 의 정의가 "가장 마지막 호출(CALL)로부터 흐른 시간"이라는 것을 상기하기 바랍니다. 여기서 호출(CALL)이란, 쿼리의 최초 수행 요청을 의미하는 것이 아니라 말 그대로 **클라이언트가 서버 프로세스를 "부르는(CALL)" 동작**을 의미합니다. 여기에서는 "이번에 10 개의 로우를 페치하고, 다음 번 10 개를 페치해달라고 부르는(CALL)" 동작까지 포함됩니다. 즉 **V$SESSION.LAST_CALL_ET** 값은 페치 요청이 있을 때마다 리셋되어 버립니다. 이런 이유 때문에 위의 테스트에서 값이 계속 0 으로 리셋되는 것으로 나타난 것입니다.

**V$SESSION.LAST_CALL_ET** 값이 "가장 마지막 호출(CALL)로부터 흐른 시간"을 의미하기 때문에 클라이언트가 서버 프로세스에게 새로 요청을 보내는 일이 없는 한은 이 값은 계속 증가한다고 할 수 있습니다. 아래 테스트 예제가 그것을 증명합니다. 세션 #1 은 PL/SQL 블

록내에서 두개의 쿼리를 번갈아가며 수행하고 있습니다. PL/SQL 블록은 그 자체가 하나의 단위로 실행되기 때문에 실행이 완료될 때까지 V$SESSION.LAST_CALL_ET 값은 계속 증가할 것입니다. 아래에 그 결과가 있습니다.

```
-- Session #1
SQL> exec dbms_application_info.set_client_info('session1');

PL/SQL procedure successfully completed.

SQL> exec tpack.wait_for_signal;

PL/SQL procedure successfully completed.

SQL>
SQL> declare
  2     v_cnt number;
  3  begin
  4    for idx in 1 .. 100 loop
  5            execute immediate
  6                    'select /* first */ 1 from dual where
tpack.sleep(1,0.05) = 1' into v_cnt;
  7
  8            execute immediate
  9                    'select /* second */ 1 from dual where
tpack.sleep(1,0.05) = 1' into v_cnt;
 10    end loop;
 11  end;
 12  /

PL/SQL procedure successfully completed.
```

세션 #1 이 PL/SQL 블록을 수행하는 동안, 세션 #2 에서 동일한 방식으로 V$SESSION.LAST_CALL_ET 값을 추출해보면 아래와 같은 결과를 얻을 수 있습니다.

```
-- Session #2
SQL> select /*+ ordered use_nl(y) */
  2     y.status,
  3     y.sql_id,
```

```
  4      (select sql_text from v$sqlarea where sql_id = y.sql_id) as sql_text,
  5      y.last_call_et
  6  from
  7      (select /*+ no_merge */ level
  8              from dual
  9              where tpack.sleep(level, 0.1) = 1
 10              connect by level <= 100) x,
 11     (select /*+ no_merge */ status, sql_id, last_call_et
 12             from v$session
 13             where sid = &sid) y
 14  ;
```

```
STATUS    SQL_ID         SQL_TEXT                         LAST_CALL_ET
--------  -------------  -------------------------------  ------------
ACTIVE    b7jy9gb47abwp  select /* second */ 1 from dua              0
                         l where tpack.sleep(1,0.05) =
                         1
ACTIVE    b7jy9gb47abwp  select /* second */ 1 from dua              1
                         l where tpack.sleep(1,0.05) =
                         1
ACTIVE    5kxkb2hhc7j41  select /* first */ 1 from dual              2
                            where tpack.sleep(1,0.05) = 1
ACTIVE    5kxkb2hhc7j41  select /* first */ 1 from dual              3
                            where tpack.sleep(1,0.05) = 1
ACTIVE    b7jy9gb47abwp  select /* second */ 1 from dua              4
                         l where tpack.sleep(1,0.05) =
                         1
ACTIVE    b7jy9gb47abwp  select /* second */ 1 from dua              5
                         l where tpack.sleep(1,0.05) =
                         1
ACTIVE    5kxkb2hhc7j41  select /* first */ 1 from dual              6
                            where tpack.sleep(1,0.05) = 1
...

ACTIVE    5kxkb2hhc7j41  select /* first */ 1 from dual              9
                            where tpack.sleep(1,0.05) = 1
ACTIVE    b7jy9gb47abwp  select /* second */ 1 from dua             10
                         l where tpack.sleep(1,0.05) =
                         1
```

매우 재미있는 결과를 볼 수 있습니다. V$SESSION.LAST_CALL_ET 값을 ACTIVE 상태에서 계속 증가합니다. 이것은 확실히 좋은 현상입니다. 하지만 실행 중인 SQL 을 보면 계속해서 바뀌고 있습니다. 즉, V$SESSION.LAST_CALL_ET 값과 실제로 수행 중인 SQL 과 일치하지 않는 현상이 발생하는 것입니다.

"가장 마지막 호출(CALL)로부터 흐른 시간"이라는 V$SESSION.LAST_CALL_ET 값의 정의로 인해 오히려 사용자 관점에서의 "수행 시간"을 파악하기는 거의 불가능하다는 것을 알 수 있습니다.

### 사례 2: SQL*Trace

SQL*Trace 는 쿼리 자체의 수행 시간과 "호출(CALL)" 과정에서 발생하는 대기 시간을 모두 포함하기 때문에 아래와 같이 정확한 수행 시간을 보여줍니다.

```
SQL> select level from dual
  2  where tpack.sleep(level, 0.01) = 1
  3  connect by level <= 1000
  4  ;

     LEVEL
----------
         1
         2
         3
...
      1000

1000 rows selected.

call     count       cpu    elapsed       disk      query    current
rows
-------  ------  --------  ---------  ---------  ---------  ---------  --------
Parse         1      0.00       0.00          0          0          0         0
Execute       1      0.00       0.00          0          0          0         0
Fetch        68      0.00      15.41          0          0          0      1000
-------  ------  --------  ---------  ---------  ---------  ---------  --------
```

```
total          70      0.00     15.41        0         0         0      1000

Event waited on                          Times   Max. Wait  Total Waited
----------------------------------       Waited  ---------  ------------
  SQL*Net message to client                68      0.00          0.00
  PL/SQL lock timer                      1436      0.01         15.30
  SQL*Net message from client              68      0.02          0.24
```

## 사례 3: V$SESSION.SQL_EXEC_START (11*g*)

사례 1 에서 상세히 논의한 바대로 **V$SESSION.LAST_CALL_ET** 값은 쿼리의 수행 시간을 정확하게 알려주지 못합니다. 이런 문제를 해소하기 위해 Oracle 11*g*에서 **V$SESSION.SQL_EXEC_START** 컬럼이 추가되었습니다. 이 컬럼은 말 그대로 "쿼리가 수행을 시작한 시간"을 저장하고 있습니다. 호출(CALL)이 시작된 시간이 아니라 수행(EXEC)이 시작된 시간이라는 것에 주목해야 합니다.

**V$SESSION.LAST_CALL_ET** 값으로는 정확한 수행 시간을 계산하지 못했던 상황에서 **V$SESSION.SQL_EXEC_START** 값을 이용할 경우 어떻게 되는지 알아보겠습니다. 세션 #1 에서 아래와 같이 페치를 반복하는(호출을 반복하는) 쿼리를 수행합니다.

```
-- Session #1
SQL> select level from dual
  2   where tpack.sleep(level, 0.01) = 1
  3   connect by level <= 1000
  4  ;

    LEVEL
----------
         1
         2
         3
...
```

세션 #2 에서는 우선 다음과 같이 **SYSDATE** 값을 리턴하는 함수를 만듭니다. 이것을 함수로 만드는 이유는 쿼리에서 직접 **SYSDATE** 함수 사용할 경우, 쿼리가 장시간 수행되어도 최초의 호출에서 사용된 값이 계속 재사용되기 때문입니다.

```
-- Session #2
SQL> create or replace function f_sysdate
  2  return date
  3  is
  4  begin
  5    return sysdate;
  6  end;
  7  /

Function created.
```

그리고 다음과 같이 세션 #1 의 쿼리 수행 시간을 계산해보면 정확하게 수행 시간을 추적할 수 있다는 것을 알 수 있습니다.

```
SQL> col sql_text format a30
SQL> select /*+ ordered use_nl(y) */
  2    status, last_call_et,
  3    (select sql_text from v$sqlarea where sql_id = y.sql_id) as sql_text,
  4    (f_sysdate - sql_exec_start)*24*60*60 as elapsed_time
  5  from
  6    (select /*+ no_merge */ level
  7           from dual
  8           where tpack.sleep(level, 0.1) = 1
  9           connect by level <= 150) x,
 10    (select /*+ no_merge */ status, sql_id, last_call_et, sql_exec_start
 11           from v$session
 12           where sid = &sid) y
 13  ;
old  12:              where sid = &sid) y
new  12:              where sid =       142) y

STATUS   LAST_CALL_ET SQL_TEXT                       ELAPSED_TIME
-------- ------------ ------------------------------ ------------
ACTIVE              1 select level from dual where t            1
```

```
                                 pack.sleep(level, 0.01) = 1 co
                                 nnect by level <= 1000
ACTIVE                   0 select level from dual where t             2
                                 pack.sleep(level, 0.01) = 1 co
                                 nnect by level <= 1000
ACTIVE                   1 select level from dual where t             3
                                 pack.sleep(level, 0.01) = 1 co
                                 nnect by level <= 1000
ACTIVE                   0 select level from dual where t             4
                                 pack.sleep(level, 0.01) = 1 co
                                 nnect by level <= 1000
...
ACTIVE                   0 select level from dual where t             9
                                 pack.sleep(level, 0.01) = 1 co
                                 nnect by level <= 1000
ACTIVE                   0 select level from dual where t            10
                                 pack.sleep(level, 0.01) = 1 co
                                 nnect by level <= 1000
```

이번에는 PL/SQL 블록내에서 호출(CALL) 없이 수행(EXEC)되는 쿼리가 바뀌는 경우에는 어떻게 동작하는지 확인해보겠습니다. 우선 세션 #1 에서 다음과 같은 PL/SQL 블록을 수행합니다.

```
-- Session #1
SQL> declare
  2     v_cnt number;
  3  begin
  4     for idx in 1 .. 100 loop
  5             execute immediate
  6                     'select /* first */ 1 from dual where tpack.sleep(1,0.05) = 1' into v_cnt;
  7
  8             execute immediate
  9                     'select /* second */ 1 from dual where tpack.sleep(1,0.05) = 1' into v_cnt;
```

```
 10    end loop;
 11  end;
 12  /

PL/SQL procedure successfully completed.
```

세션 #2에서 동일한 방법으로 수행 시간을 추적해보면 PL/SQL 블록의 전체 수행 시간과 무관하게 실제로 수행되는 SQL 문장의 수행 시간으로 계산된다는 것을 알 수 있습니다.

```
-- Session #2
SQL> select /*+ ordered use_nl(y) */
  2    status, last_call_et,
  3    (select sql_text from v$sqlarea where sql_id = y.sql_id) as sql_text,
  4    (f_sysdate - sql_exec_start)*24*60*60 as elapsed_time
  5  from
  6    (select /*+ no_merge */ level
  7         from dual
  8         where tpack.sleep(level, 0.1) = 1
  9         connect by level <= 100) x,
 10    (select /*+ no_merge */ status, sql_id, last_call_et, sql_exec_start
 11         from v$session
 12         where sid = &sid) y
 13  ;

STATUS    LAST_CALL_ET  SQL_TEXT                        ELAPSED_TIME
--------  ------------  ------------------------------  ------------
ACTIVE               0  select /* first */ 1 from dual             1
                        where tpack.sleep(1,0.05) = 1

ACTIVE               2  select /* first */ 1 from dual             0
                        where tpack.sleep(1,0.05) = 1

ACTIVE               2  select /* second */ 1 from dua             1
                        l where tpack.sleep(1,0.05) =
                        1
...

ACTIVE              11  select /* second */ 1 from dua             0
                        l where tpack.sleep(1,0.05) =
                        1
```

...

위의 테스트를 통해서 얻을 수 있는 결론은 PL/SQL 블록 자체의 수행 시간은 **V$SESSION.LAST_CALL_ET** 값을 통해 얻을 수 있고, PL/SQL 블록 내에서 수행되는 재귀 SQL(Recursive SQL)의 수행 시간은 **V$SESSION.SQL_EXEC_START** 값을 통해 얻을 수 있다는 것입니다. 즉, 두 컬럼을 조합해야 정확한 수행 시간을 얻을 수 있습니다.

## 정리

SQL 문장의 실행 시간을 측정하는 아주 간단해 보이는 요구사항조차도 실제로 만족시키는 쉽지 않다는 것을 알 수 있는 질문이었습니다. **V$SESSION.LAST_CALL_ET** 컬럼과 **V$SESSION.SQL_EXEC_START** 컬럼의 정확한 의미와 사용 방법을 잘 기억하시기 바랍니다.

# 질문 5. Dynamic SQL을 사용할 때 조심할 점은 무엇입니까?

## 문제 개요

어플리케이션을 작성하다보면 PL/SQL 을 이용해서 동적으로 쿼리를 생성하고 있습니다. 그런데 매우 긴 쿼리를 동적으로 생성할 필요가 생겼습니다. VARCHAR2 타입의 문자열을 최대한 4,000 바이트밖에 지원하지 않는 것으로 알고 있습니다. 이런 경우 어떻게 해야 하나요?

## 해답

PL/SQL 을 이용해 Dynamic SQL 을 생성할 때 주의해야할 사항들 중 몇 가지를 정리해보면 다음과 같습니다.

- PL/SQL 블록 내에서는 VARCHAR2 타입의 최대 길이는 4,000 바이트가 아니라 32,767 바이트입니다.
- 32,767 바이트가 보다 긴 문자열을 처리하려면 CLOB 타입을 사용하면 됩니다.
- 단, CLOB 타입을 사용하더라도 REF CURSOR 는 사용할 수 없습니다.
- CLOB 타입은 문자열 병합(Concatenation)에 취약합니다. 따라서 Dynamic SQL 생성시 병합 회수를 줄이도록 해야 합니다.

테스트 사례를 통해 상세한 논의를 진행하도록 하겠습니다.

# 테스트

### 사례 1: 4000자 이상의 SQL과 ORA-01792 에러

Dynamic SQL 을 사용할 때 가장 먼저 부딪히는 함정은 **4,000 바이트의 함정**입니다. 흔히 VARCHAR2 타입의 최대 길이를 4,000 바이트로 알고 있기 때문에 아래 예제와 같은 함정에 빠집니다.

```
SQL> declare
  2          v_sql           varchar2(4000);
  3          v_cursor        sys_refcursor;
  4  begin
  5          v_sql := 'select ';
  6          for idx in 1 .. 100 loop
  7              v_sql := v_sql || q'[']' || rpad('x',200) || q'[',]';
  8          end loop;
  9          v_sql := v_sql || ' 1 from dual';
 10
 11          open v_cursor for v_sql;
 12          close v_cursor;
 13  end loop;
 14  /
declare
*
ERROR at line 1:
ORA-06502: PL/SQL: numeric or value error: character string buffer too small
ORA-06512: at line 7
```

하지만 VARCHAR2 타입의 최대 길이가 4,000 바이트라는 제약은 테이블의 컬럼으로 사용될 때만 존재합니다. PL/SQL 블록 내에서 사용가능한 VARCHAR2 타입의 최대 길이는 **32,767 바이트**입니다.

```
SQL> declare
  2          v_sql           varchar2(32767);
  3          v_cursor        sys_refcursor;
  4  begin
```

```
    5          v_sql := 'select ';
    6          for idx in 1 .. 100 loop
    7              v_sql := v_sql || q'[']' || rpad('x',200) || q'[,]';
    8          end loop;
    9          v_sql := v_sql || ' 1 from dual';
   10
   11          open v_cursor for v_sql;
   12          close v_cursor;
   13  end loop;
   14  /

PL/SQL procedure successfully completed.
```

물론 32,767 바이트를 초과해서는 선언 자체가 불가능합니다.

```
SQL> declare
    2          v_sql           varchar2(100000);
    3          v_cursor        sys_refcursor;
    4  begin
    5          v_sql := 'select ';
    6          for idx in 1 .. 100 loop
    7              v_sql := v_sql || q'[']' || rpad('x',200) || q'[,]';
    8          end loop;
    9          v_sql := v_sql || ' 1 from dual';
   10
   11          open v_cursor for v_sql;
   12          close v_cursor;
   13  end loop;
   14  /
        v_sql           varchar2(100000);
                            *
ERROR at line 2:
ORA-06550: line 2, column 33:
PLS-00215: String length constraints must be in range (1 .. 32767)
```

더 큰 문제는 Dynamic SQL 을 작성하다보면 32,767 바이트를 초과하는 경우도 종종 발생한다는 것입니다. 32,767 바이트를 초과하는 문자를 만드는 것 자체는 CLOB 타입을 사용하면 해결됩니다. 하지만 불행히도, **Oracle 10g까지는 CLOB 에 대해 REF CURSOR 를 사용하지 못합니다.** 따라서 SQL 을 만들어도 실행은 불가능합니다.

```
  -- 10g
  SQL> declare
    2          v_sql         clob;
    3          v_cursor      sys_refcursor;
    4  begin
    5          v_sql := 'select ';
    6          for idx in 1 .. 100 loop
    7              v_sql := v_sql || q'[']' || rpad('x',200) || q'[',]';
    8          end loop;
    9          v_sql := v_sql || ' 1 from dual';
   10
   11          open v_cursor for v_sql;
   12          close v_cursor;
   13  end loop;
   14  /
          open v_cursor for v_sql;
                                *
  ERROR at line 11:
  ORA-06550: line 11, column 28:
  PLS-00382: expression is of wrong type
  ORA-06550: line 11, column 10:
  PL/SQL: Statement ignored
```

따라서 Oracle 10g에서 32,767 바이트 이상의 Dynamic SQL 을 사용하려면 CLOB 을 이용해서 문자열을 만든 다음, 이 문자열 자체를 클라이언트로 보내거나(가령 JDBC), 텍스트 파일에 기록(SQL*Plus 의 Spool)해서 실행하는 방법을 사용해야 합니다. 물론 조금 불편하지만 클라이언트(가령 자바 애플리케이션)에서 직접 Dynamic SQL 을 작성하는 방법도 사용 가능합니다.

이 제약은 Oracle 11g에서 사라졌습니다. 앞으로는 아무런 길이의 제한 없이 SQL 문장을 생성하고 실행할 수 있게 된 셈입니다.

```
  -- 11g
  SQL> declare
```

```
  2      v_sql          clob;
  3      v_cursor       sys_refcursor;
  4  begin
  5      v_sql := 'select ';
  6      for idx in 1 .. 100 loop
  7          v_sql := v_sql || q'[']' || rpad('x',200) || q'[',]';
  8      end loop;
  9      v_sql := v_sql || ' 1 from dual';
 10
 11      open v_cursor for v_sql;
 12      close v_cursor;
 13  end loop;
 14  /

PL/SQL procedure successfully completed.
```

Dynamic SQL 을 사용할 때 드물게 ORA-01792 에러가 발생하는 경우도 있습니다. 아래와 같이 동적으로 1,001 개(RPAD 1,000 개 + 상수 값 1)의 컬럼을 생성하는 쿼리를 수행해보면 성공적으로 실행이 됩니다.

```
SQL> declare
  2    v_cursor      sys_refcursor;
  3    v_sql              varchar2(32767);
  4  begin
  5    v_sql := 'select ';
  6    for idx in 1 .. 1000 loop
  7        v_sql := v_sql || rpad('1',10, '1')  || ' as c'|| idx || ', ';
  8    end loop;
  9    v_sql := v_sql || '1  from dual';
 10
 11    open v_cursor for v_sql;
 12    close v_cursor;
 13  end;
 14  /

PL/SQL procedure successfully completed.
```

하지만 다음과 같이 인라인 뷰를 사용하면서, 인라인 뷰안에서 1,001 개(RPAD 1,000 개 + 상수 값 1)의 컬럼을 선언하면 ORA-01792 에러가 발생합니다.

```
SQL>
SQL>
SQL> declare
  2    v_cursor        sys_refcursor;
  3    v_sql                   varchar2(32767);
  4  begin
  5    v_sql := 'select * from (select ';
  6    for idx in 1 .. 1000 loop
  7      v_sql := v_sql || rpad('1',10, '1')  || ' as c'|| idx || ', ';
  8    end loop;
  9    v_sql := v_sql || '1  from dual)';
 10
 11    open v_cursor for v_sql;
 12    close v_cursor;
 13
 14  end;
 15  /
declare
*
ERROR at line 1:
ORA-01792: maximum number of columns in a table or view is 1000
ORA-06512: at line 11
```

ORA-01792 에러의 정의는 다음과 같습니다.

```
01792
 "maximum number of columns in a table or view is 1000"
// *Cause: An attempt was made to create a table or view with more than 1000
//         columns, or to add more columns to a table or view which pushes
//         it over the maximum allowable limit of 1000. Note that unused
//         columns in the table are counted toward the 1000 column limit.
// *Action: If the error is a result of a CREATE command, then reduce the
//          number of columns in the command and resubmit. If the error is
//          a result of an ALTER TABLE command, then there are two options:
//          1) If the table contained unused columns, remove them by executing
//             ALTER TABLE DROP UNUSED COLUMNS before adding new columns;
```

```
//            2) Reduce the number of columns in the command and resubmit.
```

테이블이나 뷰에서는 1,000 개 이상의 컬럼을 선언할 수 없다는 에러입니다. 이 제한이 인라인 뷰에도 적용되기 때문에 에러가 발생한 것입니다.

Dynamic SQL 을 사용하는데서 의외로 많은 제약들이 존재한다는 것을 알 수 있습니다.

## 사례 2: CLOB 병합의 성능

CLOB 타입을 이용해 Dynamic SQL 을 생성할 때 자칫하면 치명적인 성능 문제를 야기할 수 있습니다. 간단한 예제를통해 살펴 보겠습니다.

우선 CLOB 에 문자열을 연속적으로 병합(Concatenation)하는 방식으로 문자열을 완성하는 함수를 선언합니다.

```
SQL> -- CLOB concatentation problem
SQL> create or replace function make_long_sql(p_idx in number)
  2    return clob
  3    is
  4        v_clob         clob;
  5    begin
  6        v_clob := 'select ';
  7        for idx in 1 .. p_idx loop
  8             v_clob := v_clob||to_char(p_idx)||',
'||to_char(p_idx+1)||','||to_char(p_idx+2)||',';
  9        end loop;
 10        v_clob := v_clob || '1 from dual';
 11
 12        return v_clob;
 13    end;
 14    /

Function created.
```

그리고 다음과 같이 함수를 호출해보면 무려 51 초의 시간이 걸립니다.

```
SQL> set timing on
SQL> var c clob;
SQL> exec :c := make_long_sql(10000);

PL/SQL procedure successfully completed.

Elapsed: 00:00:51.10
```

반면에 문자열을 만드는 방식을 조금 바꾸어서 VARCHAR2 타입의 문자열에 임시로 문자열을 병합시킨 후 그 결과를 CLOB 타입에 병합시키도록 합니다. 즉 CLOB 타입의 문자열에 직접 병합하는 회수를 최소한으로 줄입니다.

```
SQL> create or replace function make_long_sql2(p_idx in number)
  2  return clob
  3  is
  4          v_clob           clob;
  5          v_varchar        varchar2(1000);
  6  begin
  7          v_clob := 'select ';
  8          for idx in 1 .. p_idx loop
  9                  v_varchar := to_char(p_idx)||',
'||to_char(p_idx+1)||','||to_char(p_idx+2)||',';
 10                  v_clob := v_clob||v_varchar;
 11          end loop;
 12          v_clob := v_clob || '1 from dual';
 13
 14          return v_clob;
 15  end;
 16  /

Function created.
```

그리고 함수를 호출해보면 수행 시간이 1.2 초로 줄어듭니다.

```
SQL> set timing on
SQL> var c clob;
SQL> exec :c := make_long_sql2(10000);
```

```
PL/SQL procedure successfully completed.

Elapsed: 00:00:01.23
```

왜 이렇게 극명한 성능 차이가 발생하는 것일까요? 이런 문제를 분석할 때 가장 좋은 것이 두 경우간의 **V$SESSTAT** 뷰의 결과를 비교해보는 것입니다. 테스트의 편의성을 위해 티팩이 제공하는 Session Snapshot Report 를 이용해 비교해본 결과는 다음과 같습니다.

```
-- what is the difference
exec tpack.begin_session_snapshot;

exec :c := make_long_sql(10000);

exec tpack.add_session_snapshot;

exec :c := make_long_sql2(10000);

exec tpack.add_session_snapshot;

col type format a10
col item format a30
col deltas format a20
select type, item, deltas from table(tpack.session_snapshot_report)
;
```

아래 결과를 보면 CLOB 타입에 대한 병합(Concatenation) 회수가 증가할 수록 Logical Reads 가 비례해서 증가한다는 것을 알 수 있습니다.

```
TYPE       ITEM                           DELTAS
---------- ------------------------------ --------------------
STAT       session logical reads          17380373->225955
STAT       db block gets                  15768115->195692
STAT       db block gets from cache       15768115->195692
STAT       db block changes               6028016->60740
STAT       consistent changes             6026478->59259
STAT       consistent gets from cache     1612258->30263
STAT       consistent gets                1612258->30263
STAT       consistent gets from cache (fa 1612102->30107
```

```
                stpath)
STAT            free buffer requested           1432175->10094
STAT            redo size                       616076->608344
STAT            undo change vector size         507456->503784
STAT            calls to get snapshot scn: kcm  480061->70045
                gss

STAT            calls to kcmgrs                 181860->31807
STAT            lob writes                      120008->20003
STAT            lob writes unaligned            119962->20003
STAT            IMU Redo allocation size        69616->69588
STAT            session uga memory max          130904->0
STAT            lob reads                       60001->10001
...
```

LOB 타입의 이런 속성을 잘 이해해서 불필요한 성능 저하가 없도록 유의해야 할 것입니다.

## 정리

Dynamic SQL 은 되도록 사용하지 않는 것이 좋지만, 복잡한 애플리케이션을 작성하다보면 반드시 이런 요구사항이 생기게 됩니다. 특히 PL/SQL 로 Dynamic SQL 을 작성하는 것은 대단히 강력한 기능입니다. 위에서 소개한 다양한 함정들을 충분히 이해하시고 Dynamic SQL 작성시 활용할 수 있기를 기대해봅니다.

## [ 질문 6. 하드 파스 시간이 Parse 단계가 아닌 Execute 단계에 나타납니다. 그 이유는 무엇입니까? ]

### 문제 개요

TKPROF 리포트를 분석하다보면, Parse 단계가 아닌 Execute 단계에 하드 파스 시간이 포함되는 것을 종종 볼 수 있습니다. 그 이유는 무엇인가요?

### 해답

상수값(Literal Values)이 사용된 SQL 문장을 하드 파스하는 경우에는 우리가 흔히 알고 있는 것처럼 TKPROF 의 Parse 단계에 하드 파스 시간이 포함됩니다. 하지만 바인드 변수 (Bind Variables)를 사용하는 경우에는 Parse 단계가 아닌 Execute 단계에 하드 파스 시간이 포함됩니다.

### 테스트

#### 사례 1: 상수값(Literal Values)

우선 WHERE 절에 상수값(Literal Values)이 사용된 경우에 하드 파스 시간이 어떻게 표현되는지 보겠습니다.

하드 파스에 식별 가능한 적절한 시간이 수행되도록 하기 위해 아래와 같이 긴 SQL 문장을 생성하고 그 결과를 long_parse.sql 파일에 기록합니다.

```
-- Make long SQL
set heading off
set timing off
set feedback off

set serveroutput on size 100000

var v_sql clob;

begin
  :v_sql := 'select count(*) from ';

  for r in (select t1.table_name
       from user_tables t1, user_tables t2 where rownum <= 300 and
           t1.table_name not like '%$%') loop
    :v_sql := :v_sql || r.table_name || ', ';

  end loop;

  :v_sql := :v_sql || ' dual where 1 = 0;';

end;
/

spool long_parse.sql

exec dbms_output.put_line(:v_sql);

spool off
set heading on
set timing on
set feedback on
set serveroutput off

ed long_parse
```

SQL*Trace를 활성화한 상태에서 long_parse.sql 파일을 실행합니다.

```
SQL> exec tpack.begin_diag_trace(userenv('sid'), 10046);
```

```
PL/SQL procedure successfully completed.

SQL> @long_parse

SQL> select count(*) from T_MON_TEMP, T_MON_TEMP, T_MON_TEMP, T_MON_TEMP,
...
29   TPACK_SNAPSHOT, TPACK_SNAPSHOT, TPACK_SNAPSHOT,  dual where 1 = 0;

  COUNT(*)
----------
         0

1 row selected.

SQL> exec tpack.end_diag_trace(userenv('sid'), 10046);

PL/SQL procedure successfully completed.
```

아래 결과를 보면 하드 파스에서 소요된 시간이 Parse 단계에서 반영된 것을 알 수 있습니다.

```
SQL> select * from table(tpack.get_diag_trace(userenv('sid'), 'TKPROF',
'sys=no'));

call     count       cpu    elapsed       disk      query    current       rows
------- ------  --------  ---------  ---------  ---------  ---------  ---------
Parse        1      5.15       5.54          0          0          0          0
Execute      1      0.00       0.00          0          0          0          0
Fetch        2      0.00       0.00          0          0          0          1
------- ------  --------  ---------  ---------  ---------  ---------  ---------
total        4      5.15       5.54          0          0          0          1

Misses in library cache during parse: 1
Optimizer mode: ALL_ROWS
Parsing user id: 118
```

## 사례 2: 바인드 변수

이번에는 WHERE 절에 상수값이 아닌 바인드 변수가 사용된 경우에 하드 파스 시간이 어떻게 표현되는지 보겠습니다.

하드 파스에 식별 가능한 적절한 시간이 수행되도록 하기 위해 아래와 같이 긴 SQL 문장을 생성하고 그 결과를 long_parse2.sql 파일에 기록합니다. 바인드 변수 B1 이 사용된 것에 유의하시기 바랍니다.

```
-- Make Long SQL
set heading off
set timing off
set feedback off

set serveroutput on size 100000

var v_sql clob;

begin
  :v_sql := 'select count(*) from ';

  for r in (select t1.table_name
        from user_tables t1, user_tables t2 where rownum <= 300 and
            t1.table_name not like '%$%') loop
    :v_sql := :v_sql || r.table_name || ', ';

  end loop;

  :v_sql := :v_sql || ' dual where :b1 = 0;';

end;
/

spool long_parse2.sql

exec dbms_output.put_line(:v_sql);

spool off
set heading on
set timing on
```

```
set feedback on
set serveroutput off

ed long_parse2
```

사례 1 과 동일한 방식으로 long_parse2.sql 을 수행하고 TKPROF 리포트를 생성하면 다음과 같은 결과를 얻을 수 있습니다. 하드 파스에 소요된 시간이 Parse 단계가 아닌 Execute 단계에 포함된 것에 주목하시기 바랍니다. 더불어 "Misses in library cache during execute: 1" 표현에서 알 수 있듯이 Execute 단계에서 Miss(해당 SQL 못찾음)가 발생했다는 것이 보고되고 있습니다.

```
SQL> select count(*) from T_MON_TEMP, T_MON_TEMP, T_MON_TEMP, T_MON_TEMP, ...
29  TPACK_SNAPSHOT, TPACK_SNAPSHOT, TPACK_SNAPSHOT,  dual where :b1 = 0;

  COUNT(*)
----------
         0


call     count      cpu    elapsed       disk      query    current       rows
-------  ------  -------  ---------  ---------  ---------  ---------  ---------
Parse        1     0.00       0.00          0          0          0          0
Execute      1     5.18       5.72          0          0          0          0
Fetch        2     0.00       0.00          0          0          0          1
-------  ------  -------  ---------  ---------  ---------  ---------  ---------
total        4     5.18       5.72          0          0          0          1

Misses in library cache during parse: 1
Misses in library cache during execute: 1
Optimizer mode: ALL_ROWS
Parsing user id: 118
```

## 정리

하드 파스 시간은 Parse 단계에 포함된다는 아주 간단한 상식조차도 실제 환경에서는 적용되지 않는다는 것을 알 수 있습니다. 아무리 단순한 데이터라도 스스로 검증해보지 않으면 그 정확한 의미와 용도를 알 수 없는 법입니다. 항상 스스로의 손과 눈으로 확인하는 습관이 필요하다고 하겠습니다.

## [ 질문 7. 하드 파스 경합으로 인해 발생하는 대기 이벤트는 무엇입니까? ]

### 문제 개요

[Advanced OWI in Oracle 10g(조동욱 저. 엑셈)]와 같은 책을 보면 하드 파스로 인해 경합이 발생할 경우 *library cache pin* 이벤트를 대기한다고 되어 있습니다. 하지만 최신 버전의 오라클에서는 library cache pin 이 더 이상 사용되지 않는다고도 합니다. 이에 대한 가장 정확한 설명은 무엇인가요?

### 해답

하드 파스와 관련된 동기화 객체 문제를 정리해보면 다음과 같습니다.

- Oracle 10g의 초기 버전까지는 SQL 문장을 하드 파스하는 동안, 즉 실행 계획을 생성하는 동안 SQL 문장에 해당하는 Library Cache Object(LCO)를 보호하기 위해 library cache pin 을 사용합니다. 이것을 흔히 커서 핀(Cursor Pin)이라고도 부릅니다. Library cache pin 에 의해 경합이 발생하는 경우에는 *library cache pin* 이벤트를 대기하는 것으로 관찰됩니다.

- Oracle 10g의 최신 버전부터는 SQL 문장에 해당하는 LCO 를 보호하기 위해 더 이상 library cache pin 을 사용하지 않습니다. 그대신 뮤텍스(Mutex)를 사용합니다. 뮤텍스는 래치보다 더 가벼운 동기화 객체로서 지나치게 빈번한 library cache pin 획득과 해제에서 오는 오버헤드를 줄이기 위해 사용되고 있습니다.

- 단, 프로시저나 펑션등을 관리하기 위한 library cache pin 은 여전히 사용되고 있습니다.

오라클 버전에 따른 이러한 변화 때문에 이전에 작성되었던 많은 문서들이 의미가 없어졌고 갱신되어야 할 상황입니다. 특히 뮤텍스(Mutex)의 등장으로 많은 변화가 초래되고 있습니다. 가령, Oracle 11g에서는 Library Cache Latch 가 사라지고 Library Cache Mutex 가 등장했습니다. Library Cache Latch 의 경합에 의해 발생하는 *latch: library cache* 대기 이벤트도 더 이상 존재하지 않습니다. 대신 *library cache: mutex X* 나 *library cache: mutex S* 와 같은 새로운 대기 이벤트가 등장했습니다. 오라클의 다음 버전에서는 또 다른 래치나 락들이 뮤텍스로 대치될 것입니다. 이런 버전에 따른 변화에 항상 주의해야 하겠습니다.

Oracle 10.2.0.1 과 Oracle 11.1.0.6 에서 하드 파스에 의한 경합에 의해 대기 이벤트가 어떻게 관찰되는지 테스트 사례를 통해 확인해 보겠습니다.

## 테스트

하드 파스에 오랜 시간이 걸리는 SQL 문장을 생성하기 위해 질문 6 에서 사용된 long_parse.sql 파일을 재사용합니다.

### 사례 1: Oracle 10g (10.2.0.1)

Oracle 10g에서 하드 파스에 의한 library cache pin 경합이 발생하는 상황에서 어떤 대기 이벤트가 목격되는지 보겠습니다.

세션 #1 은 다음과 같이 TPACK.WAIT_FOR_SIGNAL 프로시저를 이용해 세션 #3 이 깨워주길 기다립니다. 그리고 깨어나면 long_parse.sql 파일을 실행합니다.

```
SQL> -- session #1
SQL> exec dbms_application_info.set_client_info('session1');

PL/SQL procedure successfully completed.

SQL> exec tpack.wait_for_signal;

PL/SQL procedure successfully completed.
```

```
SQL> @long_parse
```

세션 #2 도 세션 #1 과 완전히 동일한 작업을 수행합니다.

```
-- Session #2
SQL> exec dbms_application_info.set_client_info('session2');

PL/SQL procedure successfully completed.

SQL> exec tpack.wait_for_signal;

PL/SQL procedure successfully completed.

SQL> @long_parse
```

세션 #1 과 세션 #2 는 모두 **TPACK.WAIT_FOR_SIGNAL** 프로시저를 이용해 깨워주기를 대기하고 있는 상태입니다. 세션 #3 에서 **TPACK.SIGNAL** 프로시저를 이용해서 세션 #1 과 세션 #2 를 깨워줍니다.

```
-- Session #3
SQL> -- wake up session#1 and session#2
SQL> begin
  2     for idx in 1 .. 2 loop
  3             tpack.signal;
  4     end loop;
  5  end;
  6  /

PL/SQL procedure successfully completed.
```

세션 #1 과 세션 #2 가 깨어나서 long_parse.sql 파일을 실행하기를 잠깐 기다립니다.

```
SQL> exec dbms_lock.sleep(1);

PL/SQL procedure successfully completed.
```

그리고 세션 #1 과 세션 #2 가 각각 어떤 이벤트를 대기하고 있는지 V$SESSION 뷰를 통해 확인해 봅니다. 세션 #2(143 번)가 *library cache pin* 이벤트를 대기하고 있습니다.

```
SQL> col event format a30
SQL> select
  2    sid,
  3    event,
  4    p1, p2, p3
  5  from v$session
  6  where client_info in ('session1', 'session2')
  7  ;

       SID EVENT                                  P1         P2         P3
---------- ------------------------------ ---------- ---------- ----------
       134 db file sequential read                 1      62216          1
       143 library cache pin              1857162996 1814332824        200
```

위의 대기 이벤트를 해석해 보면 세션 #1(134 번)이 long_parse.sql 파일을 실행하며 하드 파스를 수행하고 있고, 세션 #2(143 번) 역시 동일한 쿼리(long_parse.sql)를 수행하려고 했으나 세션 #1 이 아직 해당 쿼리를 하드 파스하고 있기 때문에(더 정확하게 말하면 최적화를 수행하고 있기 때문에) 하드 파스가 끝날 때까지 기다린다고 볼 수 있습니다. 이때 대기하는 이벤트가 *library cache pin* 이벤트입니다.

티팩이 제공하는 Session Detail Report 를 이용해 세션 #2 의 좀더 상세한 정보를 추출해보면 다음과 같습니다.

```
SQL> col sid new_value sid
SQL> select sid from v$session where client_info = 'session2';

       SID
----------
       143

SQL> col name format a20
SQL> col value format a50
SQL> select * from table(tpack.session_detail(&sid, 'wait_detail'));
```

```
NAME                    VALUE
--------------------    --------------------------------------------------
SID                     143
Serial#                 820
SPID                    1624
Program                 sqlplus.exe
Process                 952:8008
Module                  TPACK$$1:143:283430148
SQL ID
Child No
SQL Text
Status                  ACTIVE
Blocking Instance       1
Blocking Session        134
Event                   library cache pin
Seq#                    56
P1(P1raw)               1857162996(6EB20EF4)
P2(P2raw)               1857162996(6C248598)
P3(P3raw)               1857162996(000000C8)
Seconds in wait         4
State                   WAITING
Wait Event              library cache pin
Holder SID              134
Namespace               CURSOR
Object                  select count(*) from TPACK_CONFIGURATION, TPACK_CA
                        LL_STACK, TPACK_CALL_STACK_SUM

Holding Mode            3(X)
```

아직 차일드 커서가 생기지 않았기 때문에(차일드 커서는 하드 파스가 끝나야 생기므로) SQL ID 와 Child Number 는 존재하지 않습니다. 하지만 대기 정보로부터 CURSOR 타입의 LCO(Library Cache Object)인 "select count(*) from TPACK_CONFIGURATION, TPACK_CALL_STACK, ... " 문장에 대해 library cache pin 경합이 발생한다는 것을 명확하게 알 수 있습니다.

위의 정보는 아래와 같은 쿼리로 얻어낸 것입니다. Library cache pin 을 나타내는 **X$KGLPN** 테이블과 LCO(Library Cache Object)를 나타내는 **X$KGLOB** 테이블을 이용하면 어떤 세션이 어떤 모드로 어떤 오브젝트에 대해 library cache pin 을 획득하고 있는지 알 수 있습니다.

```
select
   (select sid from v$session where saddr = n.kglpnuse) as sid,
   o.kglnaobj,
   o.kglhdnsp,
   decode(n.kglpnmod, 3, '3(X)', 2, '2(S)', 1, '1(N)', n.kglpnmod) as lkmode
 from sys.x$kglpn n, sys.x$kglob o
 where n.kglpnhdl = v_sw.p1raw
     and n.kglpnmod > 0
     and o.kglhdadr = n.kglpnhdl;
```

위의 쿼리에서 **X$KGLOB.KGNHDNSP** 는 LCO 의 종류(Namespace)를 의미합니다. 아래와 같은 의미를 지닙니다.

```
select
      decode(kglhdnsp,
        0,'CURSOR',
        1,'TABLE/PROCEDURE',
        2,'BODY',
        3,'TRIGGER',
        4,'INDEX',
        5,'CLUSTER',
        6,'OBJECT',
        13,'JAVA SOURCE',
        14,'JAVA RESOURCE',
        15,'REPLICATED TABLE OBJECT',
        16,'REPLICATION INTERNAL PACKAGE',
        17,'CONTEXT POLICY',
        18,'PUB_SUB',
        19,'SUMMARY',
        20,'DIMENSION',
        21,'APP CONTEXT',
        22,'STORED OUTLINE',
        23,'RULESET',
        24,'RSRC PLAN',
        25,'RSRC CONSUMER GROUP',
        26,'PENDING RSRC PLAN',
        27,'PENDING RSRC CONSUMER GROUP',
        28,'SUBSCRIPTION',
        29,'LOCATION',
        30,'REMOTE OBJECT',
```

```
            31,'SNAPSHOT METADATA',
            32,'JAVA SHARED DATA',
            33,'SECURITY PROFILE',
            43,'XDB CONFIG',
            63,'XDB ACL',
            'INVALID NAMESPACE')
    from dual;
```

### 사례 2: Oracle 11g (11.1.0.6)

이번에는 Oracle 11g에서 동일한 상황에서 어떤 대기 이벤트가 관찰되는지 보겠습니다. 아래는 사례 1과 동일한 테스트 환경에서 **V$SESSION** 뷰를 통해 대기 이벤트를 모니터링한 결과입니다. *library cache pin* 대기 이벤트가 관찰되는 Oracle 10g와 달리 Oracle 11g에서는 *cursor: pin S wait on X* 이벤트들 대기하는 것을 알 수 있습니다.

```
       SID EVENT                              P1         P2         P3
---------- ------------------------------ ---------- ---------- ----------
       134 SQL*Net message from client    1413697536          1          0
       140 cursor: pin S wait on X         708590258    8781824     328658
```

이것은 Oracle 10g R2의 특정 버전 이후 생긴 변화에 기인합니다. 원래 SQL 문장에 해당하는 Library Cache Object(LCO)의 실행 과정을 보호하기 위해 library cache pin 을 사용했습니다. 예를 들어 SQL 문장을 하드 파스할 때는 해당 LCO 에 대해 library cache pin 을 Exclusive 모드로 획득해야 합니다. 또 SQL 문장을 실행할 때는 해당 LCO 에 대해 library cache pin 을 Shared 모드로 획득해야 합니다. 이런 목적으로 사용되는 library cache pin 을 흔히 커서 핀(Cursor Pin)이라고 부릅니다.

하지만 최신 버전의 Oracle 에서는 커서 핀에 대해서만은 더 이상 library cache pin 이 아닌 뮤텍스(Mutex)를 사용합니다. 뮤텍스는 library cache pin 에 비해 훨씬 가볍고 최적화된 동기화 객체입니다. SQL 문장의 실행 회수가 매우 빈번한 경우 library cache pin 을 사용하는 데서 오는 오버헤드가 상당할 것으로 예상할 수 있습니다. 이런 이유 때문에 library cache pin 대신 뮤텍스를 사용하게끔 변경한 것입니다. 이것을 커서 핀 뮤텍스(Cursor Pin Mutex) 라고 부를 수 있습니다. 따라서 *cursor: pin S wait on X* 대기 이벤트는 "SQL 문장을 실행하기 위해 해당 LCO 에 대한 뮤텍스를 Shared 모드로 획득하고자 했지만 다른 프로세스가 Exclusive 모드로 획득하고 있어 대기한다"는 의미로 해석할 수 있습니다.

티팩이 제공하는 Session Detail Report 를 이용하면 아래와 같이 좀 더 상세한 정보를 얻을 수 있습니다.

```
NAME                    VALUE
----------------------  ------------------------------------------------
SID                     140
Serial#                 1025
SPID                    5384
Program                 sqlplus.exe
Process                 952:8008
Module                  TPACK$$1:140:425730273
SQL ID
Child No
SQL Text
Status                  ACTIVE
Blocking Instance       1
Blocking Session        134
SQL Exec Start
Event                   cursor: pin S wait on X
Seq#                    1090
P1(P1raw)               708590258(000000002A3C3AB2)
P2(P2raw)               708590258(0000000000860000)
P3(P3raw)               708590258(00000000000503E3)
Seconds in wait         0
State                   WAITING
Wait Event              cursor: pin S wait on X
Holder SID              134
Mutex Type              Cursor Pin
Location
Target Object           select count(*) from T_MON_TEMP, T_MON_TEMP, T_MON
                        _TEMP, T_MON_TEMP, T_MON_TEMP,

Last Sleep Time         2010/09/02 15:50:32
Gets                    36
Sleeps                  998

28 rows selected.
```

위의 정보는 아래와 같은 쿼리를 이용해서 얻어낸 것입니다. **V$MUTEX_SLEEP_HISTORY** 뷰를 이용해서 뮤텍스 자체에 대한 보다 상세한 정보를 얻을 수 있습니다.

```
select * from (
  select
    blocking_session as sid,
    (select kglnaobj from sys.x$kglob      -- 11g 일 경우
          where kglnahsh = mutex_identifier
          and rownum = 1) as obj_name,
    mutex_type,
    location,
    sleeps,
    gets,
    to_char(sleep_timestamp,'yyyy/mm/dd hh24:mi:ss') as sleep_timestamp
  from v$mutex_sleep_history
  where requesting_session = &sid
  order by sleep_timestamp desc
) where rownum <= 1
;
```

Oracle 11*g* 일 경우에는 **V$MUTEX_SLEEP_HISTORY.MUTEX_IDENTIFIER** 컬럼을 이용해서 뮤텍스가 어떤 오브젝트를 보호하기 위한 용도로 사용되고 있는지도 확인할 수 있습니다. 뮤텍스 경합 문제를 분석하기가 좀 더 쉬워졌다고 할 수 있습니다.

여기서 또 한가지 주의할 것은 비록 library cache pin 이 없어지고 뮤텍스가 이를 대신하게 되었지만, library cache pin 자체가 없어진 것은 아니라는 것입니다. SQL 문장을 수행하기 위해 사용되는 library cache pin 은 뮤텍스로 대체되었지만, 프로시저나 펑션 등을 보호하기 위한 library cache pin 은 여전히 존재합니다.

## 정리

오라클 커널 관점에서 보면 뮤텍스(Mutex)의 등장은 가장 큰 변화 중의 하나입니다. 래치(Latch)와 락(Lock)으로 양분되어 관리되던 오라클 커널 동기화 객체에 새로운 패턴의 동기화 객체가 추가된 것입니다. 뮤텍스는 래치보다 가볍게 구현되었다고 알려져 있으며, 오라클의 버전이 올라갈 수록 점점 많은 수의 래치와 락이 뮤텍스로 대체되고 있습니다. 따라서

뮤텍스의 의미에 대해서 어느 정도 이해할 필요가 있겠습니다. 이번 질문에서 다룬 간단한 사례가 뮤텍스 문제를 이해하는데 최소한의 도움이 되기를 바랍니다.

# INDEX

# Index

## –

| | |
|---|---|
| _OPTIMIZER_EXTEND_JPPD_VIEW_TY_OPTIMIZER_EXTEND_JPPD_VIEW_TYPES | 47 |
| _OPTIMIZER_INVALIDATION_PERIOD | 15 |
| _OPTIMIZER_JOIN_SEL_SANITY_CHECK | 133 |
| _SMALL_TABLE_THRESHOLD | 286, 293 |
| _SMM_MAX_SIZE | 252 |
| _SMM_PX_MAX_SIZE | 252 |
| _VERY_LARGE_OBJECT_THRESHOLD | 298 |

## 1

| | |
|---|---|
| 10032 | 251, 256, 259, 264 |
| 10033 | 251, 261 |
| 10053 | 48, 88 |
| 10503 | 31 |
| 10949 | 289, 293, 296 |

## 5

| | |
|---|---|
| 50:50 분할 | 151 |

## 9

| | |
|---|---|
| 90:10 분할 | 151 |

## ㄱ

| | |
|---|---|
| 가짜 커서 | 329 |
| 글로벌 레벨 | 97 |

## ㄷ

| | |
|---|---|
| 동적 샘플링 | 81, 128 |
| 등가 조건 | 128 |

## ㄹ

| | |
|---|---|
| 로그 마이너 | 69, 75 |
| 로우 마이그레이션 | 209 |
| 로우 체이닝 | 209 |
| 루트 블록 | 121 |

## ㅁ

| | |
|---|---|
| 멀티 컬럼 조인 | 130 |
| 뮤텍스 | 376 |

## ㅂ

| | |
|---|---|
| 바인드 캡처 | 10, 69, 70 |
| 바인드 피킹 | 1, 5, 93 |
| 배치 DML | 331 |

| | |
|---|---:|
| 블록 덤프 | 122 |
| 비트리 인덱스 | 164 |
| 비트맵 인덱스 | 164 |

## ㅅ

| | |
|---|---:|
| 세그먼트 헤더 블록 | 121 |
| 스키마 | 36 |

## ㅇ

| | |
|---|---:|
| 언두 데이터 | 276 |
| 에러 스택 덤프 | 68, 72 |
| 오프라인 인덱스 리빌드 | 201 |
| 온라인 인덱스 리빌드 | 201 |
| 옵티마이저 파라미터 | 2, 35 |
| 인덱스 리빌드 | 189 |
| 인덱스 분할 | 151, 153, 185 |
| 인덱스 트리 덤프 | 180 |
| 인트라 블록 로우 체이닝 | 210 |
| 일관된 읽기 | 331 |

## ㅈ

| | |
|---|---:|
| 전체 수행 시간 | 315 |
| 정규식 | 240 |

## ㅊ

| | |
|---|---:|
| 차일드 커서 | 18 |

## ㅋ

| | |
|---|---:|
| 커서 핀 | 376 |

## ㅌ

| | |
|---|---:|
| 트랜잭션 테이블 | 282 |

## ㅍ

| | |
|---|---:|
| 파티션 레벨 | 97 |

## ㅎ

| | |
|---|---:|
| 형변환 | 12 |
| 확장 감사 | 69 |
| 히스토그램 | 103 |

## A

| | |
|---|---:|
| Active Session History | 337, 341 |
| ANALYZE | 212 |
| APPEND | 267 |
| APPEND_VALUES | 268 |
| ARCHIVELOG | 267 |
| ASH | 337, 341 |
| AWR | 65, 72 |

## B

| | |
|---|---:|
| Bitmap Conversion | 165 |
| Bitmap Operation | 165 |
| buffer is not pinned count | 196 |
| Buffer Pinning | 189, 192 |

## C

| | |
|---|---|
| cache buffers chains | 196 |
| Cardinality | 103, 111, 114 |
| CBQT | 53 |
| CHAINT_CNT | 211 |
| CLOB | 363 |
| Consistent Read | 331 |
| Consistent Read Block | 336 |
| Conventional Path I/O | 296 |
| CPU 대기 시간 | 326 |
| CPU 사용 시간 | 315 |
| CR 블록 | 336 |
| Cursor Dump | 69 |
| Cursor Pin | 376 |
| cursor: pin S wait on X | 382 |

## D

| | |
|---|---|
| data blocks consistent reads – undo records applied | 280, 285 |
| db file scattered read | 239 |
| db file sequential read | 239 |
| DBA_HIST_SQLBIND | 72 |
| DBMS_ROWID | 212 |
| DBMS_SHARED_POOL | 16 |
| DBMS_STATS | 93, 212 |
| DBMS_STATS.COPY_TABLE_STATS | 93, 99 |
| DBMS_UTILITY | 181, 216 |
| DBMS_XPLAN | 8, 17 |
| Deferrable 제약조건 | 138 |
| Delayed Block Cleanout | 275, 280, 283 |
| Density | 103 |
| Direct Path 모드 | 267 |
| direct path read | 326 |
| direct path read temp | 262 |
| direct path write temp | 262 |
| Distinct Count | 6 |
| Distinct Key Count | 131 |

| | |
|---|---|
| DMBS_SPACE | 84 |
| Dynamic SQL | 360 |

## E

| | |
|---|---|
| Elapsed Time | 315 |
| enq: TX – index contention | 153 |
| Error Stack Dump | 68, 72 |
| Execute 단계 | 370 |
| Explain Plan | 1 |
| Extended Audit | 69 |

## F

| | |
|---|---|
| Fast Commit | 282, 283 |
| FIRST_ROWS | 54 |
| FIRST_ROWS(1) | 55 |
| Frequency 히스토그램 | 104, 111 |

## G

| | |
|---|---|
| GATHER_PLAN_STATISTICS | 251, 254 |
| getrusage | 320 |
| gettimeofday | 320 |

## H

| | |
|---|---|
| Height Balanced 히스토그램 | 104, 111, 114 |
| Height-Balanced | 3, 6 |
| High Water Mark | 269 |
| HWM | 269 |

## I

| | |
|---|---|
| INDEX MAINTENANCE | 303 |
| Index Skip Scan | 143 |
| Index Tree Dump | 180 |

## J

| | |
|---|---|
| Join Cardinality | 130 |
| Join Predicate Pushing | 42 |
| Join Selectivity | 131 |
| Join Selectivity Sanity Check | 134 |

## K

| | |
|---|---|
| KGNHDNSP | 381 |

## L

| | |
|---|---|
| LAST_CALL_ET | 346, 347 |
| Latch Profile Report | 197 |
| latch: library cache | 377 |
| LEADING | 56 |
| library cache pin | 376, 379 |
| library cache: mutex S | 377 |
| library cache: mutex X | 377 |
| LOAD AS SELECT | 301 |
| LOB | 326, 328 |
| LOGGING | 267 |

## M

| | |
|---|---|
| METHOD_OPT | 3 |
| Multi Pass 소트 | 252 |
| Mutex | 376 |

| | |
|---|---|
| MUTEX_IDENTIFIER | 384 |

## N

| | |
|---|---|
| NewDensity | 104, 109 |
| NO_INVALIDATE | 14 |
| NO_PUSH_PRED | 52 |
| NOARCHIVELOG | 267 |
| NOLOGGING | 267 |
| Non Unique 인덱스 | 119, 138 |

## O

| | |
|---|---|
| One Pass 소트 | 252 |
| OPT_PARAM | 47 |
| Optimal 소트 | 252 |
| OPTIMIZER_DYNAMIC_SAMPLING | 81 |
| OPTIMIZER_MODE | 83 |
| ORA-00001 | 139 |
| ORA-01555 | 275, 278, 336 |
| ORA-01792 | 364 |

## P

| | |
|---|---|
| Parse 단계 | 370 |
| PGA_AGGREGATE_TARGET | 252 |
| Plan Statistics | 251, 254, 262 |
| Popular Value | 114 |
| Primary Key 제약조건 | 138 |
| Process State Dump | 68 |
| Pseudo Cursor | 329 |

## Q

| | |
|---|---|
| Query Transformation | 41 |

## R

| | |
|---|---|
| RBO | 83 |
| REF CURSOR | 363 |
| Regular Expression | 240 |
| Row Chaining | 209 |
| Row Migration | 209 |
| ROWID | 123, 206 |

## S

| | |
|---|---|
| Serial Direct Path Read | 265, 289, 293, 296 |
| Session Snapshot Report | 193 |
| SHOW_SPACE | 84 |
| Snapshot Too Old | 275 |
| Sort Run | 252 |
| SORT_AREA_SIZE | 252, 258 |
| SQL*Trace | 337 |
| SQL_EXEC_START | 346, 355 |
| STATISTICS_LEVEL | 251 |

## T

| | |
|---|---|
| table fetch continued row | 218 |
| TKPROF 리포트 | 315 |

## U

| | |
|---|---|
| UNION ALL PUSHED PREDICATE | 52 |
| Unique 인덱스 | 119 |
| Unique 제약 조건 | 120, 136 |
| Unique 제약조건 | 138 |
| UNUSABLE | 201 |
| USE_NL | 56 |

| | |
|---|---|
| UTL_RAW | 77 |

## V

| | |
|---|---|
| V$LATCH | 196 |
| V$LOGMNR_CONTENTS | 76 |
| V$MUTEX_SLEEP_HISTORY | 384 |
| V$OBJECT_DEPENDENCY | 59, 65 |
| V$PQ_SESSTAT | 299, 309 |
| V$PQ_TQSTAT | 299, 309 |
| V$PX_PROCESS | 299, 304 |
| V$PX_SESSION | 299, 304 |
| V$SESSTAT | 218 |
| V$SQL_BIND_CAPTURE | 71 |
| v$SQL_PLAN | 9 |
| V$SQL_PLAN | 1, 60 |
| V$SQL_PLAN_STATISTICS | 251 |
| V$SQL_SHARED_CURSOR | 18, 21, 34, 39 |
| V$SQL_WORKAREA | 251, 255, 259, 263 |
| V$SQLAREA | 20, 27 |
| V$SYSSTAT | 218 |
| VERSION_COUNT | 20 |
| VIEW PUSHED PREDICATE | 46 |

## W

| | |
|---|---|
| WORKAREA_SIZE_POLICY | 252 |

## X

| | |
|---|---|
| X$KGLOB | 380 |
| X$KGLPN | 380 |